D1704628

KAMPENWAND
VERLAG

ISBN: 978-3-98660-153-9

© 2024 Kampenwand Verlag Raiffeisenstr. 4 · D-83377 Vachendorf
www.kampenwand-verlag.de

Versand & Vertrieb durch Nova MD GmbH
www.novamd.de · bestellung@novamd.de · +49 (0) 861 166 17 27

Text: Kerstin Elisabeth Riemer
Bilder: Carina Pilz
Illustrationen: Anna Gnadl
Korrektorat: Inez Ulrich

Druck:
Printed in Czech Republic
FINIDR, s.r.o. · Lípová 1965 · 737 01 Český Těšín

Haftungsausschluss:
Der Inhalt dieses Buches wurde sorgfältig recherchiert und erarbeitet. Alle Angaben erfolgen nach bestem Wissen und Gewissen. Sorgfalt bei der Umsetzung ist indes dennoch geboten. Der Verlag und die Autoren übernehmen keinerlei Haftung für Personen-, Sach- oder Vermögensschäden, die aus der Anwendung der vorgestellten Materialen, Methoden oder Informationen entstehen könnten.

KERSTIN RIEMER & CARINA PILZ

Heimatwellen

A G'spür fürn See, d'Natur,
de Leid und mi

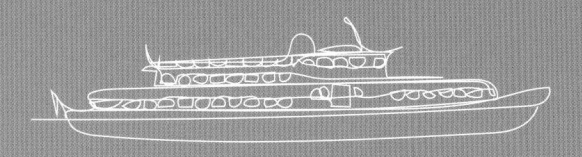

KAPITÄN
OTTO STRASSER
S. 18

SCHWIMMERIN
ANGELA SCHELLING
S. 36

GASTRONOM
KLAUS LÖHMANN
S. 48

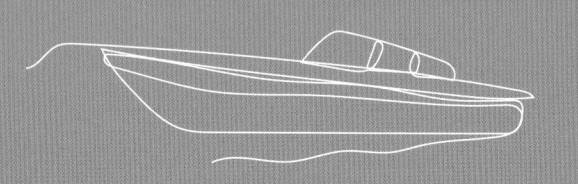

BOOTSBAUER
JULIAN SCHUNCK
S. 60

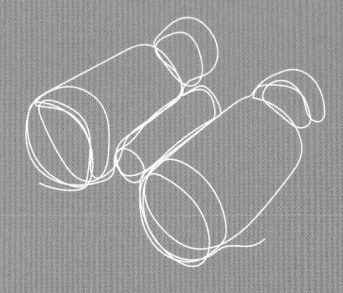

NATURFÜHRER
KONRAD HOLLERIETH
S. 72

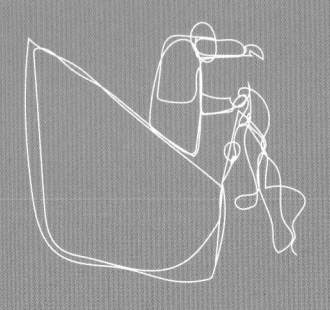

FAMILIE STEPHAN &
DIE CHIEMSEEFISCHEREI
S. 94

SCHÄFERIN
CHRISTINE PERL

S. 112

KULTURFÜHRER
GERHARD WASCHIN

S. 130

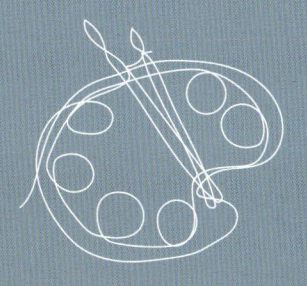

SEGLER
SEBASTIAN MEIERDIERCKS

S. 144

FAMILIE GEIGER
& DIE BAX

S. 156

BRAUMEISTER
DANIEL HAGEN

S. 168

KITEBOARDER
BERND VILSMAIER

S. 178

TREIBHOLZKÜNSTLERIN
SUSANNE KETT

S. 194

CHIEMS

EELIEBE

Gstadt am Chiemsee

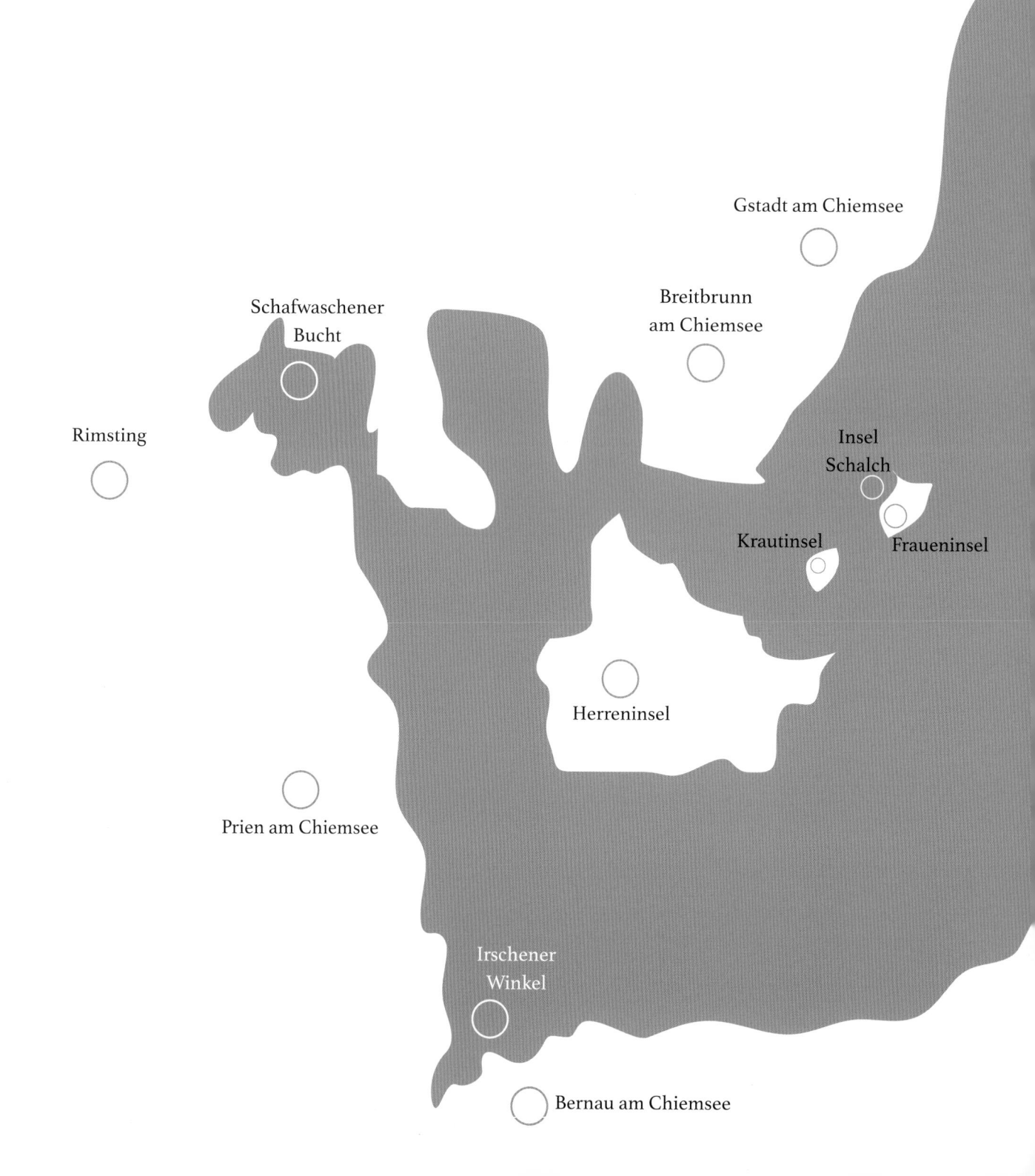

Schafwaschener
Bucht

Breitbrunn
am Chiemsee

Rimsting

Insel
Schalch

Krautinsel

Fraueninsel

Herreninsel

Prien am Chiemsee

Irschener
Winkel

Bernau am Chiemsee

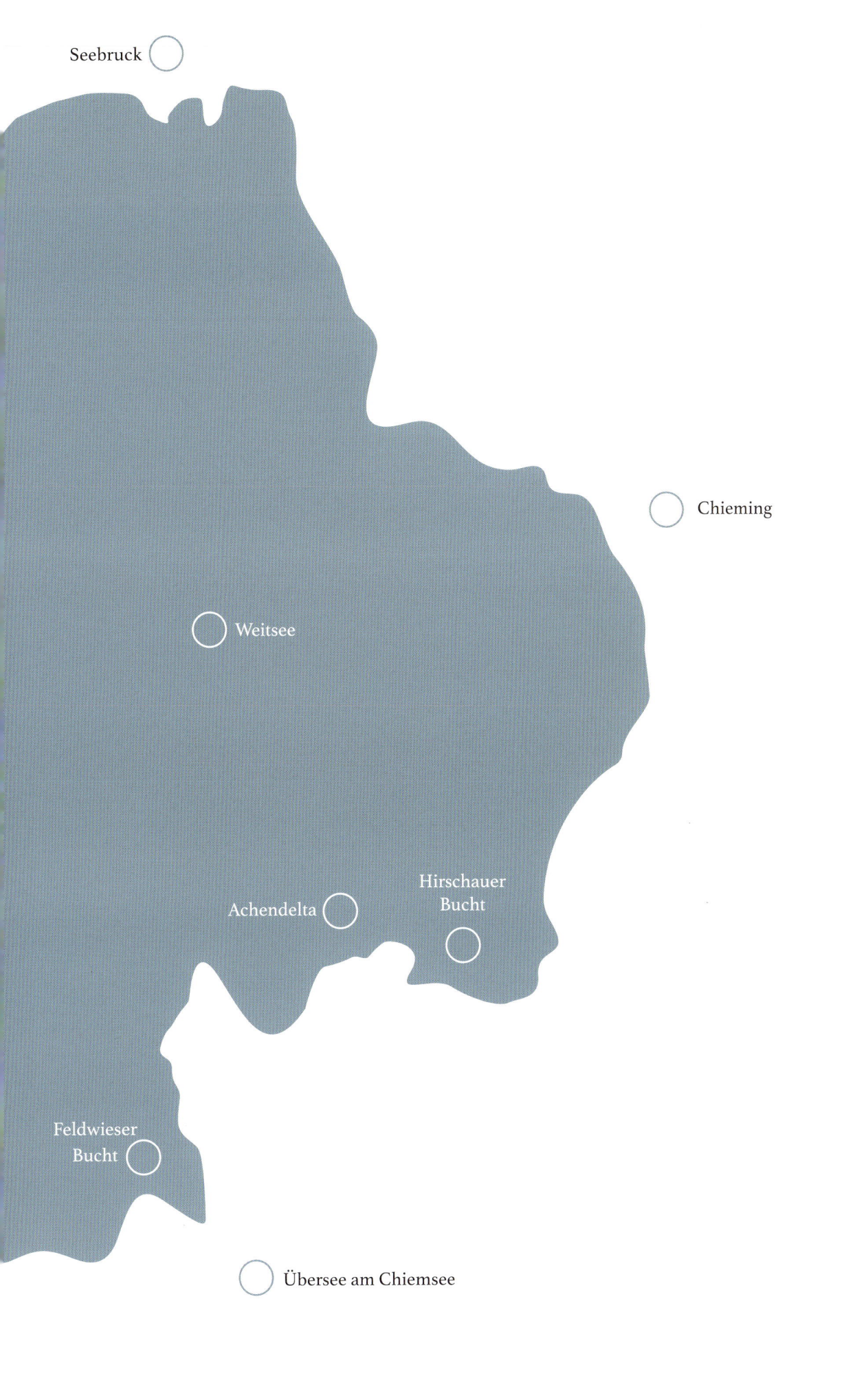

- Seebruck
- Chieming
- Weitsee
- Achendelta
- Hirschauer Bucht
- Feldwieser Bucht
- Übersee am Chiemsee

Der Chiemsee

Der Chiemsee, das Bayerische Meer. Berühmt machte ihn nicht etwa seine Größe – obwohl er auf Platz 1 des Freistaates rangiert –, sondern ein König und sein Schloss. Doch der Chiemsee ist so viel mehr. Es sind die Natur, die Kultur, die Geschichte, die ihn einzigartig machen. Es sind die Menschen, die ihm sein Gesicht geben. Der See ist Lebensraum und Arbeitsplatz, er ist Freizeitrevier und Kraftort. Kurzum: Der Chiemsee ist Heimat.

Entstanden ist der Chiemsee – wie auch die Chiemgauer Alpen, die sich eindrucksvoll an seinem Horizont erheben – am Ende der letzten Eiszeit. Ein mächtiger Gletscher zog sich zurück und hinterließ ein tiefes Becken, das sich mit Wasser füllte. Entstanden ist Deutschlands drittgrößter Binnensee. Etwa 80 Quadratkilometer misst der Chiemsee heute, die Entfernung von einem zum anderen Ufer ist an der längsten Stelle etwa 13 Kilometer. Davon, dass der See einmal um ein Vielfaches größer war, zeugen heute beispielsweise noch die vielen Moorlandschaften rundherum. Seine großen Zuflüsse Tiroler Ache und Prien bringen so viel Schwebstoffe, Sand und Geröll mit, dass das Bayerische Meer auch weiterhin Stück für Stück verlandet. In rund 8.000 Jahren wird es wohl verschwunden sein. Seinen Namen erhielt der Chiemsee von dem an seinem Ufer liegenden Ort Chieming. Die Siedlung im Osten des Bayerischen Meeres wurde einst nach Chiemo, einem im 7. oder 8. Jahrhundert dort ansässigen Gaugrafen, benannt.

Der größte Teil seines etwa 64 Kilometer langen Ufers ist naturbelassen. Wiesen und Moore reichen bis ans Wasser, malerische Buchten wechseln sich mit kleinen und größeren Orten, Seepromenaden und Strandbädern ab. Die gesamte Uferregion mit ihrer vielfältigen Flora und Fauna ist Landschaftsschutzgebiet, daneben befinden sich mehrere Naturschutzgebiete rund um den See. Dank der Errichtung einer Ringkanalisation Ende der 1980er-Jahre hat das Wasser des Chiemsees heute Trinkwasserqualität. Ein Blick unter die glitzernde, glasklare Wasseroberfläche zeigt eine unglaubliche Vielfalt an Fischen, Muscheln, Krebsen und kleinen Wassertieren. Sie ist die Lebensgrundlage der 16 Berufsfischer rund um den See.

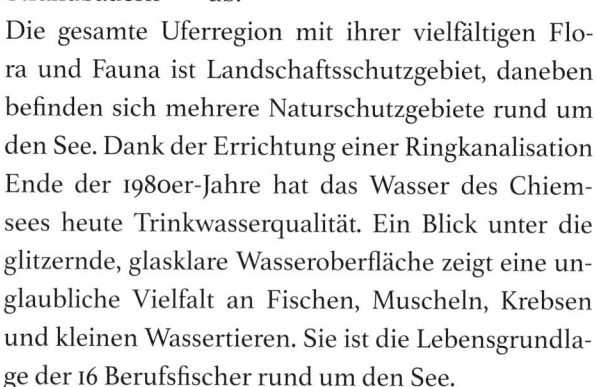

Kulturell verbindet der Chiemsee Hochkultur mit bayerischem Brauchtum. Die Herreninsel mit ihrem Augustiner Chorherrenstift, dem einst ältesten Kloster Bayerns, sowie dem majestätischen Schloss Herrenchiemsee ist ebenso interessant wie die Fraueninsel mit ihrem geschichtsträchtigen Kloster, dem Kunsthandwerk und dem kleinen Fischerdorf. In den sieben Orten rund um den See werden die Chiemgauer Traditionen lebendig gehalten.

Natur, Kultur und nicht zuletzt seine einzigartige Lage vor der wunderschönen Kulisse der Alpen machen den Chiemsee auch bei Touristen sehr beliebt. Die Rad- und Wanderwege rund um das Bayerische Meer zählen zu den schönsten des Landes. Auf dem Wasser sind Schwimmer, Segler, Surfer und andere

Sportler unterwegs. Die Inseln wiederum ziehen Jahr für Jahr Hunderttausende kulturell Interessierte an. Der Freizeitdruck auf den See steigt. Rücksicht auf die Natur und die Mitmenschen ist das Gebot der Stunde. In einem Pilotprojekt machten zuletzt die Chiemsee-Ranger darauf aufmerksam, damit der See auch in Zukunft bleibt, was er für viele ist: Kraftort, Lebensmittelpunkt, Heimat. Denn eines ist sicher: Wenn man vom Irschenberg hinunterfährt und einem der Chiemsee zu Füßen liegt, dann weiß wohl jeder Chiemgauer: „Jetzt bin ich daheim."

Schiff ahoi'

KAPITÄN OTTO STRASSER

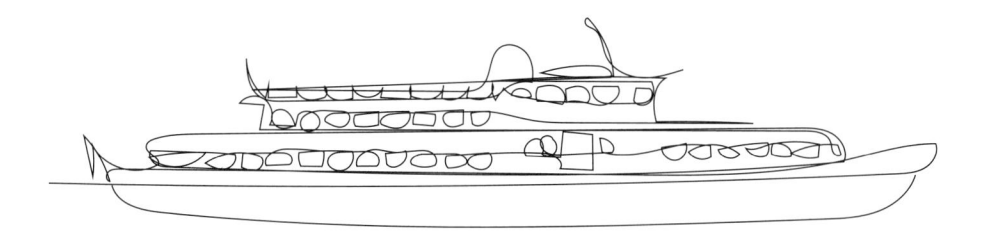

„Ich bereue keinen einzigen Tag." Etwas, das nur wenige von ihrem Berufsleben behaupten können. Schon gar nicht, wenn sie bereits seit fast 30 Jahren dabei sind. Doch Otto Strasser meint, was er sagt. Und jeder, der ihn kennenlernt, merkt das. Als Kapitän bei der Chiemsee-Schifffahrt hat er seine Berufung gefunden – und das, obwohl er als Kind doch eigentlich Schneepflugfahrer werden wollte oder Müllmann.

Ein Grund sind sicherlich die tollen Kollegen. Ein weiterer: Otto hat einen der schönsten Arbeitsplätze, die man sich nur vorstellen kann, das Bayerische Meer. „Ich meine, du brauchst nur zum Fenster rausschauen. Es ist einfach sagenhaft schön." Der Kapitän lässt seinen Blick schweifen. Damals, als er seine Ausbildung zum Schlosser gemacht hat, stand Otto in einer Maschinenhalle und hat tagein tagaus das Gleiche gemacht. „Heute mache ich ich zwar im Prinzip auch jeden Tag dasselbe, aber trotzdem ist jeder Tag anders. Der See, das Wetter, die Fahrgäste – da gibt es so viel Abwechslung."

Im Sommer steuert Otto die MS Edeltraud, das größte Schiff in der Flotte der Chiemsee-Schifffahrt, über den Chiemsee. Im Winter, wenn die Fahrgastzahlen zurückgehen und die meisten Schiffe in der Revision sind, ist er auf der kleineren MS Berta unterwegs. Wer ihn einmal erlebt, hat schnell das Gefühl, dass seine Edeltraud ein kleines bisschen Ottos ganz persönliches Traumschiff ist, mit seiner Crew, die fast schon eine zweite Familie ist, mit den vielen Menschen und ihren Geschichten, die er miterlebt. Denn wer jeden Tag aufs Neue mit Hunderten, Tausenden von Menschen aller Herren Länder unterwegs ist, kann so einiges berichten.

„Einmal, da war ich noch Matrose, da sind wir zur Herreninsel gefahren, um das Kursschiff zu entlasten, weil so viel los war. Auf den letzten Drücker steigt noch ein Mann ein, wir legen ab und seine Frau steht noch am Steg. Sie schreit draußen am Steg herum, er drinnen im Schiff. ‚Beruhigen Sie sich', sag ich zu ihm, ‚Ihre Frau kommt sofort mit dem nächsten Schiff nach. Da oben, da haben wir einen Kiosk, holen Sie sich eine Halbe und genießen die Überfahrt.' Weg war er. Wir kommen in Prien an, alle Fahrgäste steigen aus. Ganz zum Schluss kommt er, gibt mir die Hand und sagt: ‚Dankeschön. Das war die schönste Viertelstunde, die ich in letzter Zeit hatte.'" Noch heute muss Otto lauthals lachen, wenn er daran zurückdenkt. „Man hat schon viele lustige Erlebnisse mit den Leuten." Und schon fällt ihm die nächste Geschichte ein, von einem Herren auf der Fraueninsel. „Wir wollten schon ablegen, da sehen wir, wie ganz hinten am Steg noch jemand kommt, der nicht so gut zu Fuß ist. ‚Den nehmen wir auch noch mit, logisch', sagen wir. Zwei, drei Minuten hat es gebraucht, bis er vorn war. Als er dann endlich am Schiff angekommen ist schaut er uns an und sagt

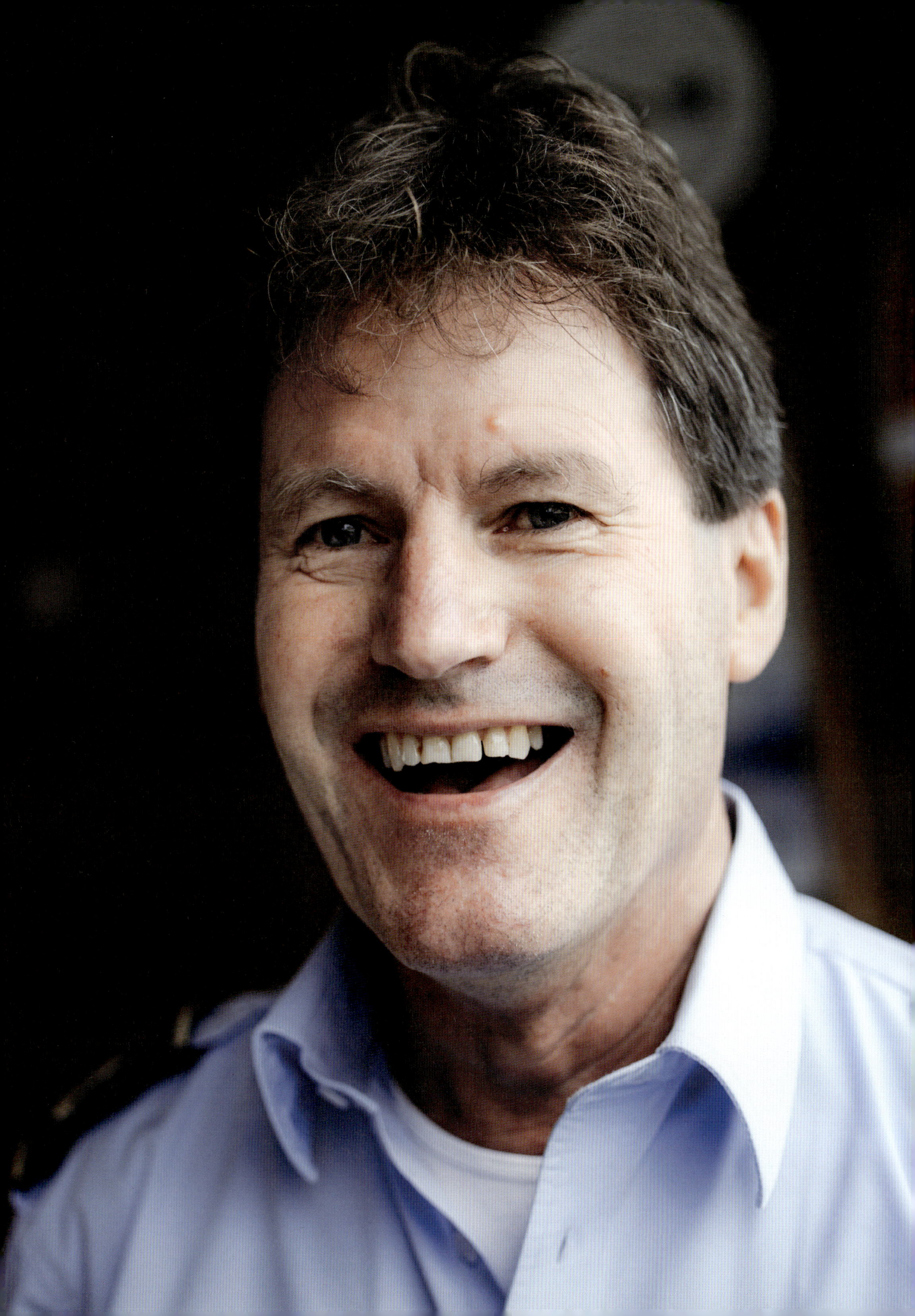

20

‚Heute seid ihr aber ganz schön spät dran.'" Es seien wirklich nur vereinzelt Fahrgäste, die zuwider sind. Die allermeisten sind gut drauf, denn so, wie man zu den Leuten ist, so kommt es eben auch zurück. Deshalb versucht Otto immer, zu allen Fahrgästen nett zu sein, auch wenn es besonders in der Hauptsaison an Bord sehr voll und somit auch anstrengend werden kann. „Ich denke immer, wenn ich im Urlaub bin, dann möchte ich ja auch so behandelt werden."

Drei Tage ist Otto immer als Kapitän an Bord, drei Tage als Matrose. „Wir haben das untereinander so ausgemacht. Das bringt auch eine schöne Abwechslung mit sich." Denn auf dem Schiff geht es sowieso nur als Team. „Es bringt ja nichts, wenn du das Schiff schön an den Steg hinfährst, wenn der andere es dann nicht anhängt." Als Matrose hat man zudem mehr Kontakt mit den Fahrgästen, oben auf der Brücke hingegen eher seine Ruhe. Wobei Ruhe relativ ist, denn Otto hört gerne Hardrock. So kann es schon einmal vorkommen, dass er sein Schiff zur Musik von AC/DC über das Bayerische Meer steuert. Zu seinen Highlights gehören deshalb die Sonderfahrten, bei denen es an Bord ordentlich rockt. Aber auch sonst sind die Themenfahrten eine willkommene Abwechslung im Berufsalltag. „Die sind meist wirklich ein Erlebnis für sich – auch wenn sie anstrengend sind, denn da kann eine Schicht schon einmal länger dauern."

Digitale Seekarten, Radar, Videokameras – auch wenn die Technik es den Schifferern heute leichter und die Schifffahrt sicherer macht, fordert der Beruf nach wie vor höchste Konzentration. „Besonders bei schlechtem oder windigen Wetter, da bist du auf Nacht schon mal richtig fertig", erzählt Otto. Während in Chieming vor allem der Westwind herausfordernd ist, ist in Seebruck oft die Wassertiefe der Knackpunkt. „Wenn der Wind das Wasser vom Steg wegtreibt und du kurz davor stehst, aber nicht anlegen kannst, da musst du einen kühlen Kopf bewahren. Jedes einzelne Anlegemanöver ist für mich aufs Neue spannend, denn du bist verantwortlich, es liegt in deinem Ermessen. An manchen Stegen gibt es auch immer mal wieder eine Art Strudel, wie aus dem Nichts. Wir sagen dann immer, der See rinnt."

Innerhalb von zehn Minuten kann das Wetter von wunderschön auf Sturm wechseln. „Er kann ganz schön launisch sein, der See. Doch auf der anderen Seite faszinieren die schnellen Wetterumschwünge mit ihren verschiedenen Stimmungen mich mit am meisten", gesteht Otto. Sind sind aber auch etwas, das man schnell unterschätzt. Im Winter sind die Wetterlagen noch extremer. Sich an die unterschiedlichen Situationen zu gewöhnen, dauert seine Zeit. Und dann fährt sich auch noch jedes der Schiffe ein bisschen anders. „Ich glaube, so nach meiner Prüfung hat es schon so drei, vier Jahre gedauert, bis ich eine gewisse Routine für alle Wetterlagen und alle Situationen hatte. Anfangs war das schon herausfordernd. Wenn ich gewusst habe, ich bin zum Fahren dran, ging mein erster Blick immer nach draußen. Heute ist mir das Wetter fast egal. Trotzdem habe ich nach wie vor großen Respekt vor der ganzen Sache. Die Prüfung ist das leichteste, im Alltag, da musst du dich dann beweisen. Wenn du allein heroben bist und keiner dir zeigt, wie es geht."

Eine neue Herausforderung sind die rund 7.200 Freizeitkapitäne, die jährlich auf dem Chiemsee mit kleineren und größeren Booten oder zum Stand-up-Paddling unterwegs sind. „Der Breitensport hat über die letzten Jahre enorm zugenommen. Und der Faktor Mensch ist einfach unberechenbar", weiß Otto. Und natürlich kann einen auch die Technik einmal im Stich lassen. „Wenn dann noch Nebel ist, da kommst du dann richtig ins Schwitzen." Ottos doppelter Boden ist sein kleines schwarzes Büchlein, das immer griffbereit auf der Brücke liegt. Für den Fall der Fälle hat er mit seiner Edeltraud und auch mit der Berta alle Strecken mit Stoppuhr den Kompasskurs eingefahren und darin notiert. „Von Stock auf 49 Grad siebeneinhalb Minuten bis zur Kreuzkapelle, dann eine Umdrehung und eineinhalb Minuten auf 140 Grad", liest er vor. „Wenn du alles richtig gemacht hast, dann hast du den Steg der Herreninsel vor dir."

Seine Lieblingsanlegestelle, die sei Prien, lacht Otto. „Denn da haben wir Feierabend." Und der ist für das Team der MS Edeltraud mit einem Ritual verbunden. „Wenn der Motor abgeschaltet ist und man alle

Fahrgäste wieder sicher an Land gebracht hat, dann ist man froh. Die Verantwortung die man da trägt, die ist einem schon bewusst. Und da macht das Team enorm viel aus. Eine gute Zusammenarbeit ist das A und O. Und wir haben einfach das Glück, dass wir uns hier auf unserem Schiff so super verstehen." Und deshalb wird fast jeden Abend gemeinsam ein Feierabendbier getrunken und darauf angestoßen, dass alles gut gegangen ist. Und die Gaudi, die darf dabei auch nicht fehlen, das ist klar.

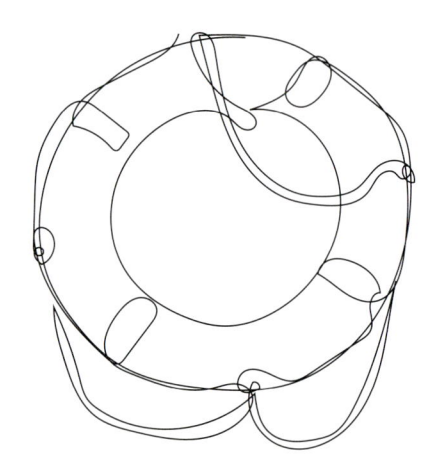

Im Sommer ist er nicht von Ottos Seite wegzudenken: Harti. Auch er ist schon seit 16 Jahren an Bord. „Mir gefällt besonders die Kombination. Ich bin ja gelernter Schreiner und konnte den Beruf aus gesundheitlichen Gründen nicht mehr voll ausüben. Bei der Chiemsee-Schifffahrt kann ich beides miteinander verbinden. Im Sommer bin ich auf dem Wasser unterwegs, im Winter kümmere ich mich als Schreiner um die Wartung der Schiffe in der Werkstatt. Wenn man es genau betrachtet, dann ist so ein Schiff eigentlich wie ein Haus – es gibt Toiletten, eine kleine Küche, Sitzmöbel, Treppen … und das will auch alles in Schuss gehalten werden. So muss ich nicht auf das Arbeiten mit Holz verzichten und schone trotzdem meine Gesundheit."

Chiemsee-Schifffahrt

Mehr als 175 Jahre transportieren die Dampfer der Chiemsee-Schifffahrt bereits ihre Gäste über den See. Ihren Ursprung hat deren wechselvolle Geschichte in den 40er-Jahren des 19. Jahrhunderts. Wer zu dieser Zeit von München nach Salzburg wollte, musste die Strecke zu Fuß, mit dem Pferd oder per Kutsche antreten. Um die Reise nicht nur komfortabler, sondern auch kürzer zu gestalten, kam die Idee eines Linienverkehrs auf dem Chiemsee auf. Im Mai 1845 war es soweit: Der erste Dampfer – zunächst noch mit hölzernem Rumpf – stach in See.

1859 lief schließlich das erste eiserne Dampfschiff vom Stapel. Doch nur ein Jahr später verlor die Schifffahrt auf dem Chiemsee mit der Fertigstellung der Bahnlinie München-Salzburg ihren ursprünglichen Zweck, die Fahrgastzahlen brachen ein. Die Rettung kam schließlich mit König Ludwig II.: Ab 1878 sorgte der Bau seines Prunkschlosses für neuen Aufwind. Das Feßler'sche Dampfschiff schleppte fortan nicht nur viele Lasten, sondern auch zahlreiche Schaulustige und später Besucher des Schlosses über den See. Auch wenn Weltkriege, Wirtschaftskrise und Nachkriegsjahre schwere Jahre bescherten, hat sich die Chiemsee Schifffahrt behauptet und ist noch heute bei ihren Fahrgästen aus dem In- und Ausland beliebt.

RENKE

Sie ist der Brotfisch der Berufsfischer und das kulinarische Aushängeschild des Chiemsees: die Renke. Ein edler Fisch mit hellem, zartem und aromatischem Fleisch. Im Durchschnitt erreichen Renken eine Größe von 50 bis 60 Zentimetern und ein Gewicht von bis zu drei Kilogramm. Was die Renke nicht hat sind Zähne. Als Planktonfresser braucht sie der Friedfisch aber auch nicht. Ihre größten Feinde im Chiemsee sind Hecht und Zander. Anders als beispielsweise Forellen können Renken nicht in Becken gezüchtet werden. Der Schwarmfisch braucht Freiwasser und einen ausreichend großen Lebensraum – und findet im Bayerischen Meer beste Bedingungen. Renken, die zur Familie der Lachsartigen zählen, werden anderswo übrigens auch als Felchen, Maränen oder Schnäpeln bezeichnet. Die Renke schmeckt in nahezu jeder Form – ob gegrillt, gebraten, gebacken oder als Stockfisch. Wird sie geräuchert bekommt das Schuppenkleid der Renke einen goldenen Schimmer und wird oft als Chiemsee Gold bezeichnet.

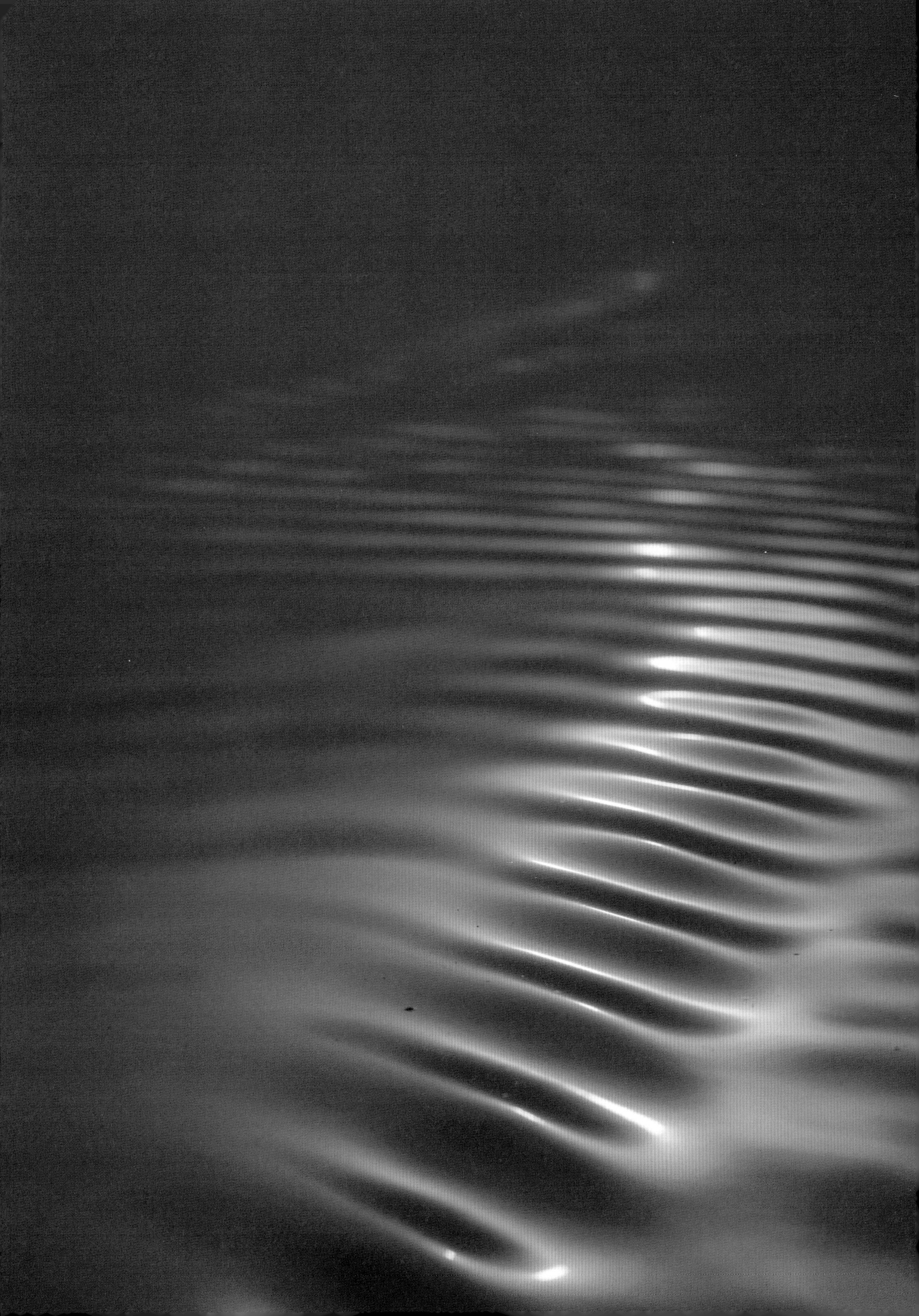

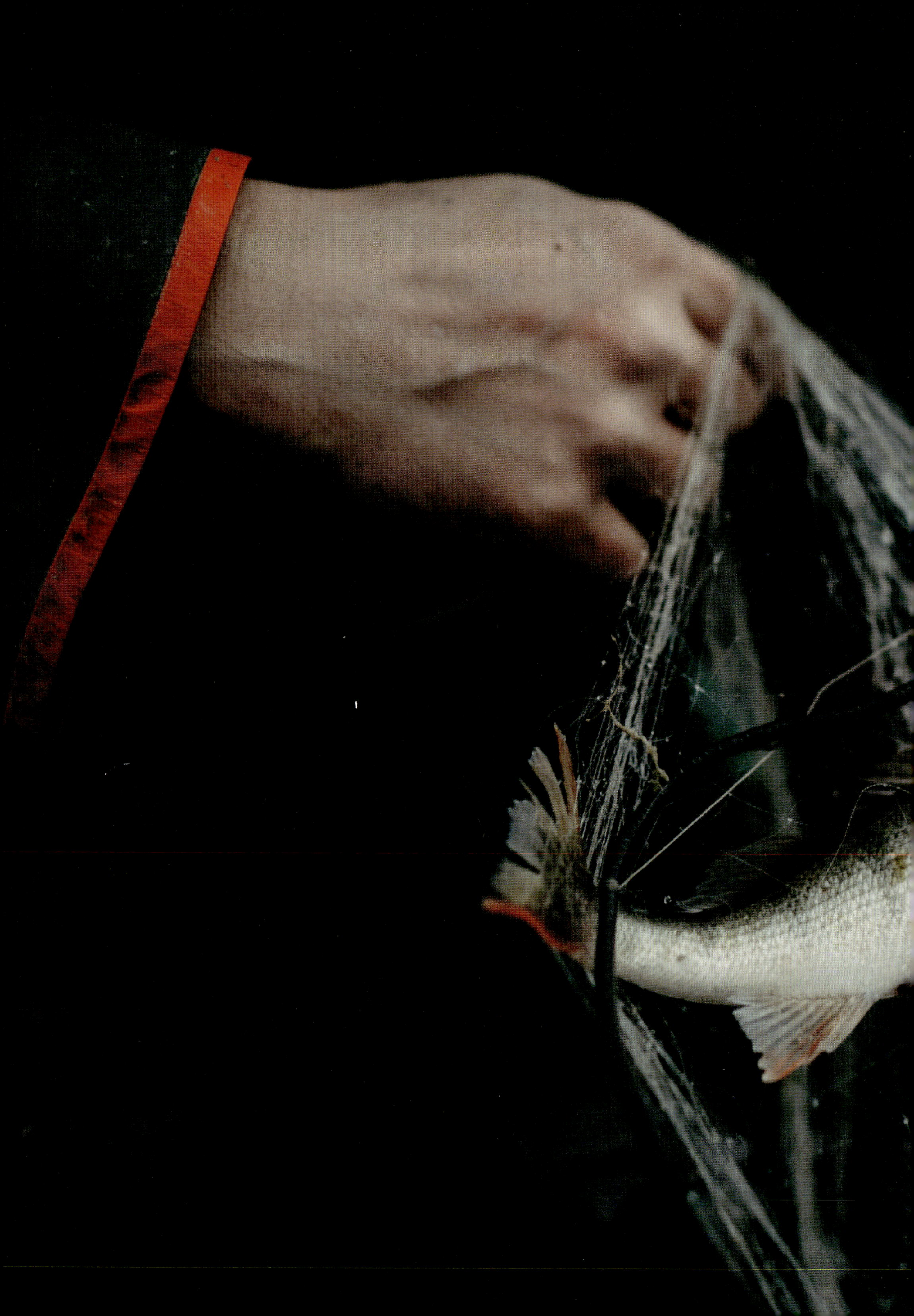

Frischen Fisch erkennen

Bei der Zubereitung von Fisch spielt die Qualität des Lebensmittels eine entscheidende Rolle, denn nur wirklich frischer Fisch garantiert besten Geschmack. Fangfrischer Fisch enthält mehr Nährstoffe und behält auch seine Textur und Aromen besser bei. An folgenden Merkmalen lässt sich frischer Fisch erkennen:

KLARE AUGEN

Frischer Fisch hat klare, glänzende und nach oben gewölbte Augen. Die Pupillen sind scharf umrandet und gut definiert. Sind die Augen des Fisches trüb oder milchig, matt oder eingefallen, deuten sie auf nicht fangfrischen Fisch hin.

FRISCHER GERUCH

Fangfrischer Fisch riecht nach Meer oder See, nicht nach Fisch. Fische mit einem starken, unangenehmen Geruch unbedingt vermeiden, da dies auf beginnende Verderblichkeit hindeuten kann.

KRÄFTIGE FARBE

Die Farbe des Fisches sollte kräftig und nicht verblasst sein. Die Kiemen eines frischen Fisches haben eine lebendige rote oder rosa Farbe. Graue oder braune Kiemen deuten auf älteren Fisch hin.

HAUT & SCHUPPEN

Die Schuppen eines frischen Fisches sollten fest anliegen und glänzend sein. Locker sitzende, abfallende oder getrübte Schuppen können auf mangelnde Frische und längere Lagerung hinweisen.

KONSITENZ & SAUBERKEIT

Das Fleisch von frischem Fisch ist fest und elastisch. Wird leicht auf das Fleisch gedrückt, sollte es in die ursprüngliche Form zurückspringen. Ist der Fisch matschig oder klebrig, ist dies ein Anzeichen für mangelnde Frische. Bei ganzen Fischen sollte der Bauchraum sauber und frei von Blut oder Fremdkörpern sein.

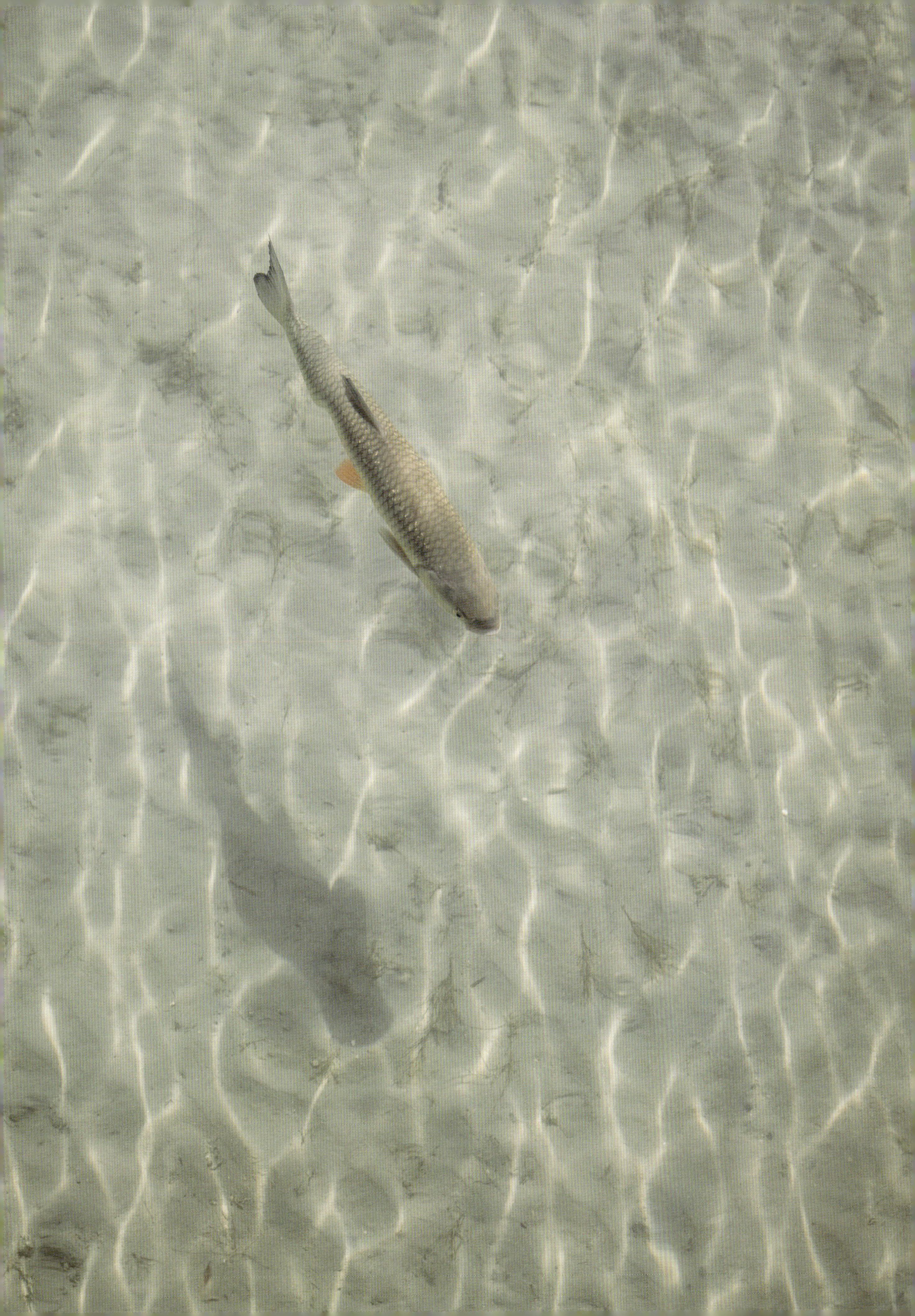

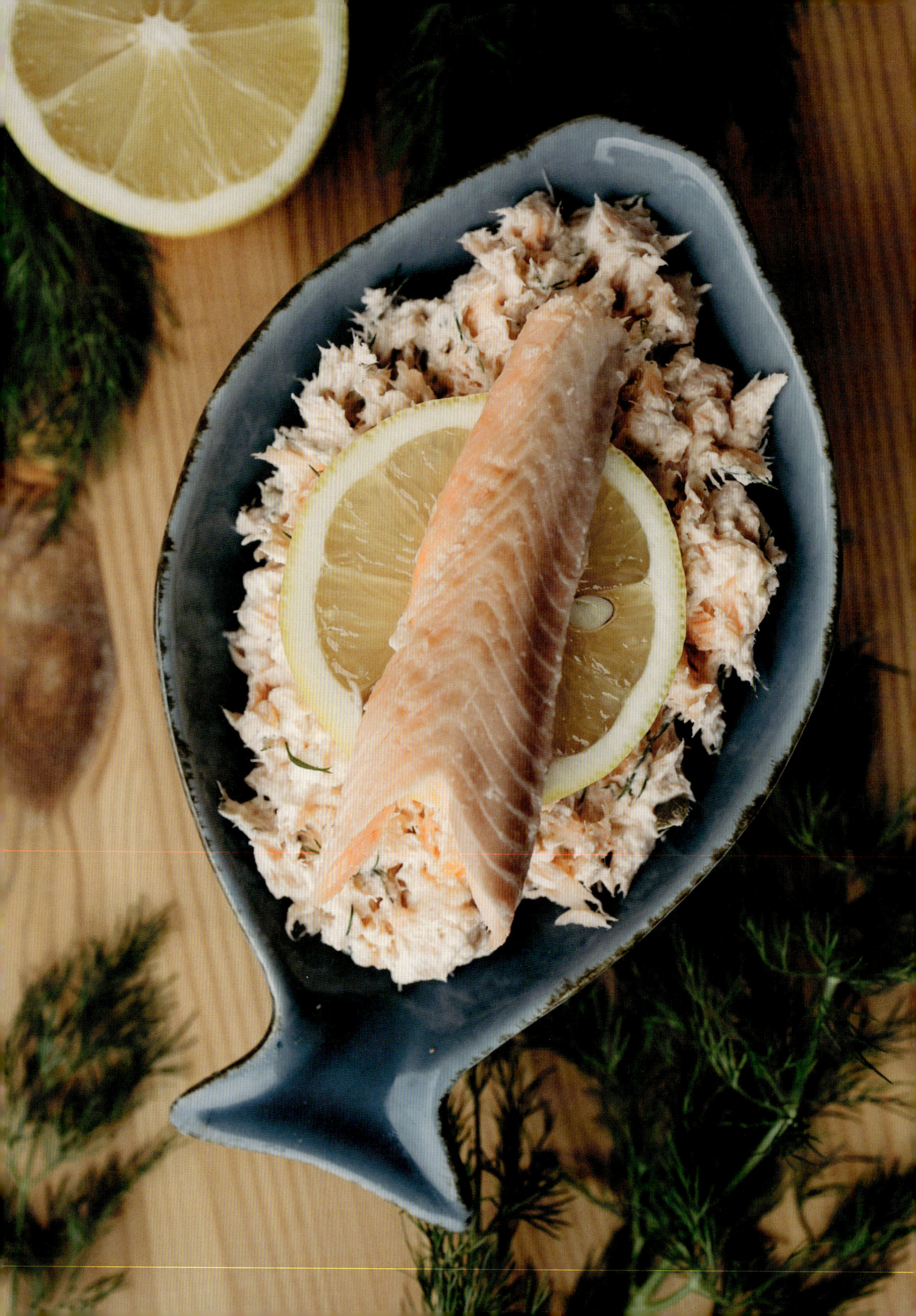

Fischmousse
von der Renke

ZUTATEN FÜR ZWEI PORTIONEN:

300 g geräuchertes Renkenfilet (alternativ Lachsforelle)
250 g Frischkäse
2 EL Kapern
1 EL Zitronensaft
Salz, Pfeffer
etwas Dill

ZUBEREITUNG:

Das geräucherte Renkenfilet in kleine Stücke zerpflücken und mit dem Frischkäse sowie den Kapern vermengen. Die Zutaten grob pürieren und mit Zitronensaft, Salz, Pfeffer und etwas Dill nach Geschmack würzen. Die Mousse für eine Stunde kalt stellen. Mit frischem Baguette servieren.

Aus der Zeit gefallen

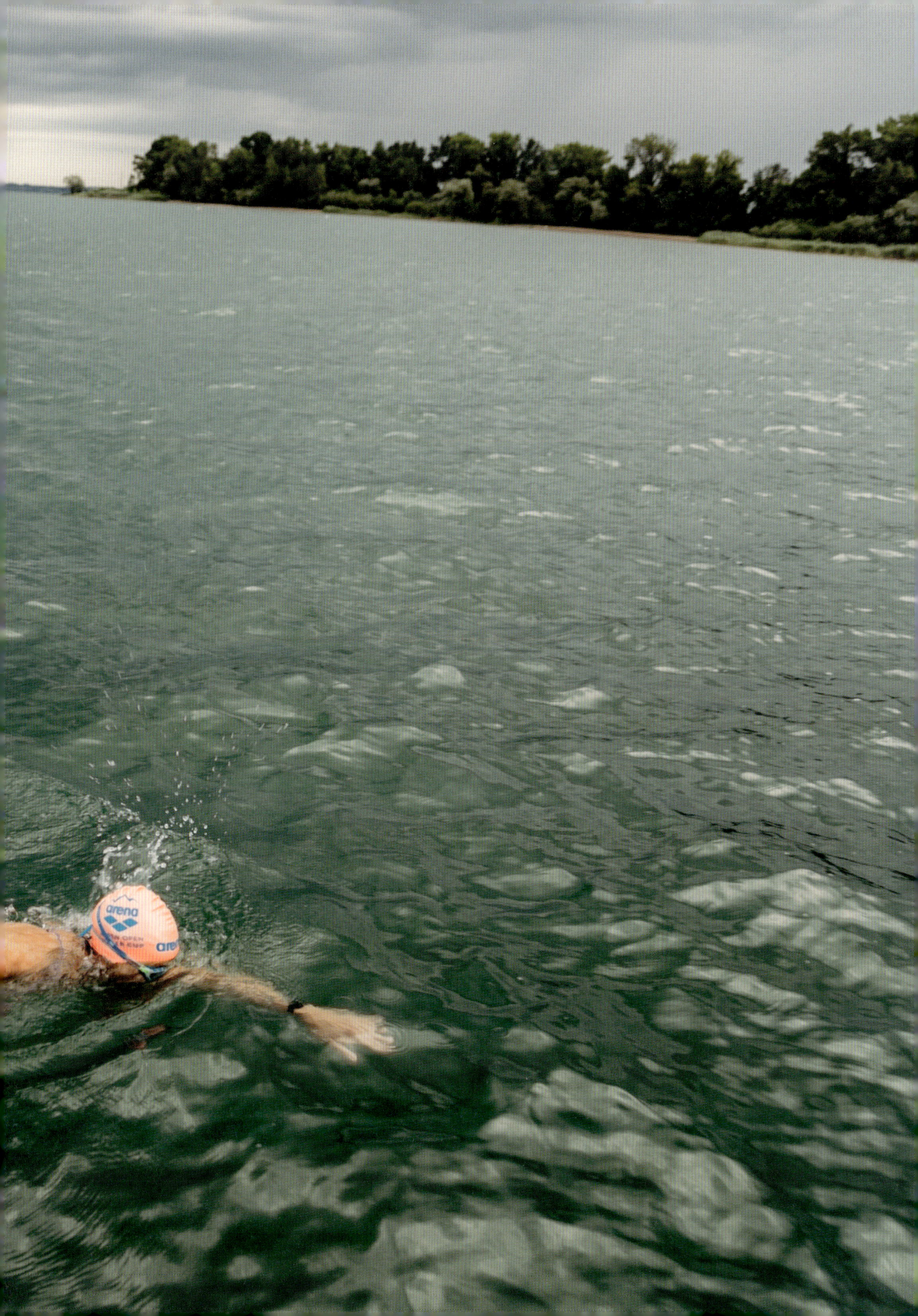
arena

SCHWIMMERIN
ANGELA SCHELLING

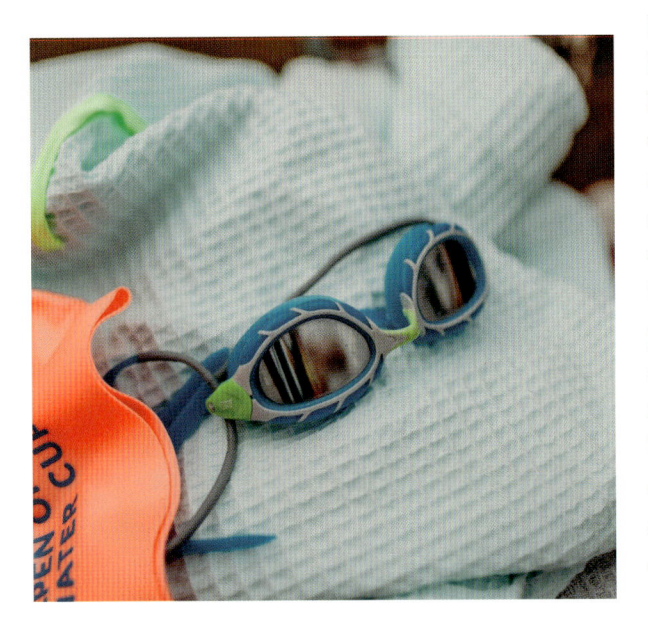

Schwimmen ist mehr als ein Sport, eine erlernbare Bewegungstechnik. Es ist das unmittelbare Erleben von Wasser und seiner Wandelbarkeit. Wer Angela Schelling trifft, spürt ihre besondere Beziehung zu dieser Sportart und dem Element Wasser. „Ich bin schon immer gern geschwommen, habe auch schon sehr früh schwimmen gelernt und mag es, mich über lange Strecken hinweg zu bewegen", erzählt Angela. Als Open-Water-Schwimmerin schwimmt sie das ganze Jahr über draußen in offenen Gewässern. Doch nicht allein des Sports, der Bewegung wegen, sondern vor allem für sich, für ihre innere Balance.

„Früher bin ich viel gelaufen. Meist so zehn bis zwanzig Kilometer. Ich brauchte das für mein seelisches Gleichgewicht, so einfach vor mich hin zu laufen, ganz in meiner Welt zu sein." Eine Fußverletzung vor einigen Jahren zwingt sie zur Pause. „Ich habe gemerkt, wie ich innerlich immer unruhiger wurde, habe gespürt, dass ich einen Ersatz brauche. Und da bin ich aufs Schwimmen gekommen", erinnert sich Angela. Kraulen wollte sie, fasziniert von der ganz eigenen Ästhetik dieser Bewegungen. Um die Technik richtig zu erlernen, nimmt Angela privaten Schwimmunterricht. Sie sucht lange nach einem Lehrer, der versteht, was ihr beim Schwimmen wichtig ist, und findet einen, der selbst Open-Water-Schwimmer ist. In wenigen Unterrichtsstunden bringt er sie auf Kurs. Parallel dazu hat nähert sich Angela dem Schwimmen literarisch. „Besonders die Texte von John von Düffel, der selbst passionier-

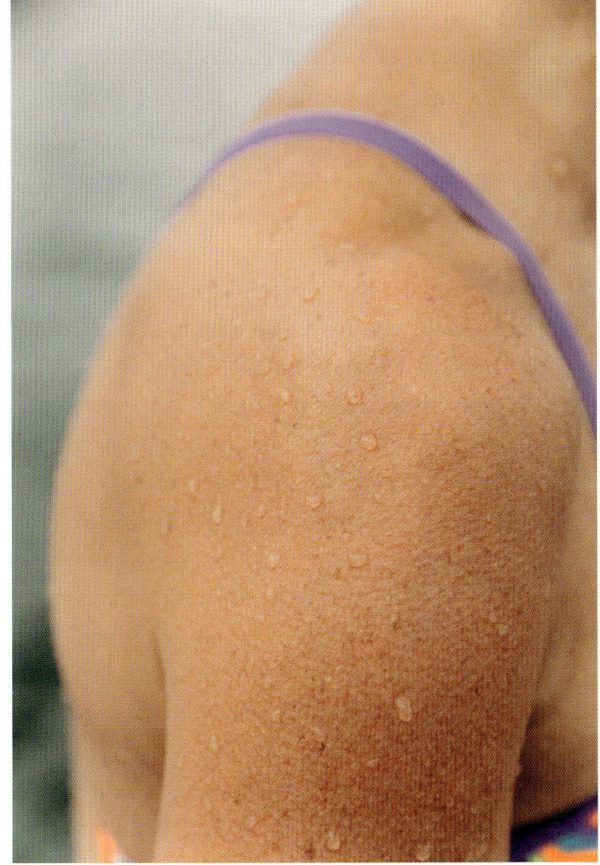

SCHWIMMERIN ANGELA SCHELLING

ter Schwimmer ist und ganz wunderbar über seine Empfindungen im Wasser schreibt, haben mich bewegt", erinnert sie sich.

Tag für Tag geht Angela frühmorgens an den See. „Beim Üben habe ich gemerkt, dass ich ziemlich schnell Fortschritte mache und immer größere Distanzen schwimmen kann. Und ich habe gespürt, wie gut es mir tut, im Wasser zu sein und mich dieser gleichmäßigen Bewegung hinzugeben." Irgendwann schlich sich dabei diese eine Idee in ihren Kopf: Angela wollte einmal von der Fraueninsel nach Hause, also nach Übersee, schwimmen – eine Entfernung von 4,5 Kilometern. „Das war mein Ziel, dafür habe ich dann trainiert." Eine Herausforderung, der sie sich stellen wollte, ganz ohne den Gedanken an Wettbewerb oder Bestzeiten. Zum Trainieren fährt Angela öfters an den Tüttensee, einen kleinen, versteckten Moorsee unweit des Chiemsees. Dank des jederzeit nahen Ufers kann sie hier entspannt ihre Runden drehen. Außerdem zählt der Waldsee zu den wärmsten Seen Oberbayerns und erreicht ziemlich früh im Jahr eine angenehme Temperatur zum längeren Schwimmen. „Eine Runde im Tüttensee ist so ungefähr ein Kilometer. Und als ich vier davon schwimmen konnte, wusste ich, dass ich die Distanz Fraueninsel–Übersee schaffen werde. Und dann habe ich es gewagt, hab es einfach gemacht."

Für ihr Vorhaben nimmt Angela erstmals 2019 beim jährlichen Chiemsee Langstreckenschwimmen teil. Nicht etwa, um sich mit anderen zu messen, sondern wegen des sicheren Rahmens. Alles ist bestens organisiert, die Sportler werden von der Wasserwacht begleitet. Und schließlich ist er da, der große Moment. „Das Rennen war für mich unglaublich emotional. Mein Mann und unser Sohn standen im Ziel und haben mich erwartet. Ich war völlig in Tränen, total aufgelöst und gleichzeitig so unglaublich stolz und glücklich, es aus eigener Kraft geschafft zu haben. Ich war die mit dem riesigen Grinsen im Gesicht", lacht sie. „Dieses Erlebnis hat mich emotional sehr berührt." Inzwischen hat Angela drei Mal am Chiemsee Langstreckenschwimmen teilgenommen und jedes Mal ist es aufs Neue etwas ganz Besonderes für sie. Doch nie mehr danach war das Gefühl so intensiv.

Draußen schwimmen, das ist es, was Angela so gut gefällt. Nicht im Schwimmbad Bahn für Bahn, sondern draußen in der Natur, das Element Wasser in seiner ursprünglichsten Form erleben. Eintauchen und Abtauchen. Meistens geht sie in der Stille, ganz früh am Morgen schwimmen. Dann, wenn die Welt gerade erst so langsam erwacht und der See die Reinheit der vergangenen Nacht in sich trägt. „Ich liebe es, für mich zu sein, die Ruhe und die zarte Morgenstimmung am See zu genießen. Das hat etwas Magisches, ganz egal, wie das Wetter ist. Ich mag es sogar besonders gern, wenn es regnet, wenn der See wärmer ist als die Luft draußen und ein geheimnisvoller Dunst über dem Wasser liegt. Oder wenn der See richtig Wellen hat und man sich da regelrecht reinstürzen kann. Das fühlt sich so elementar an, und Eintauchen in das wilde Element Wasser kann so kraftvoll sein." Den kurzen Moment, bis Angela schließlich ins Wasser eintaucht, zelebriert sie. „Da lasse ich mir bewusst Zeit, bin ganz still bei mir. Und dann tauche ich kopfüber ein. Fast so, als würde ich alles abstreifen, was ich mit an den See gebracht habe. Das ist ein vollkommener Augenblick, den ich intensiv genieße."

Je nach Stimmung schwimmt Angela mal länger, mal kürzer. „Ich habe das Gefühl, wenn ich im Wasser bin und vor mich hinschwimme, bin ich wie aus der Zeit gefallen. Schwerelos. Zeitlos. Da bin nur ich mit mir selbst, bin schon rein physisch gesehen nicht greifbar – für niemanden." In der heutigen Zeit, in der man nahezu jederzeit und überall erreichbar ist, ein ungewöhnlicher Zustand. „Wenn ich lange Strecken schwimme, habe ich immer auch eine Boje dabei, um gesehen zu werden. Da könnte man sogar ein Handy reinpacken, aber das will ich gar nicht. Ich möchte da ganz für mich sein." Eine Gefühlswelt, die Angela auch schon beim Langstreckenlaufen hatte. „Aber beim Schwimmen ist es noch viel intensiver, weil da dieses eher ungewohnte Körpergefühl der Schwerelosigkeit, diese Leichtigkeit dazu kommt. Das ist etwas ganz Besonderes. Etwas, das nicht wirk-

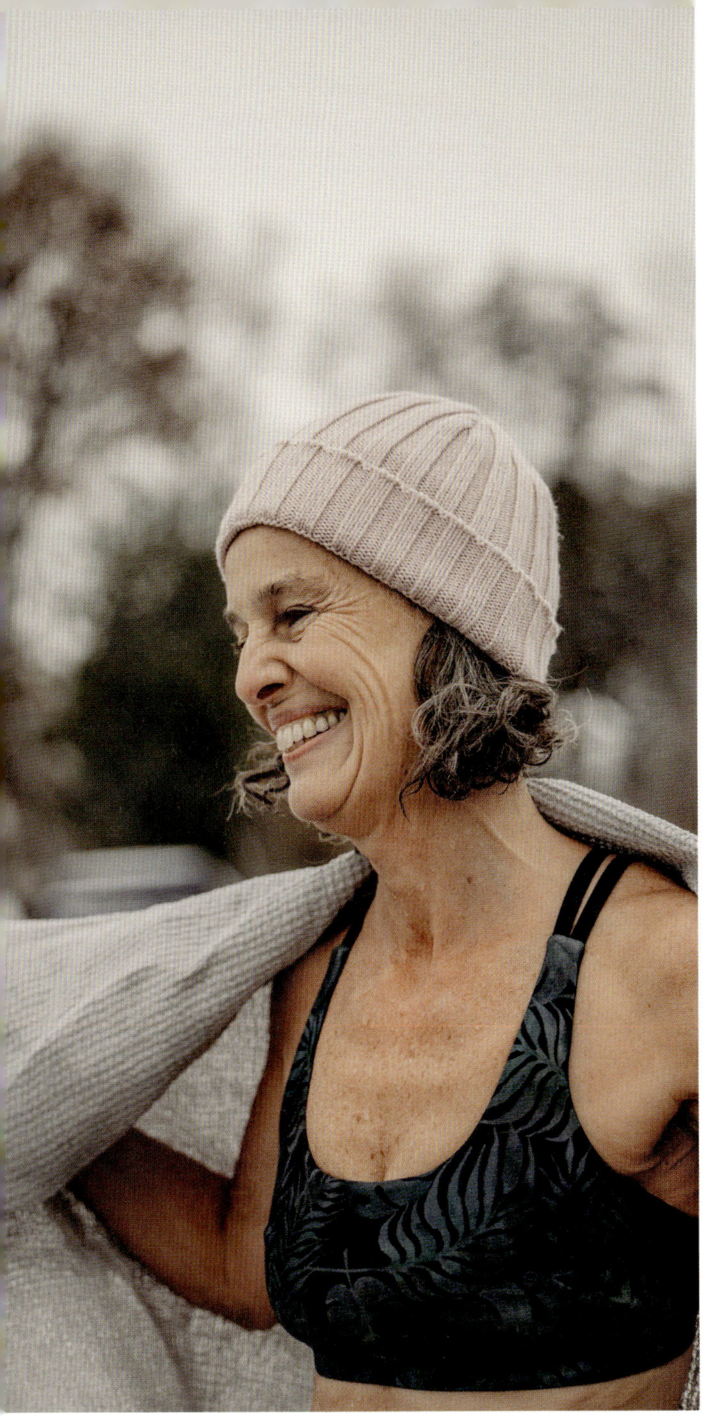
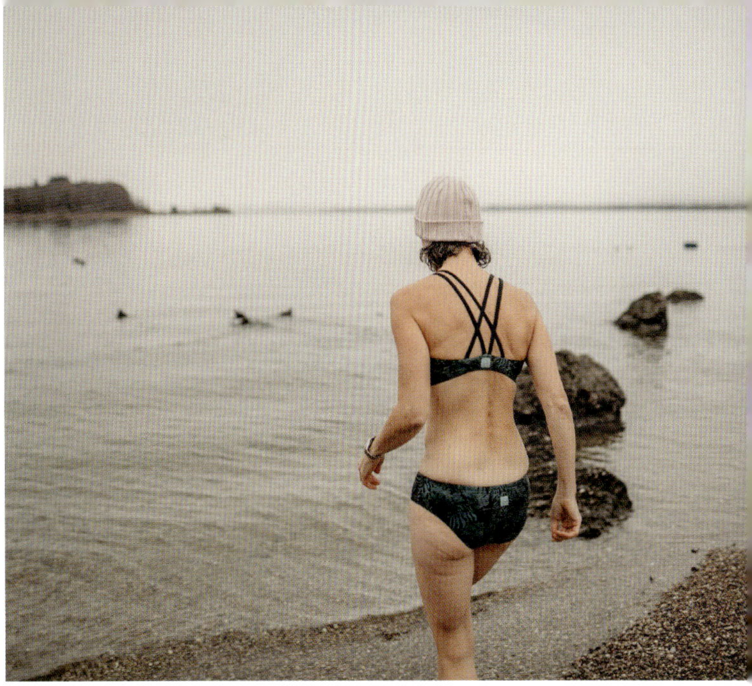
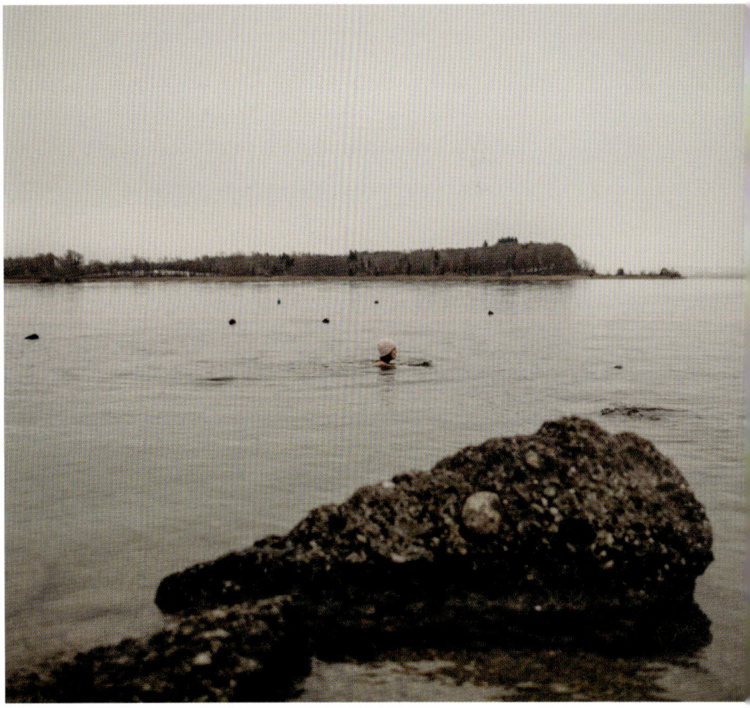
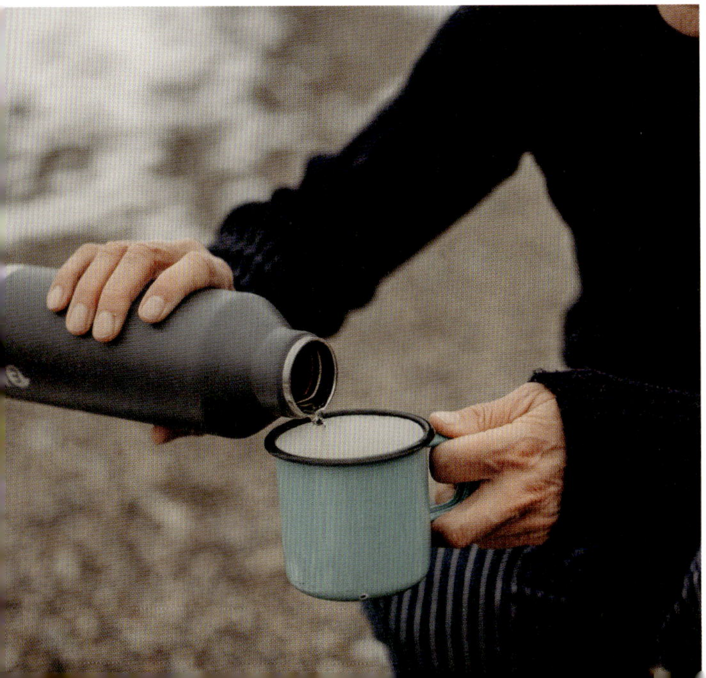
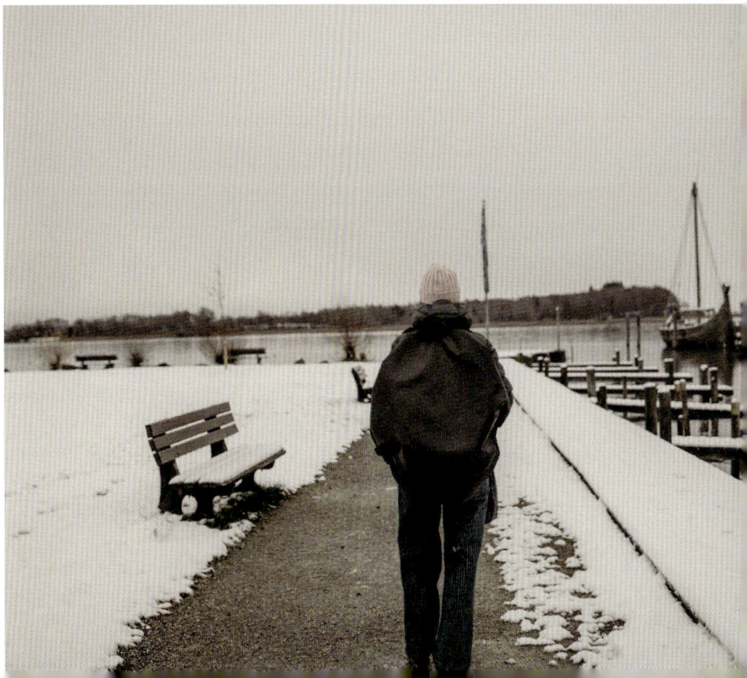

lich greifbar ist", versucht sie es dennoch in Worte zu fassen. „Ein bisschen ist dieses scheinbar schwerelose Durch-Wasser_Gleiten vielleicht wie Fliegen." Fließende, rhythmische Bewegungen, die Schwimmer und See eins werden lassen. „Du spürst sofort, ob der Schlag gut war oder nicht, du arbeitest mit dem Wasser. Mein Schwimmtrainer hatte den Slogan ‚Make water your friend', und das hat mich damals sofort angesprochen", lacht sie.

Auch wenn sie frühmorgens allein zum Schwimmen ins Wasser geht, ist da dennoch das Gefühl von etwas Gemeinsamen. „Du siehst da ein Handtuch am See liegen und weißt, ah, die Maria ist heute auch schon da, und das ist irgendwie sehr schön. Ich treffe im Sommer fast täglich zwei ältere Damen, die gemeinsam in den See hinausschwimmen, und auch wenn man sich nicht weiter kennt, sind diese kurzen gemeinsamen Momente ein schönes Ritual", erzählt Angela.

Der Spätsommer ist für die Schwimmerin eine ganz besondere Übergangszeit. Es ist der langsame Abschied vom Sommer, der Versuch, ihn noch ein bisschen länger festzuhalten, ehe man sich eingestehen muss, dass er vorüber ist. Die Zeit im Wasser wird immer kürzer. Etwa 50 bis 100 Züge bleibt Angela im Winter im See. Auch die Routinen rund ums Schwimmen haben sich verändert: Die Schwimmerin trägt nun eine dicke Wollmütze auf dem Kopf, denn der bleibt in der kalten Jahreszeit über Wasser. „Wichtig ist, dass ich mich schnell aus- und anziehen kann, dass ich warm und zügig ins Wasser gehe und mich danach sofort wieder in meine Wollsachen kuscheln kann." Im Winter schwimmt Angela meistens im Tüttensee, denn mit seinen flachen Ufern ist der Chiemsee fürs Winterschwimmen an vielen Stellen ungeeignet. Es dauert schlichtweg zu lang, ins Wasser zu kommen.

„Winter- und Sommerschwimmen sind völlig unterschiedlich, zwei verschiedene Welten", erklärt Angela. Das Ausdauernde, geradezu, als ob man aus der Zeit gefallen ist, das gibt es nur im Sommer. Im Winter hingegen spürt man das vollständige Eintauchen in die Natur ganz intensiv. „Der Kontrast ist so stark, da bist du vollkommen im Moment. Du kannst an nichts anderes denken als daran, dass du in eiskaltem Wasser bist und dich bewegen musst. Du bist so fokussiert, so intensiv im Augenblick, da geht dir kein anderer Gedanke durch den Kopf." Auch das Wasser hat eine völlig andere Struktur, fasst sich ganz anders an als im Sommer.

Den Wechsel der Jahreszeiten, der Natur, den spürt man am Wasser besonders intensiv. Das Verbindende zwischen Sommer- und Winterschwimmen sind für Angela der See und das Element Wasser. Ihr Kraftort und ihr Element. „Ich fühle mich da zu Hause, geborgen, getragen. Oft habe ich, wenn ich im Wasser bin, den Satz im Kopf ‚Getragen werden vom Sein', und das spüre ich ganz intensiv beim Schwimmen. Dieses Aufgehoben-Sein in der Welt ist ein wunderbares Gefühl. Im Sommer lasse ich mich auch gern auf dem Rücken treiben, getragen vom Wasser unter mir, die Weite des Himmels über mir. Das Wasser ist einfach der Ort, an dem ich ganz bei mir bin."

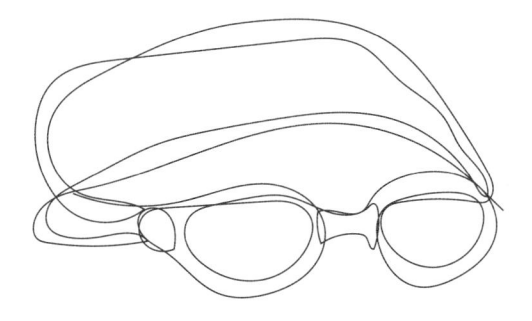

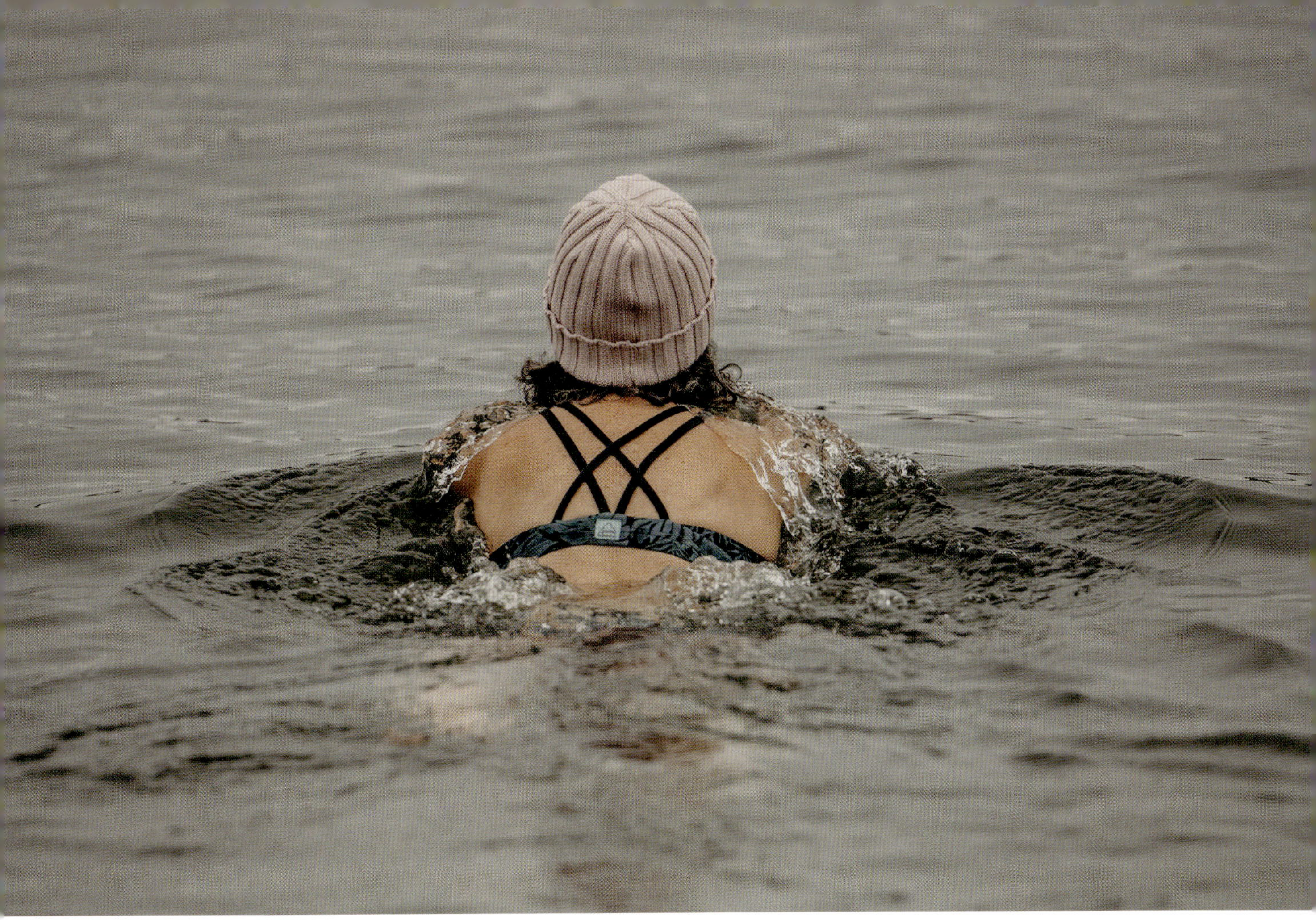

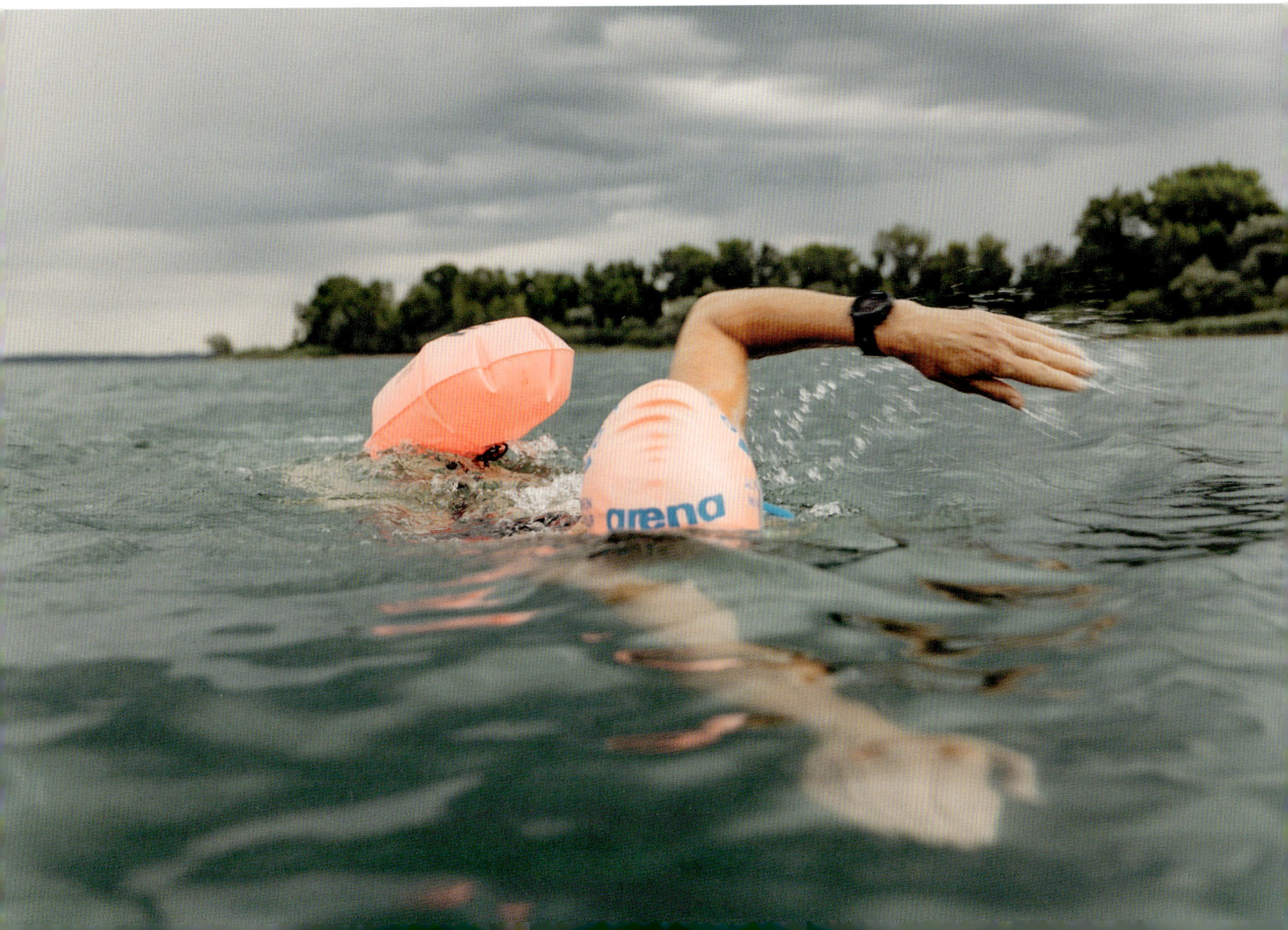
arena

PERLFISCH

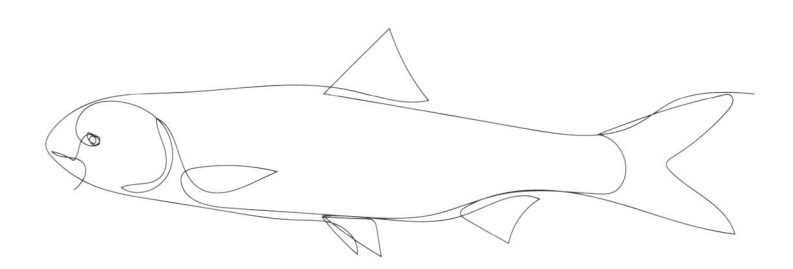

Er ist eine absolute Rarität und der wohl außergewöhnlichste Fisch des Bayerischen Meeres: der Perlfisch. Kaum ein Fischer hat ihn je zu Gesicht bekommen, denn der Perlfisch zählt zu den seltensten Fischarten im Süßwasser. In ganz Deutschland gibt es ihn nur im Chiemsee. Und auch hier galt er seit Beginn der 1990er-Jahre als ausgestorben oder verschollen. Abwässer zerstörten seinen Lebensraum. Daneben machten immer mehr Kormorane Jagd auf den Fisch. Die Chiemseefischer bemühten sich, den einzigartigen Perlfisch wieder anzusiedeln. Mittlerweile leben wieder einige Exemplare in der Tiefe des Bayerischen Meeres. Der Perlfisch ernährt sich dort von Muscheln, Schnecken und Pflanzen. Nur im Frühjahr schwimmt er an die Oberfläche, um sich fortzupflanzen. Während der Paarungszeit tragen die Männchen silbrige Perlen am Kopf, was dem Fisch seinen Namen einbrachte. Mit bis zu 70 Zentimetern Länge und einem Gewicht von bis zu fünf Kilogramm erreicht der Perlfisch für einen Fisch aus der Familie der Weißfische erstaunliche Maße.

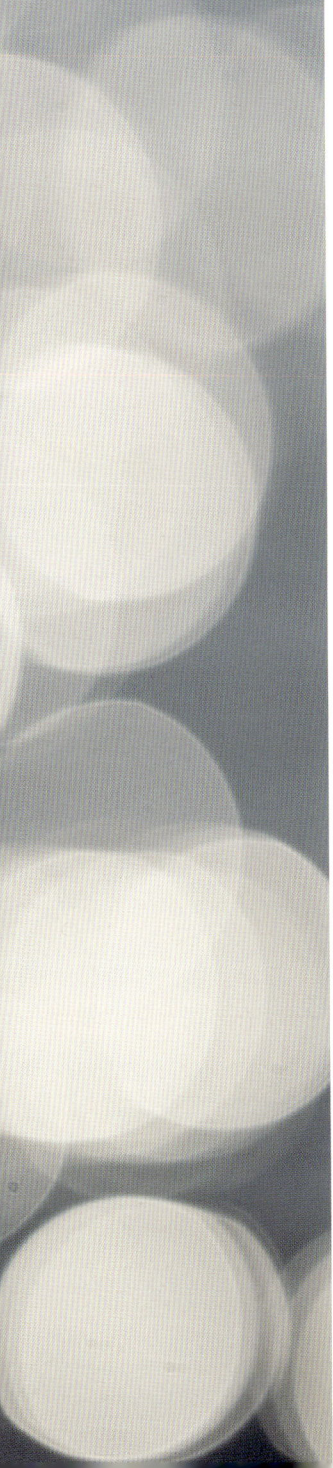

Weitsee

Östlich der Fraueninsel beginnt sie, die unendliche Weite des Bayerischen Meers. Doch bei aller Schönheit sollten Wassersportler auf dem Weitsee unbedingt den Westen im Blick behalten: Sturm und Gewitter kommen hier oft recht überraschend, und schnell wird das weite Herz des Chiemsees zum aufgewühlten Meer. Im Bereich des Weitsees erreicht der Chiemsee auch seine maximale Tiefe. Etwa 73 Meter sind es an der tiefsten Stelle von der Wasseroberfläche bis zum Grund.

Bayerische Gastlichkeit

GASTRONOM
KLAUS LÖHMANN UND FAMILIE

„Wenn hier eine Schmiede gestanden hätte, dann wäre ich wohl Schmied geworden." Ein Satz, ein paar wenige Worte. Und doch tragen sie so viel in sich. Erzählt hat sie Klaus Löhmann. Der Gastronom führt gemeinsam mit seiner Frau Sabine die Schlosswirtschaft auf Herrenchiemsee. Hunderttausende Menschen aus aller Welt strömen Jahr für Jahr auf ihrem Weg zum oder vom Schloss, das die Insel weltweit berühmt machte, an der traditionsreichen Gaststätte vorbei. Viele von ihnen kehren auch darin ein. Familie Löhmann und ihr Team begrüßen jeden einzelnen davon im Chiemgauer Stil.

Nach einem Umbau wurde die Schlosswirtschaft neu zur Pacht ausgeschrieben. Das ist jetzt bald fünfzehn Jahre her. „Wir haben uns beworben und den Zuschlag bekommen", erzählt Klaus. Damals war noch ein Kompagnon an Bord, der mittlerweile aus dem Unternehmen ausgeschieden ist. Er hatte die notwenige Sachkenntnis, die Klaus nicht und Sabine nur bedingt hatte. „Das war schon sehr, sehr spannend und herausfordernd. Ohne Branchenkenntnisse hätten wir wahrscheinlich nicht überlebt. Du brauchst mindestens einen im Team, der weiß, wie es funktioniert. Bei aller Kochkunst ist es bei uns vor allem Logistik und Organisation", blickt der gebürtige Priener auf die Anfänge zurück. Dennoch, es zu wagen, war ihm eine Herzensangelegenheit. Am See arbeiten, das wollte er schon immer unbedingt.

Das Bayerische Meer spielt eine große Rolle für Klaus. „Es ist einfach etwas Besonderes. Wenn man da rausschaut, das hat schon eine Kraft", findet er. Die braucht es auch im kräftezehrenden Umfeld, das die Gastronomie so mit sich bringt. „Natürlich, wir haben sehr stressige Zeiten. Viele Besucher und vor allem viele Besucher auf einmal. Da musst du gut organisiert sein, dass du das bewältigen kannst. Das kann sehr anstrengend sein. Aber es ist die Zeit drumherum, die das Arbeiten am See zu etwas Besonderem macht. Es sind die Momente in der Früh, wenn du mit dem Boot herüberfährst, die Sonne im See glitzert oder Wolken und Nebel eine mystische Stimmung erzeugen. Und es sind die Momente am Abend, wenn der Tag so langsam ausklingt, die Gäste auf einmal alle weg sind und man sich mit einem Weißbier auf die Terrasse setzt und das hier alles richtig genießt. Dazwischen, das ist dein Job, aber das davor und danach machen ihn einmalig." Es ist also nicht die Tätigkeit an sich, sondern vor allem der Ort, den Klaus an seinem Beruf liebt. „In meiner Kindheit, als wir in Italien am Strand waren, da ging immer der Eisverkäufer mit seinem Eis am Wasser entlang und hat es den Badegästen verkauft. Schon damals hab ich mir gedacht: ‚Schau, der ist den ganzen Tag am Strand, den ganzen Tag am Wasser. Das ist toll. Sowas möchte ich auch einmal machen.'"

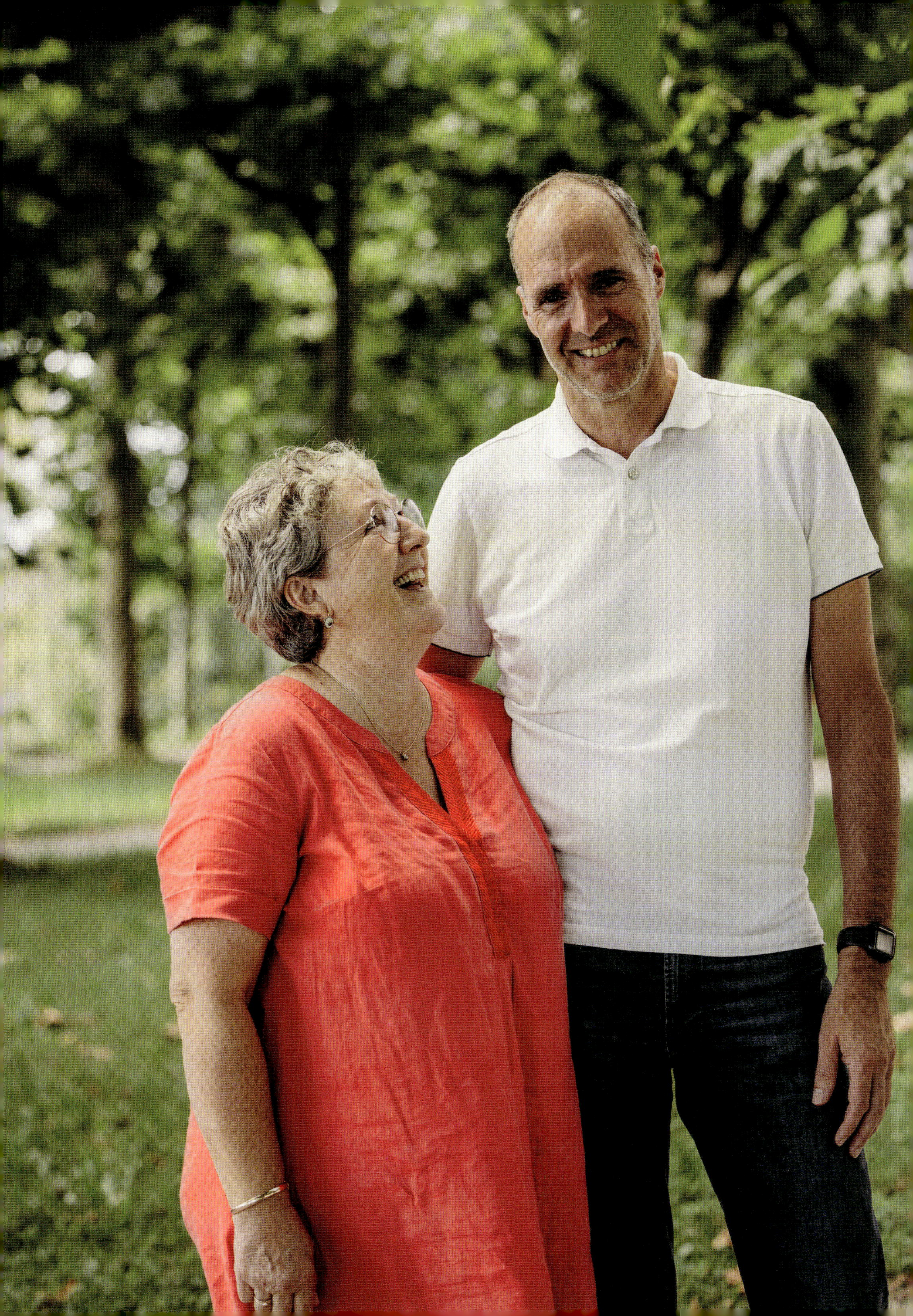

Dass Klaus eine Affinität zum Wasser hat, lässt sich nicht abstreiten. Segeln, Schwimmen, Rudern – alles, was man auf dem oder im Wasser machen kann, macht er gern. „Das hat so etwas Beruhigendes. Das Wasser tut mir einfach gut. Es ist mein Element. Ich bin auch wahnsinnig gern am Atlantik. Da könnte ich – und Gott sei Dank meine Frau auch – stundenlang einfach dasitzen und zuschauen, wie die Wellen brechen", erzählt er. „Und hier, am Chiemsee, ist es einfach die Kombination mit den Bergen. Ich finde, was unsere Region hier ausmacht, ist, dass du in einem Radius von gerade einmal 100 Kilometern beinahe alle Landschaftsformen hast, die es gibt – von alpin bis Flachland. Du hast Natur pur auf der einen Seite und mit München und Salzburg auf der anderen auch zwei große, kulturell interessante Städte. Und unser See, der ist irgendwie die Mitte von all dem, mit seinen Inseln, die ihn noch einmal besonderer machen. Denn wenn du hier auf dem Wasser unterwegs bist, dann hast du auch ein Ziel. Du musst nicht einfach nur von einer Seite zur anderen. Nein, du hast da einfach was in der Mitte. Und ja, das ist, finde ich, wunderschön."

Auf der Herreninsel hat Klaus mit der Schlosswirtschaft sein persönliches Ziel gefunden. Umgeben von geschichtsträchtigen Mauern präsentiert er mit seinem Team bayerische Gastlichkeit. „Man merkt schon, dass dieser Ort historisch bedeutend ist, dass Menschen schon immer gespürt haben, dass das ein besonderer Platz ist und etwas hier errichtet haben – sei es ein Kloster oder sogar ein Schloss. Und man selbst ist in dieser ewig langen Zeitspanne einfach nur ein kleiner Punkt", findet Klaus. „Das eine, das sind natürlich diese einzigartigen Gebäude. Es ist aber auch die Insel an sich, die Landschaft, die diesen Ort ausmachen." Einer der schönsten Tage im Jahr ist für Klaus meist Ende April. Wenn die Sonne scheint und auf der Streuobstwiese der Herreninsel die Obstbäume blühen, das erste zarte Grün herauskommt und im Hintergrund noch etwas Schnee auf den Gipfeln der Chiemgauer Alpen liegt. Gemeinsam mit Sabine geht er oft auf der Insel spazieren. „Ich mag das Frühjahr schon sehr gerne, aber es gibt auch wahnsinnige Tage im Oktober, die traumhaft schön sind", verrät er.

Die Natur der Insel, die Klaus so gern genießt, sehen tatsächlich die wenigsten seiner Gäste. „Die Leute, die haben immer keine Zeit. Das ist so schade. Ich denke mir so oft, Leute, habt ihr heute noch einen Notartermin oder was? Warum musst du denn jetzt unbedingt das nächste Schiff erwischen? Setz dich doch mal hin und genieße das einfach. Das verstehe ich oft nicht. Dass man einen Ausflug hierher macht und dann so einen Zeitdruck hat, das ist mir unbegreiflich." Auch durch die allseits beliebten Wetter-Apps, die es heutzutage auf jedem Handy gibt, hat sich das Besucherverhalten verändert: An Schlecht-Wetter-Tagen kommen deutlich weniger Leute. „Jeder möchte immer den schönsten Tag erwischen. Dabei sind es oft die ruhigen Tage mit ihrer mystischen Stimmung, die tausendmal schöner sind."

Für Klaus und sein Team bedeuten Schön-Wetter-Tage viel Arbeit. Auch wenn die Hauptsaison früher ausgeglichener und dadurch im großen Ganzen vielleicht etwas entspannter war, so kann man sich heutzutage gut auf die Besucherzahlen einstellen. „Nur, wenn die Pommes mal aus sind, dann sind sie aus. Gerade am Wochenende. Da fährt keine Fähre, da kommt kein Lieferant. Aber da muss man einfach gut planen, denn das ist etwas, was eigentlich nicht passieren darf." Ansonsten ist das Alltagsgeschäft für die Schlosswirtschaft auch nicht anders als auf dem Festland. Lediglich ein bisschen kostenintensiver sind die Lieferungen mit der Fähre.

Auf der Herreninsel kommt noch der Spagat zwischen Menge, Zeit und Qualität dazu, denn die Leute kommen schwungweise. „Im einen Moment ist der Biergarten noch leer, im nächsten sitzen da 200 Leute. Das muss man im Griff haben", weiß der Gastronom. Eine große Rolle spielt da die Speisekarte. „Da kannst du nicht alles à la minute machen, da brauchst du schon auch Schöpfgerichte oder Gerichte, die schnell umgesetzt sind. Trotzdem ist uns Qualität sehr wichtig", betont Klaus. Dazu kommt ein funktionierendes Team. „Wir haben Gott sei Dank sehr gute, engagierte Mitarbeiter", freut er sich. Im Sommer arbeiten rund 35 Mitarbeiter in der Schlosswirtschaft, die Hälfte davon sind Saisonkräfte. Der Rest ist fest. „Es ist nicht immer einfach, so viele feste Mitarbeiter zu halten. Vor allem unter den veränderten Rahmenbedingungen wie steigenden Lohnkosten, Arbeitszeitvorschriften etc. Aber immer wieder neues Personal finden, ist – wie überall – auch nicht sonderlich leicht." Einen kleinen Vorteil hat die Schlosswirtschaft jedoch gegenüber vielen anderen Betrieben: „Bedingt durch die Schiffahrtszeiten haben wir hier auf der Insel wenig ‚Hockableiber'", schmunzelt Klaus.

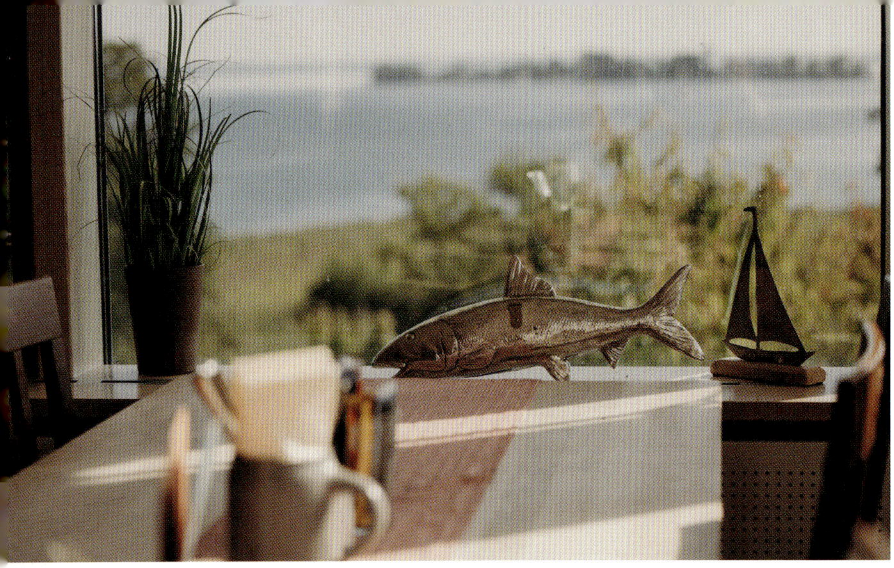

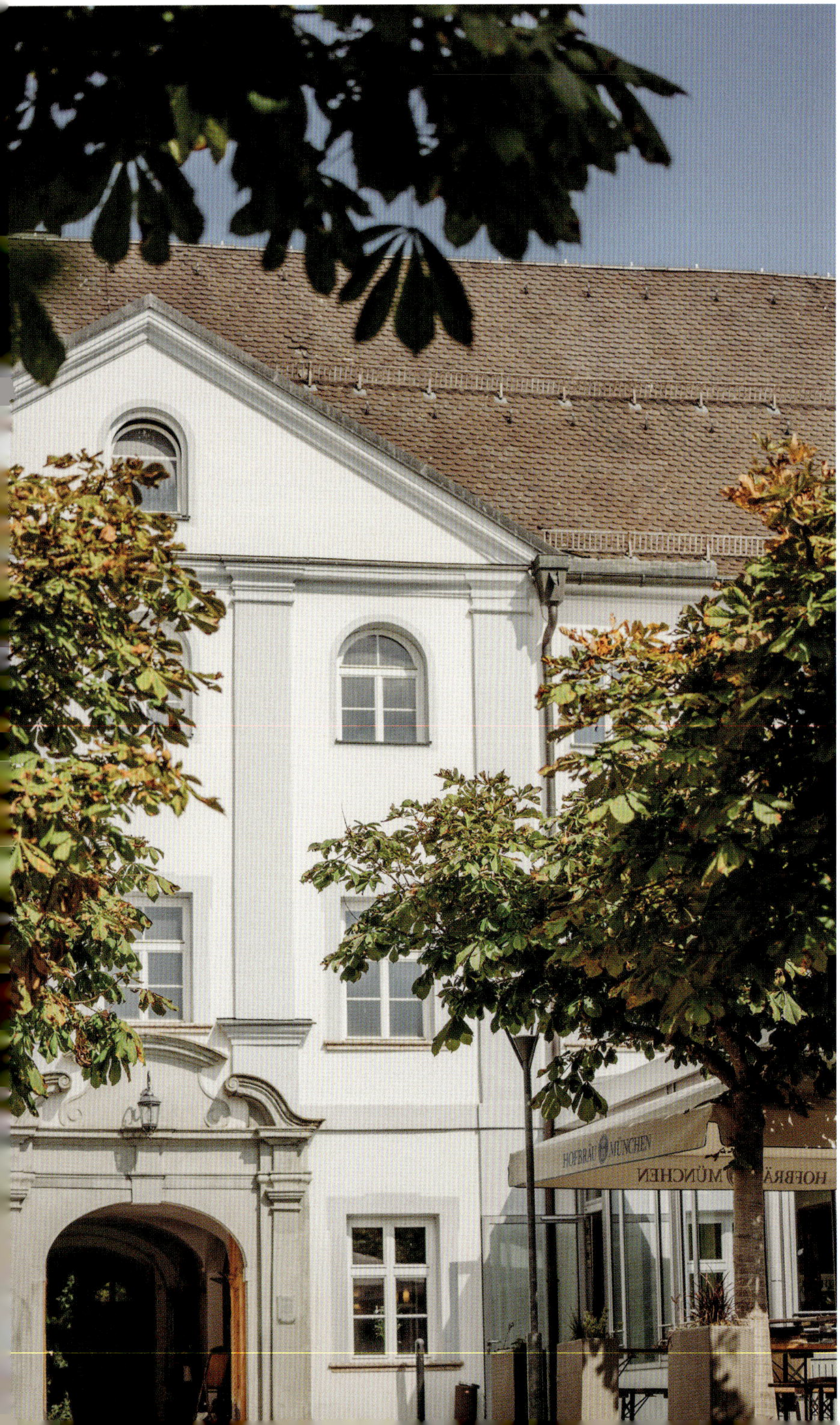
HOFBRÄU MÜNCHEN

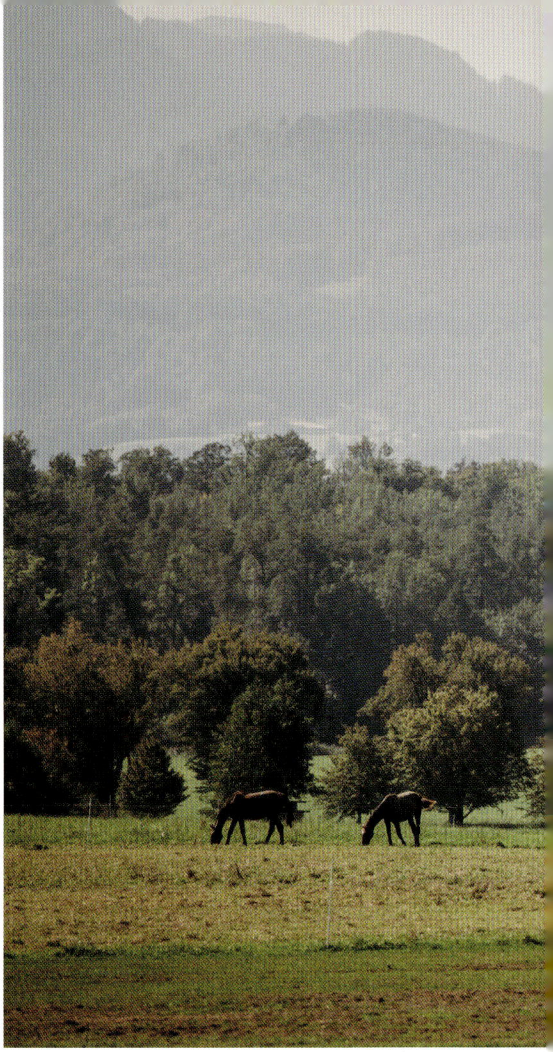

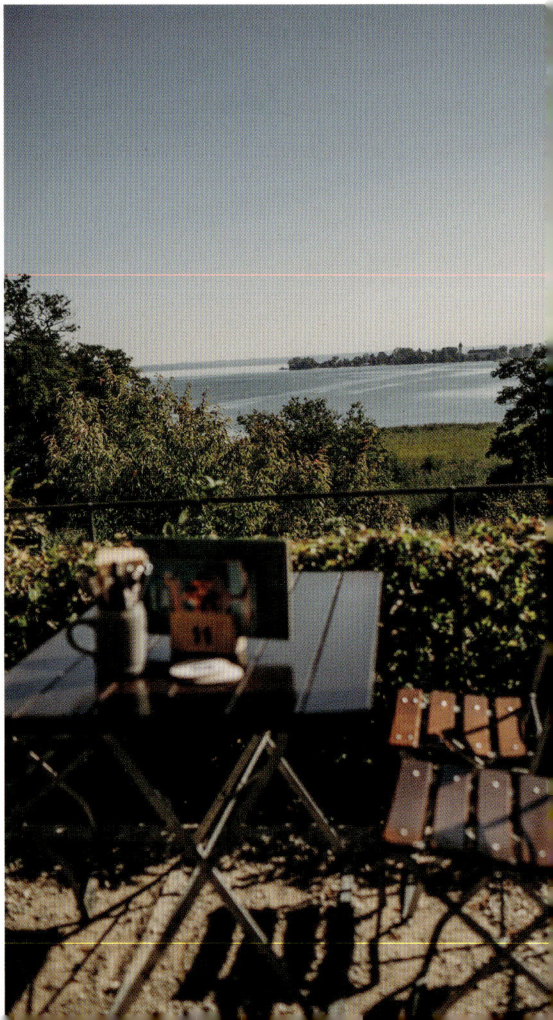

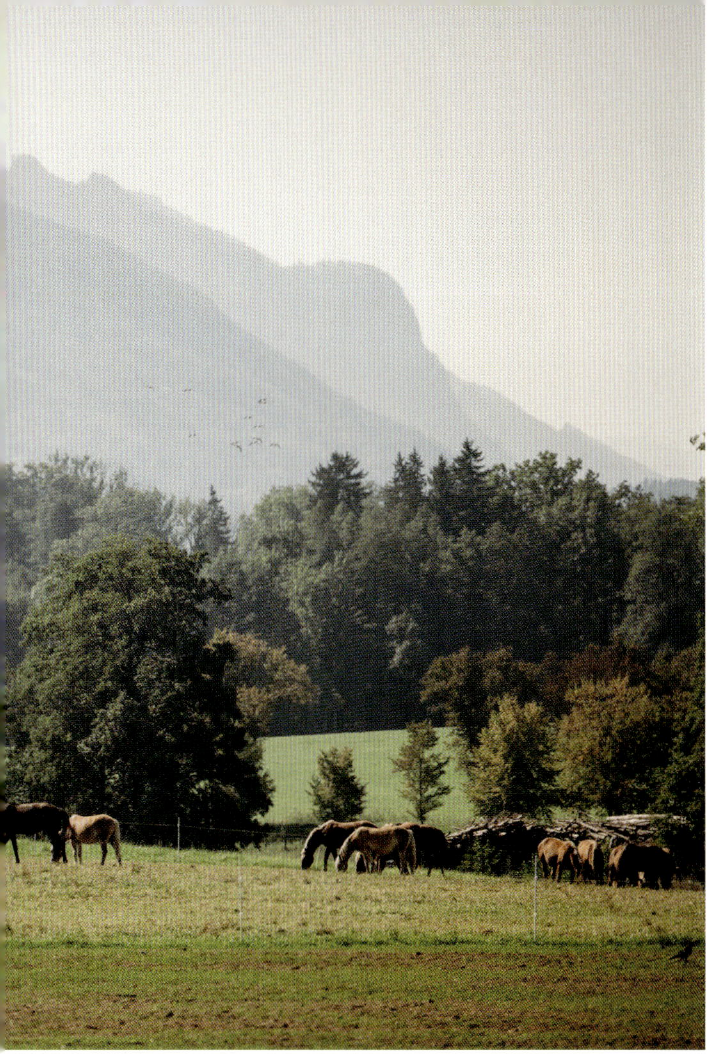
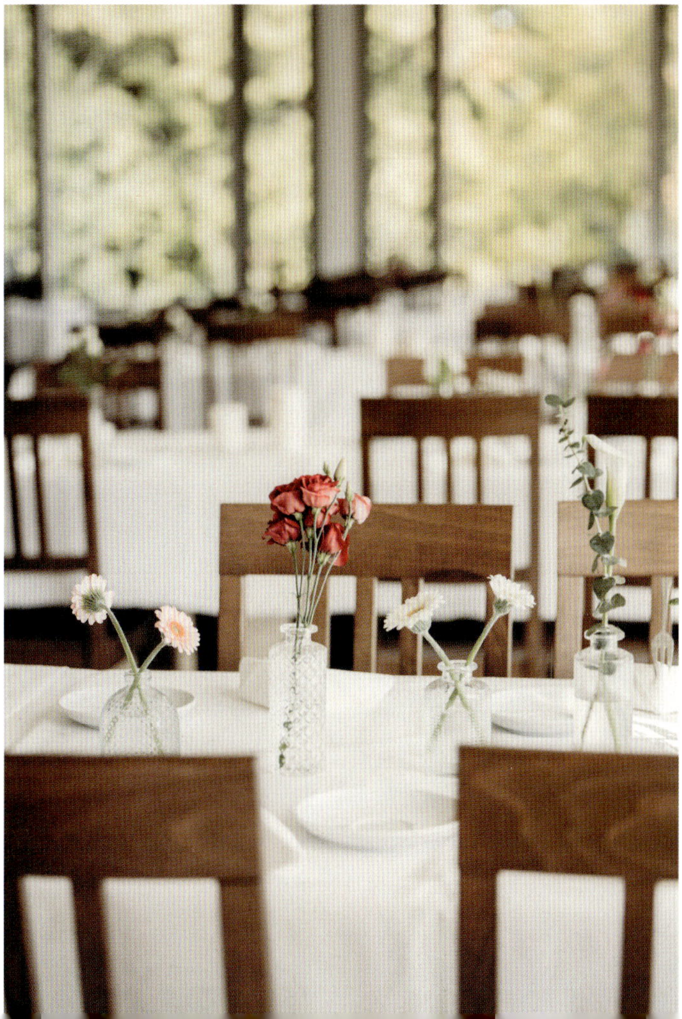
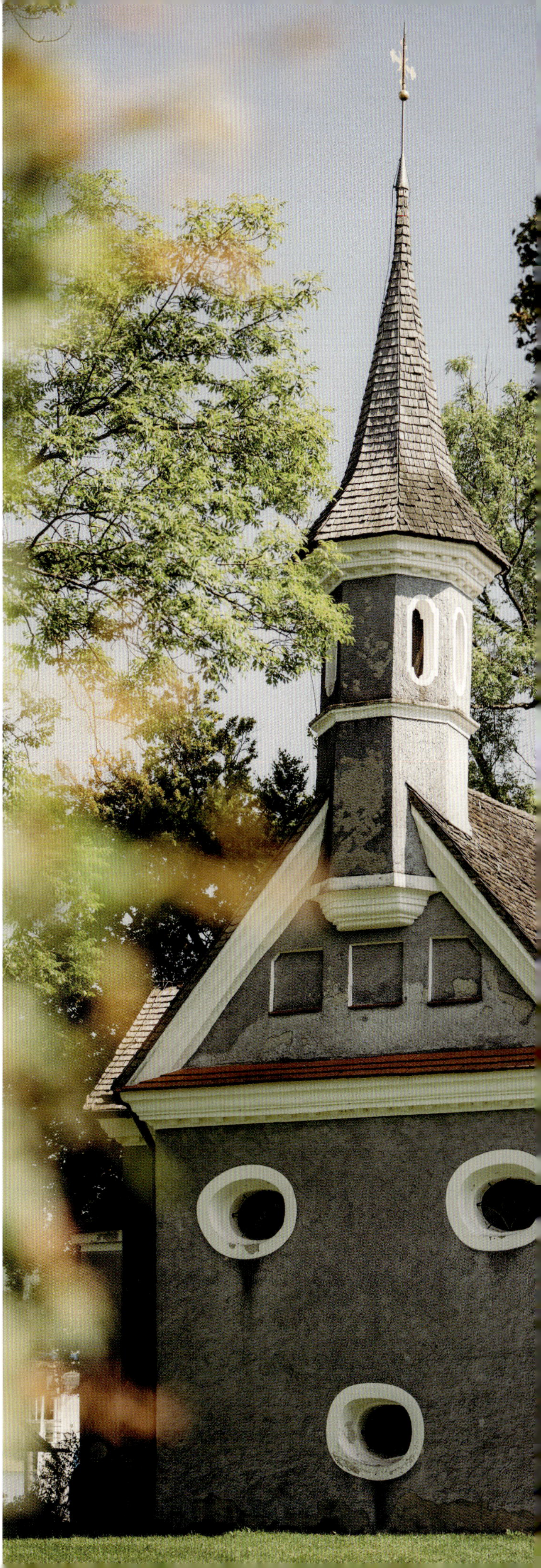

BRACHSE

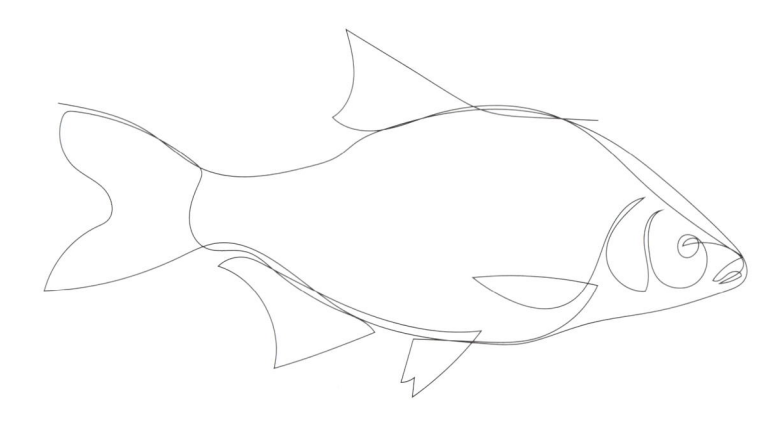

Die einen lieben sie, die anderen finden sie ungenießbar: die Brachse. In Bayern ist sie als einheimischer Speisefisch, der besonders reich an wertvollen Omega-3-Fettsäuren ist, traditionell geräuchert ein kulinarischer Geheimtipp. Der grätenreiche Fisch aus der Familie der Karpfenfische ist auch als Brasse bekannt. Die Brachse lebt bevorzugt in Schwärmen in der Nähe des Gewässergrundes. Sie ist der Leitfisch der sogenannten Brachsenregion, einer Gewässerzone, die eine langsame Fließgeschwindigkeit, ein hoher Nährstoffgehalt, eine dichte Unterwasservegetation sowie ein weicher, schlammiger Grund kennzeichnen. Ihr stumpfes Maul kann die Brachse ausstülpen und so mit ihrem Saugrüssel den Boden nach Nahrung absuchen. Den etwa 30 bis 70 Zentimeter langen und bis zu 9 Kilo schweren Körper der Brachse bedecken große, silbrig bis bleigraue Schuppen. Ältere Tiere entwickeln hingegen oft einen goldenen Glanz.

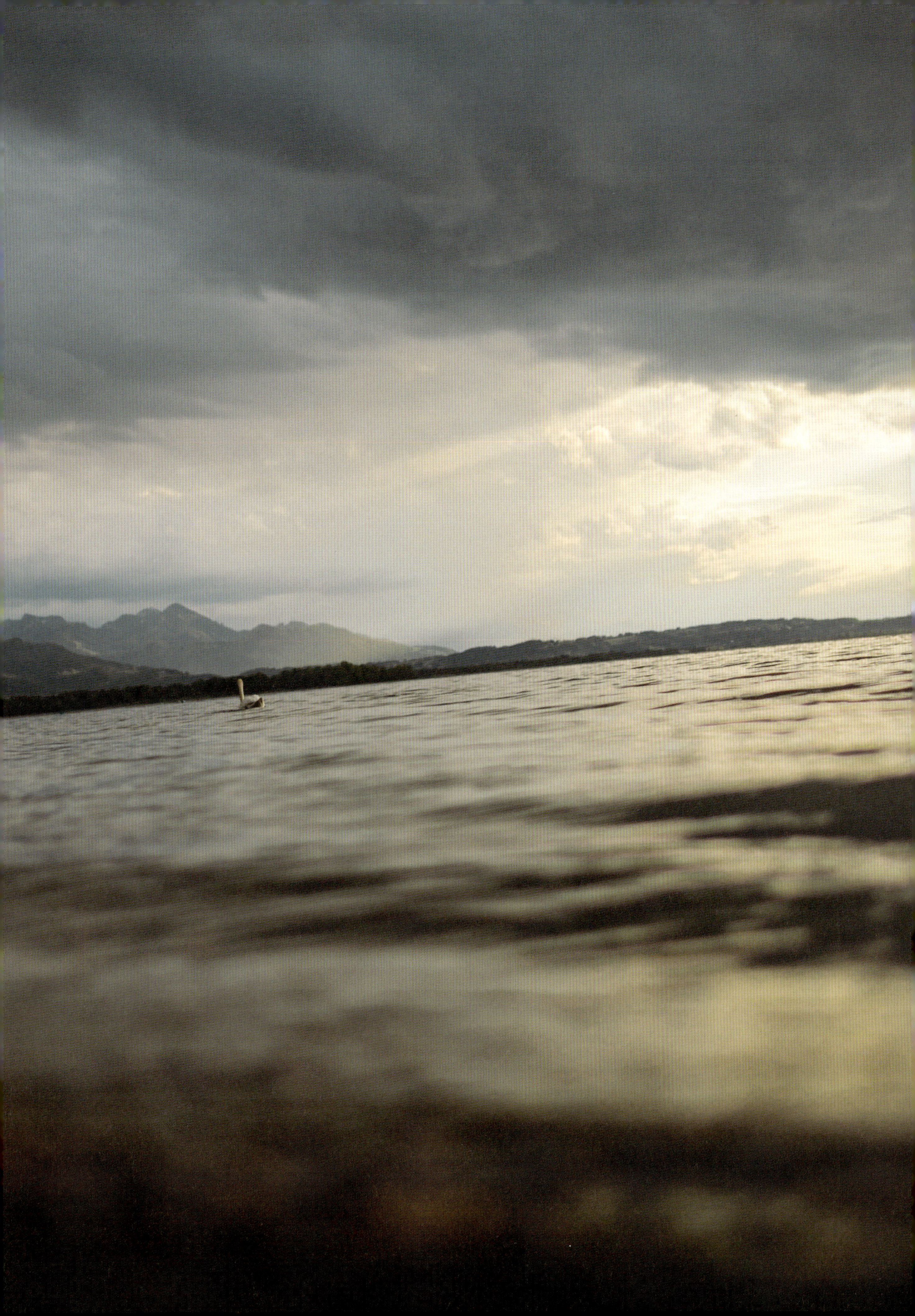

Herreninsel

Weit über die Grenzen des Chiemgau ist sie berühmt: die Herreninsel. Mit ihrem Schloss Herrenchiemsee wartet die größte der Chiemsee-Inseln mit der wohl bekanntesten Sehenswürdigkeit der Region auf. Das prunkvolle Werk des Märchenkönigs Ludwig II. sollte sein Vorbild Schloss Versailles noch übertreffen. Auch wenn es nie vollendet wurde, ist Herrenchiemsee mit seinem Spiegelsaal, dem Marmor-Treppenhaus oder dem ‚Tischlein deck dich' eine barocke Schönheit. Daneben befindet sich hier das König Ludwig II.-Museum, dass das Leben des Erbauers näher beleuchtet. Historisch um einiges bedeutender als das Neue Schloss ist allerdings das Augustiner Chorherrenstift. Die Augustiner Chorherren waren seit 1261 auf der Insel ansässig. Sie waren es, die der Herreninsel ihren Namen gaben. Archäologische Grabungen belegen jedoch, dass die erste Klosteranlage der Insel bereits im frühen 7. Jahrhundert – der Tradition nach durch Herzog Tassilo III. von Bayern – gegründet wurde. Herrenwörth war damit das älteste bayerische Kloster. Die ehemalige Klosteranlage, wie man sie heute vorfindet, geht auf das 17. und 18. Jahrhundert zurück. Das Kloster wurde 1803 im Zuge der Säkularisation aufgelöst. Die Türme sowie der Chor des Inseldoms, der ehemaligen Stiftskirche, wurden abgebrochen, das einstige Langhaus zur Brauerei umgebaut. 1873 kaufte schließlich König Ludwig II. die Herreninsel und verschaffte ihr neuen Aufwind. Er gestaltete das einstige Klostergebäude zum Alten Schloss um und nutzte die Wohnräume fortan, wann immer er die Bauarbeiten an seinem Neuen Schloss begutachten wollte. Einige der prachtvollen Zimmer sind bis heute erhalten. 1948 tagte der Verfassungskonvent auf Herrenchiemsee und markiert ein weiteres wichtiges Jahr in der Geschichte der Insel. Wesentliche Grundzüge unserer noch heute gültigen Verfassung wurden hier diskutiert, vorbereitet und ausformuliert – so auch der berühmte erste Artikel ‚Die Würde des Menschen ist unantastbar'. An die Entstehungsgeschichte des Grundgesetzes der Bundesrepublik Deutschland erinnert das Museum ‚Der Wille zu Freiheit und Demokratie – der Verfassungskonvent von Herrenchiemsee 1948'. Daneben befinden sich im Augustiner Chorherrenstift heute die Galerie Maler am Chiemsee sowie die Galerie Julius Exter. Abseits der klassischen Touristenpfade verzaubert die märchenhafte Königsinsel mit stillen Winkeln und viel Natur. Tiefe Wälder und steile Ufer wechseln sich ab mit einer sanften Hügellandschaft. Eindrucksvoll ist der alte Baumbestand der Herreninsel. Ein besonderes Exemplar ist der hoch gewachsene Tulpenbaum südlich des Chorherrenstifts, der bis in den oberen Kronenbereich von mächtigem Efeu bewachsen ist. Königliche Ruhe und einen majestätischen Fernblick genießen Spaziergänger in der kleinen Bucht Pauls Ruh. Etwas weiter, am Aussichtspunkt Ottos Ruh, steht ein kleiner Pavillon vor der beeindruckenden Kulisse der Chiemgauer Alpen. Ein kleines Schmuckstück im nördlichen Teil der Herreninsel ist die hellblaue Seekapelle aus dem Jahr 1697.

Facettenreiche Handwerkskunst

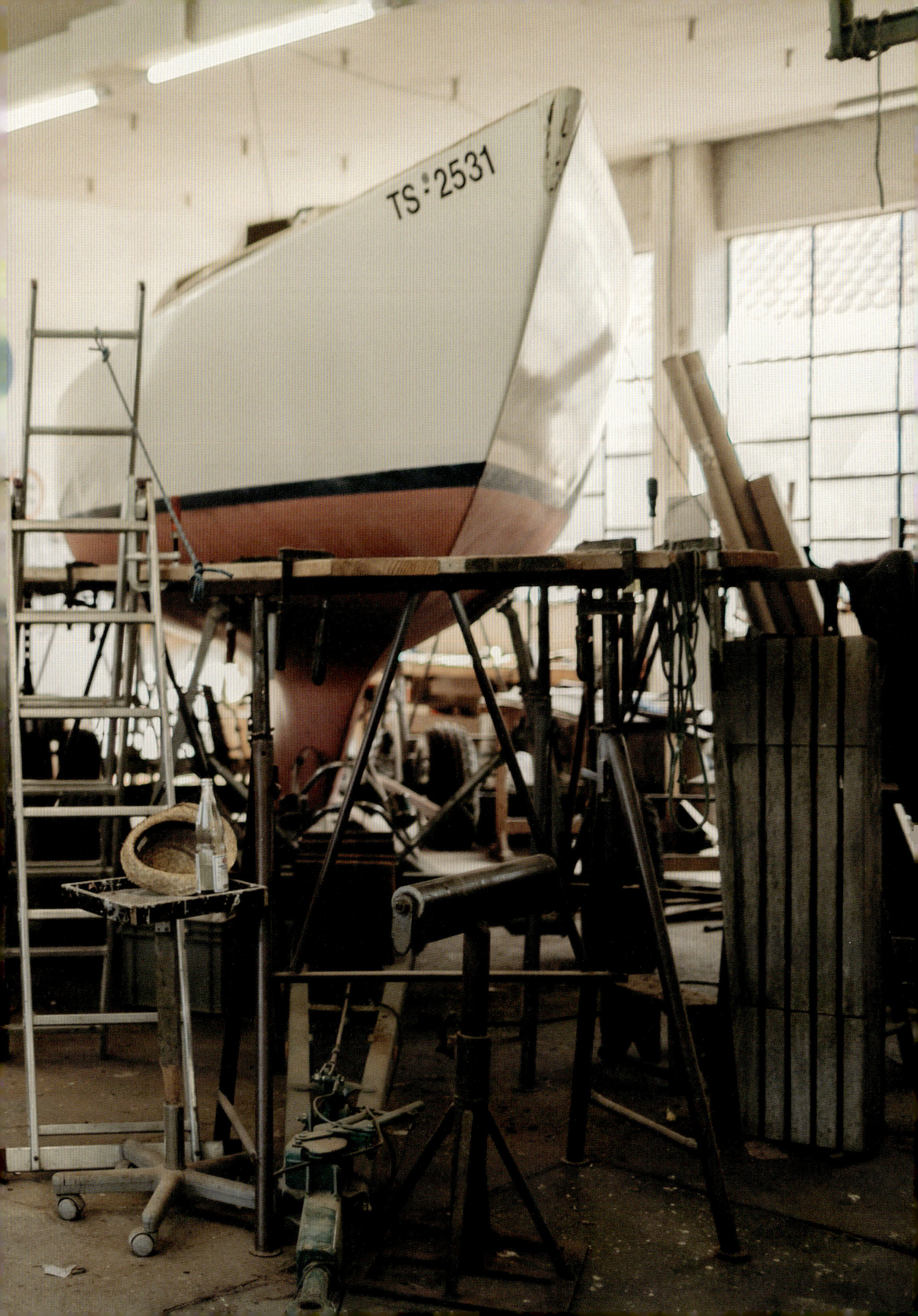
TS 2531

BOOTSBAUER
JULIAN SCHUNCK

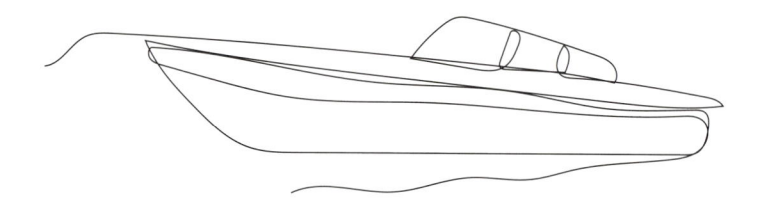

„Der Bootsbau ist extrem vielseitig. Das ist Vor- und Nachteil zugleich." Julian Schunck ist leidenschaftlicher Meister im Boots- und Schiffsbauerhandwerk, erfolgreicher Regattasegler und waschechter Chiemgauer. Seit einigen Jahren leitet er die Werkstatt der Bootswerft Schunck, einem Familienbetrieb in dritter Generation.

Auch wenn sein Opa bereits 1950 eine Segelschule am Chiemsee gegründet hat, aus der wenig später auch die Werft hervorgegangen ist, war für Julian lange nicht klar, welchen Weg er einmal einschlagen würde. „Ich habe mir, zugegeben, auch lange keine Gedanken darüber gemacht. Erst mit dem Schulabschluss habe ich überlegt, was ich denn eigentlich machen möchte, woran ich denn Spaß habe", erinnert sich Julian. Natürlich hatte er schon immer Berührungspunkte mit dem Familienunternehmen, interessiert sich für Boote, ist begeisterter Wassersportler, betreibt das Segeln lange Zeit als Leistungssport. „Wir hatten das immer um uns herum, ohne darüber wirklich nachzudenken. Unsere Eltern haben auch nie Druck gemacht oder uns lenken wollen. Es wurde einfach immer offengelassen. Als die Schule vorbei war, ging es vor allem darum, wie der Leistungssport sich mit einem Studium oder einem Beruf am besten verbinden lässt. Ich hab verschiedene Praktika gemacht und bin so letztendlich doch in den Bootsbau reingerutscht, während mein Bruder in die betriebswirtschaftliche Richtung gegangen ist und heute die Segelschule leitet. Obwohl die Werft, der Bootsbau in gewisser Weise immer da war, hab ich sie lange nicht wahrgenommen." Eines war für Julian jedoch schnell klar: Wenn er den Bootsbau lernen will, dann nicht hier am See, sondern da, wo er neue Einblicke, andere Denkweisen entdecken

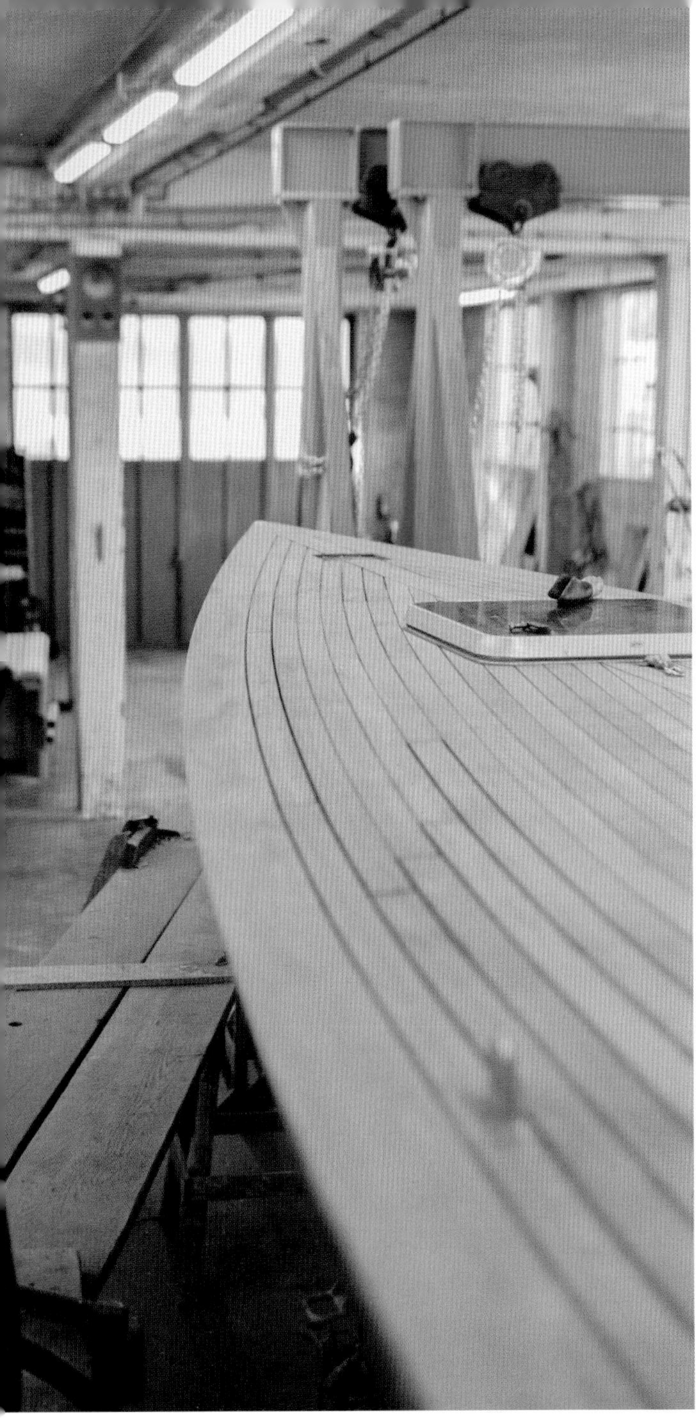

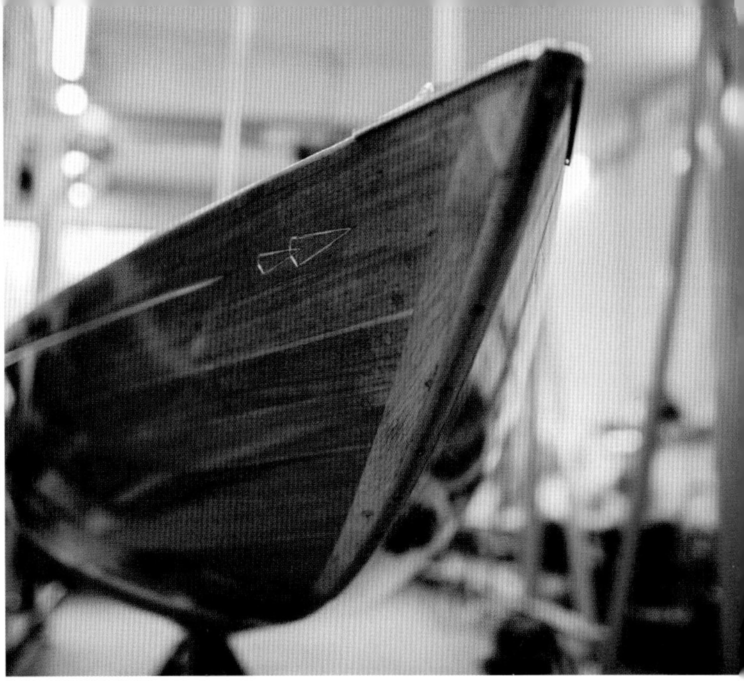

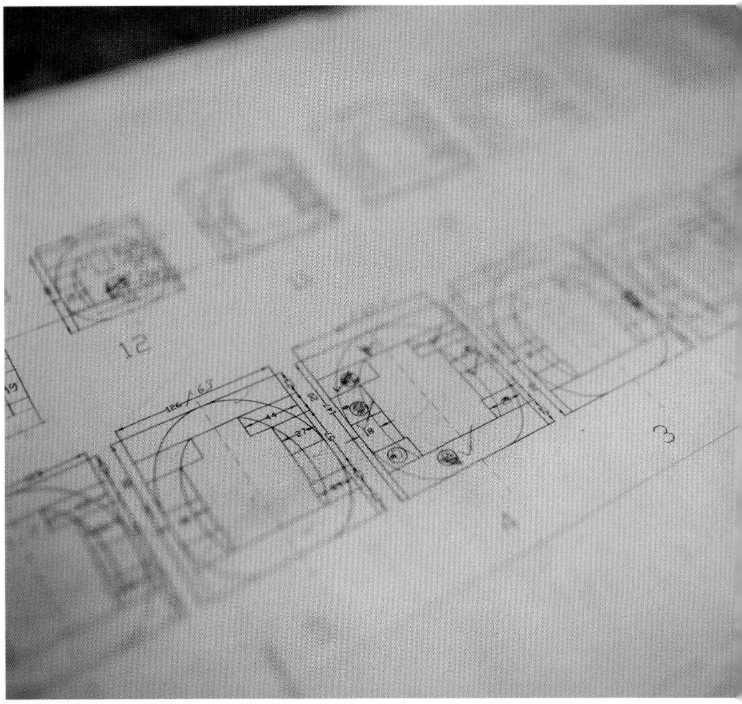
12
3

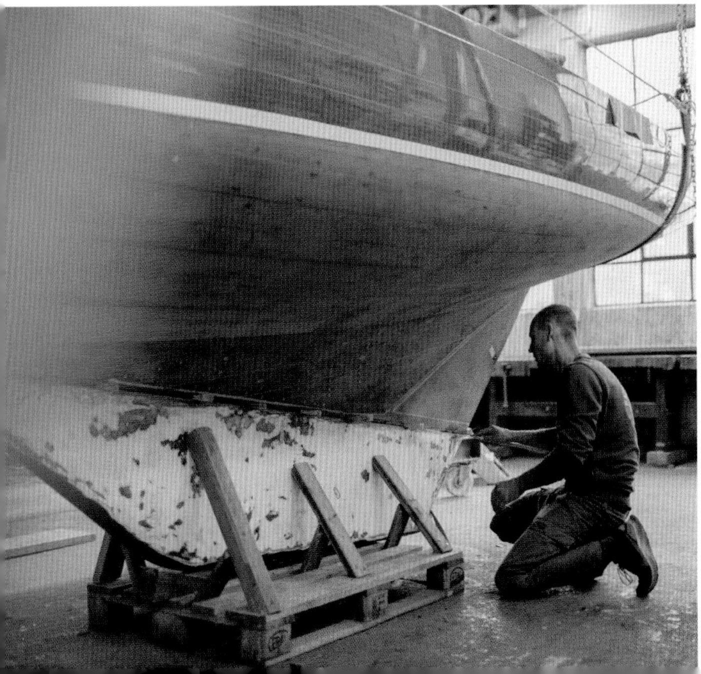

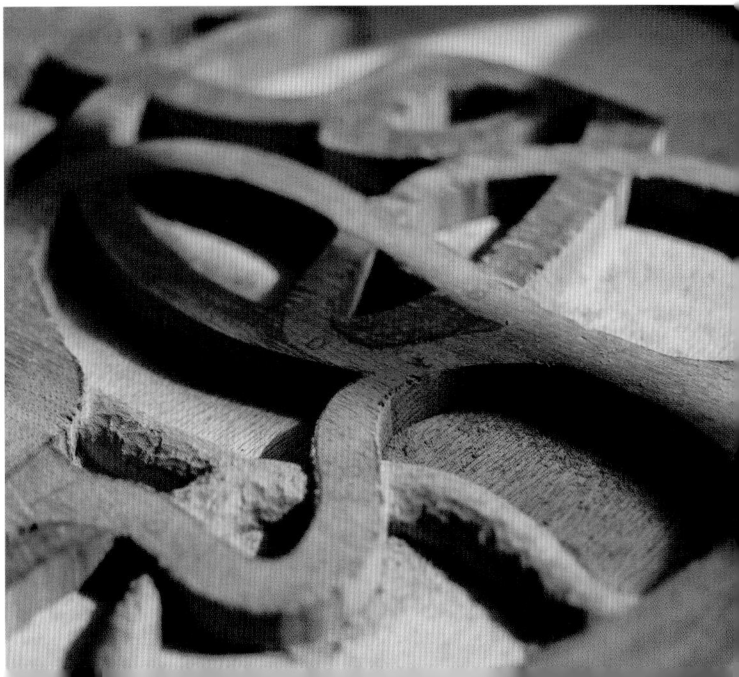

kann. „Ich wollte wirklich das Maximum an Input mitnehmen, um hier vor Ort eben auch eine Veränderung schaffen zu können und nicht im gleichen Trott zu versinken. Vor allem, weil der Bootsbau hier im Süden eine wahnsinnige Nische ist." Schließlich macht Julian seine Ausbildung in der renommierten Martin-Werft am Bodensee und besucht die Berufsschule in Lübeck-Travemünde. Später tritt er in den Familienbetrieb ein.

Holz, Kunststoff, Metall – der Bootsbau arbeitet mit verschiedensten Materialen. Dazu kommen Elektronik, Technik, Motoren. „Es ist schwer, das auf einer Schiene zu fahren", weiß Julian. „Wir machen vieles, aber halt auch nicht alles." Doch genau diese Vielseitigkeit, die Individualität ist es, was Julian am Bootsbau reizt. Jedes Boot ist eigen und jedes Boot erfordert eine ganz eigene Herangehensweise. „Bei einem Boot, da ist nichts rechtwinklig. Alles ist dreidimensional. Du kannst nichts vorformen, es gibt keinen Standard. Auch die Stelle, die du reparierst, ist jedes Mal eine andere. Mal größer, mal kleiner, mal an einem ganz anderen Bauteil. Bootsreparaturen sind äußerst individuell. Im Umkehrschluss heißt das aber auch, dass mir klassische Schreinerwerkzeuge wie eine Kreissäge bei einem Boot relativ wenig bringen." Einerseits bedeutet das viel Aufwand, auf der anderen Seite ist es der Grund, warum der Bootsbau auch langfristig entspannt in die Zukunft blicken kann. „Das Handwerk im Bootsbau, das bleibt. Wir bearbeiten das Bauteil so lange mit unseren Händen, bis es perfekt ist – eben weil es maschinell bisher nicht möglich ist." Zwar kann mittlerweile so einiges im 3D-Drucker oder mit einer CNC-Fräse gefertigt werden, aber kleinere Werften haben dafür kaum die finanziellen Mittel. Zudem braucht es das richtige Know-how. „Und natürlich kommt es auch auf das Material an", ergänzt Julian.

Bootsbau ist und bleibt also Handwerk. „Wirklich selbst Hand anlegen, Span für Span abhobeln und Bauteile höchst spezifisch anpassen – das macht definitiv auch am meisten Spaß", findet Julian. Daneben ist die Kombination aus Alt und Neu für den Bootsbauer spannend. „Ein altes Schiff mit moderner Technik auszustatten, sodass ich letztendlich ein klassisches Boot habe, das aber schnell segeln kann, diese gelungene Verbindung zu schaffen, ist immer wieder aufs Neue eine schöne Herausforderung." Getrieben wird Julian dabei von purer Leidenschaft und dem Streben nach absoluter Perfektion. Beste Qualität – konsequent und ohne Abstriche. Und das spürt man. Wenn er von seinem Handwerk spricht, leuchten die blauen Augen. Der Bootsbau ist seine Passion.

Wenn ein Boot schließlich ins Wasser gelassen wird, erfüllt es Julian mit Stolz. „Ja, das ist ganz klar Stolz. Gerade bei Reparaturen oder großen Überholungen. Das mag jetzt hochgegriffen klingen, aber ein vielleicht über 100 Jahre altes Schiff als Kulturgut zu erhalten, sodass es locker auch die nächsten 100 Jahre übersteht, das ist schon etwas Besonderes", meint er. „Der Bootsbau ist einfach so ein wunderbarer Beruf. Ja, er hat auch seine Schattenseiten, zum Beispiel aus gesundheitlicher Sicht – Lackieren, der ganze Staub, die teils unbequeme Arbeitshaltung. Wo es geht, wirken wir hier natürlich mit Schutzmaßnahmen dagegen. Auf der anderen Seite haben wir in unserem Beruf auch eine extreme Lebensqualität, die sich in der großen Zufriedenheit im Team widerspiegelt. Wir sind drei Viertel des Jahres draußen an der frischen Luft." Wie auch an diesem traumhaften Morgen. „Ich stand am Kran, völlig im Nebel. Und plötzlich kommt die Sonne dazu, der Nebel steigt langsam auf und macht den Blick frei auf die Berge. Momente wie diese, die machen den Alltag einfach besonders. Und nicht nur den. Der ganze Bootsbau ist etwas Besonderes. Der lässt sich in keine Schublade schieben. Und deshalb ist es uns als Werft wichtig, unser Möglichstes zu tun, um den Bootsbau zu erhalten. Es ist ja ein aussterbender Beruf. Und wir sagen ganz klar: Wir bilden aus, wir werden aktiv, denn wir sehen den Bootsbau auch in der Zukunft."

Ein gutes Boot besticht für Julian durch Handwerkskunst, durch Optik, Linie, Haptik. „Bei Segelbooten dann natürlich auch durch die Segeleigenschaften. Es gibt Boote, die Segeln unglaublich schön, sind aber schlichtweg hässlich. Und es gibt auch schöne

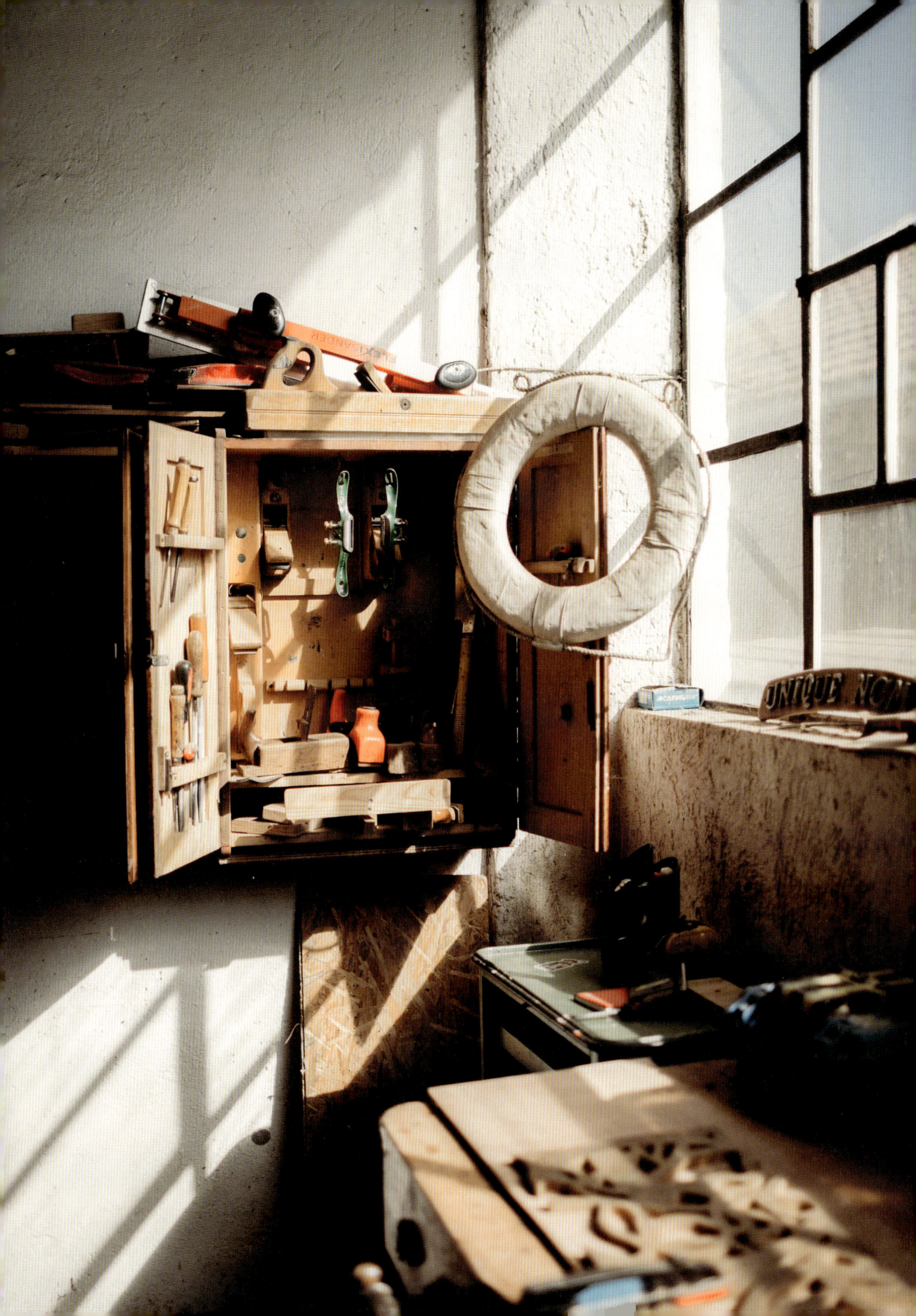
UNIQUE

Boote, die einfach nicht gut segeln. Es ist die Kombination aus beidem, die ein tolles Boot ausmacht", findet er. Rumpf, Aufbauten, Interieur, Finish – all das sollte perfekt zusammenspielen. „Der Bootsbau ist ganz klar mit Ästhetik verbunden. Da legen die Kunden, aber auch wir als Werft viel Wert darauf. Es ist ein ästhetisches Handwerk, bei dem neben der Funktionalität die Optik viel Gewicht hat." Natürlich gilt es auch hier, zu unterscheiden: Was ist mein Anspruch? „Möchte ich ein schönes klassisches Holzboot oder ein seriell gefertigtes Kunststoffboot, das mehr oder weniger einem schwimmenden Wohnwagen gleicht? Da geht es ganz klar nicht um die Optik und die Ästhetik der Rumpfform, sondern ums Design und die Funktionalität."

Eine traditionsreiche Einheitsklasse, die typisch für das Bayerische Meer ist, ist die Chiemseeplätte. Die ersten Pläne für das Boot entstanden bereits Anfang der 1930er-Jahre. Dass sich ein spezielles Boot für eine Region entwickelt, liegt unter anderem an den Eigenschaften eines Reviers. „Der Chiemsee ist ein Leichtwind-Revier. Hier ist also die Plätte, die ich sowohl segeln als auch rudern kann, perfekt. Es ist ein gutes Allround-Boot", erklärt Julian. „Warum jedoch eine Bootsklasse besonders groß wird und eine andere klein bleibt, ist auch abhängig von den Leuten, die sie fahren, und mit welchem Engagement die dahinter sind, dass genau diese Boote gebaut werden und einen Aufschwung erleben oder eben nicht." An sich gäbe es auch andere Boote, die für ein Revier wie den Chiemsee besonders gut geeignet sind, beispielsweise der Chiemsee Schratz – ebenfalls ein rein für den Chiemsee entwickeltes Boot. „Schratz wurde seit Jahrzehnten keiner mehr gebaut, Plätten hingegen schon hin und wieder. Im Prinzip ist das Zufall. Das eine setzt sich durch, das andere nicht." Eine Besonderheit der Chiemsee Plätte ist das Rigg. „Es hat eine Spreizgaffel, was für so kleine Jollen untypisch ist", weiß Julian. „Ansonsten ist es ein sehr puristisches Boot. Und darin liegt auch ein wesentlicher Punkt der Plätte: Sie ist einfach gebaut und war für die breite Masse erschwinglich. Mit etwas handwerklichem Geschick konnten sich die Leute das Boot sogar selbst bauen." Doch damit eine Plätte auch an einer Regatta teilnehmen darf, muss sie der

Klassenvorschrift entsprechen. Im Originalbauplan von 1954 ist deshalb alles ganz genau definiert: Länge, Breite, Rumpf, Gewicht, Segel, Ruderplatz. Doch Plätte hin oder her – müsste Julian ein Boot für den Chiemsee empfehlen, wäre es für ihn ganz klar ein Holzboot. „Ein 45er Nationaler Kreuzer, ein Boot mit Kajüte und wenig Tiefgang, der passt gut aufs Bayerische Meer", ist er überzeugt.

Der Chiemsee, das ist seine Heimat. Doch der See ist für Julian auch Lebensgrundlage. „Die Werft lebt davon, dass die Boote auf dem Wasser schwimmen. Er ist in gewisser Weise eine Altersvorsorge für uns. Es wird immer Schiffe am See geben. Das ist anders als vielleicht beim Fischer, der schauen muss, dass er gewisse Fischbestände erhält. Der Bootsbau kann und muss sich anpassen. Ich kann den Tiefgang der Boote verändern, den Kiel kürzer machen, zwei Kiele drunter machen und so das Boot immer wieder neu ans Revier anpassen. Das ist auch das Spannende: Der Bootsbau bleibt nicht stehen, er entwickelt sich stetig weiter. Und da sind wir oft Nutznießer von großen Industrien: Formel 1, Automotive, Windenergie. Da schöpft sich der kleine Bootsbau vieles ab, passt die Technologien für sich an. Und selbst wenn es all das nicht geben würde, könnten wir immer noch zurück zu den Wurzeln, einen Baum fällen und ein Boot daraus bauen."

Lässt die Zeit es zu, dann verbindet Julian mit dem See und dem Segeln auch das Gefühl von Freiheit. „Auch wenn das Segeln für mich zwei Gesichter hat: auf der einen Seite der Regattasport, der unweigerlich mit meiner Arbeit in der Werft verbunden ist, und auf der anderen Seite das Segeln als Freizeitsport mit der Familie. Bei beidem ist es letztendlich immer die Kombination aus den verschiedenen Elementen, die es für mich besonders reizvoll macht. Wasser, Wind und das Objekt, mit dem ich auf dem Wasser unterwegs bin." Fünf Boote hat Julian in seinem eigenen Besitz. „Von denen ist aber nur eines segelklar", lacht er. „Das ist so eine Bootsbauer-Krankheit glaube ich." Das alte Motorboot mit seiner schönen Linie zum Beispiel, das würde er besonders gern restaurieren, wenn es die Zeit einmal zulässt – und dann damit entspannt über den Chiemsee fahren. Viele andere Bootsträume konnte sich Julian durch seinen alten Chef und den Regattasport schon erfüllen. „Ich habe das große Glück, dass ich da schon auf wirklich tollen Booten mitfahren durfte. Was mich aber wirklich noch reizt, ist einmal mit einem High End Race zu segeln und damit den aktuell modernsten Bootsbau zu erfahren. Einmal diesen Kontrast, diese Geschwindigkeit zu spüren, zu erleben, wie man mit den Foils über das Wasser fliegt. Auch wenn das definitiv kein schönes Segeln mehr ist – es einfach mal erlebt zu haben, die Erfahrung gemacht zu haben, das reizt mich schon."

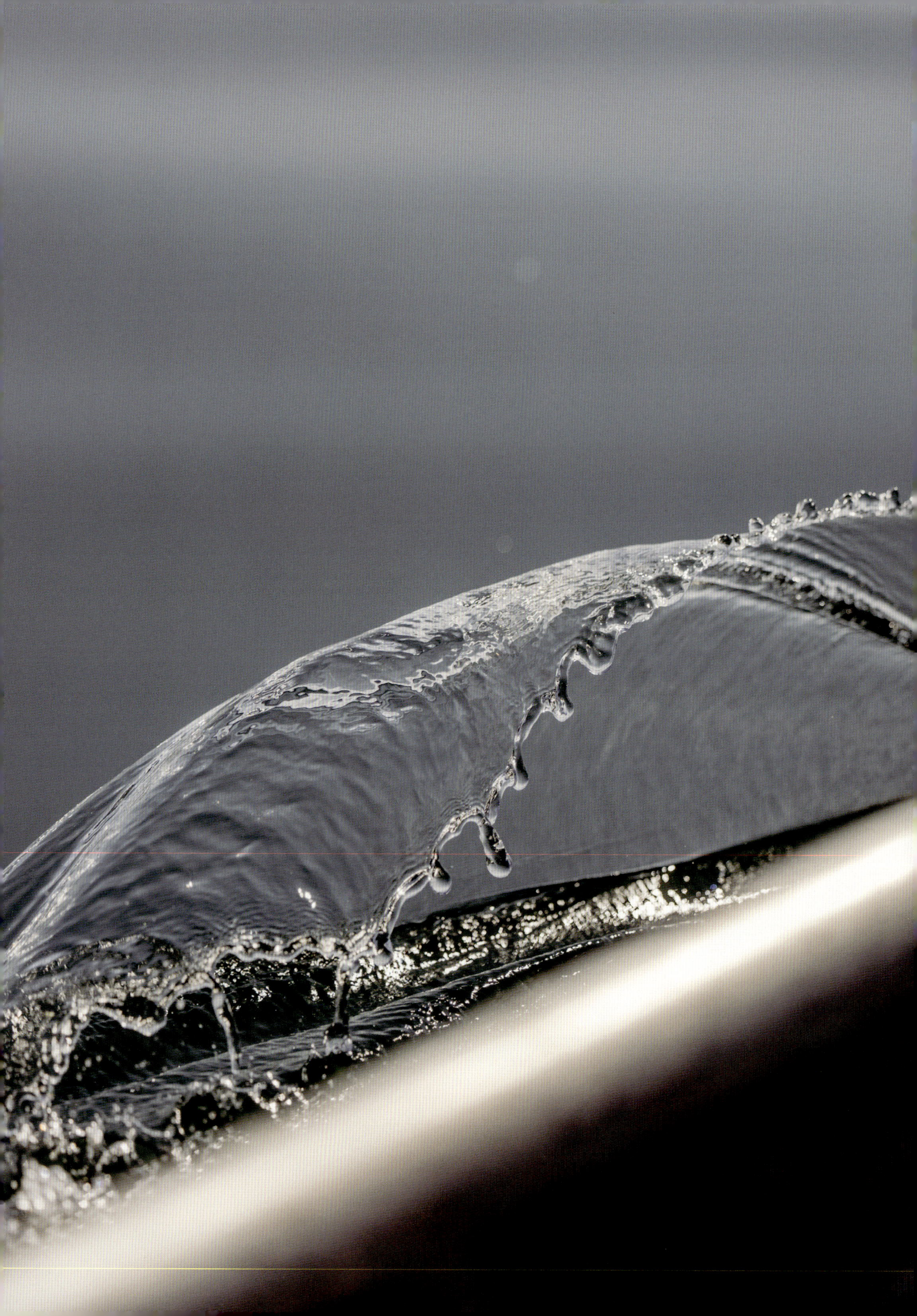

BARSCH / SCHRATZEN

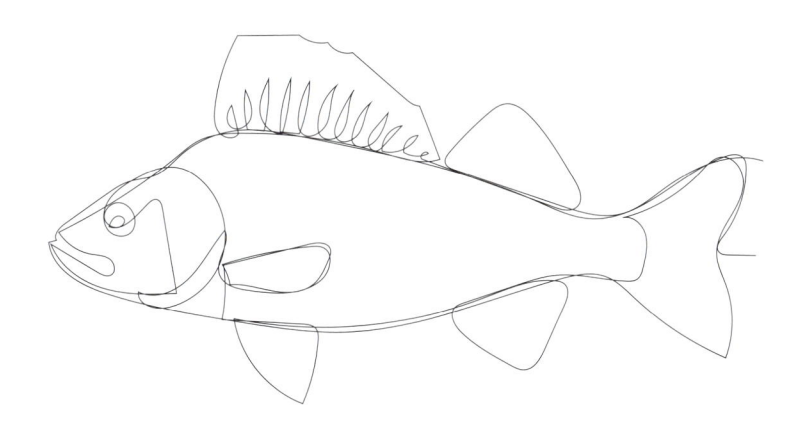

Der (Fluss-)Barsch, im Chiemgau auch Schratzen genannt, ist der kleinste Raubfisch im Chiemsee. Dank seiner auffälligen, von spitzen Stachelstrahlen durchzogenen und zweigeteilten Rückenflosse, der rötlichen Färbung der Brust-, Bauch- und Schwanzflossen sowie den meist sechs bis neun senkrechten schwarzen Streifen auf seinem Körper ist er auch für Laien leicht zu erkennen. Je nach Nahrungsangebot im Gewässer erreicht der graugrün gefärbte Schwarmfisch eine durchschnittliche Länge von 20 bis 40 Zentimetern und ein Gewicht von bis zu einem Kilogramm. Mit seinen zarten Filets und dem köstlichen Eigenaroma zählt der Schratz zu den beliebtesten Speisefischen in der Region. Aufgrund der hohen Nachfrage landet der grätenarme Fisch meist gar nicht erst in der Theke – falls doch, lohnt es sich zuzuschlagen.

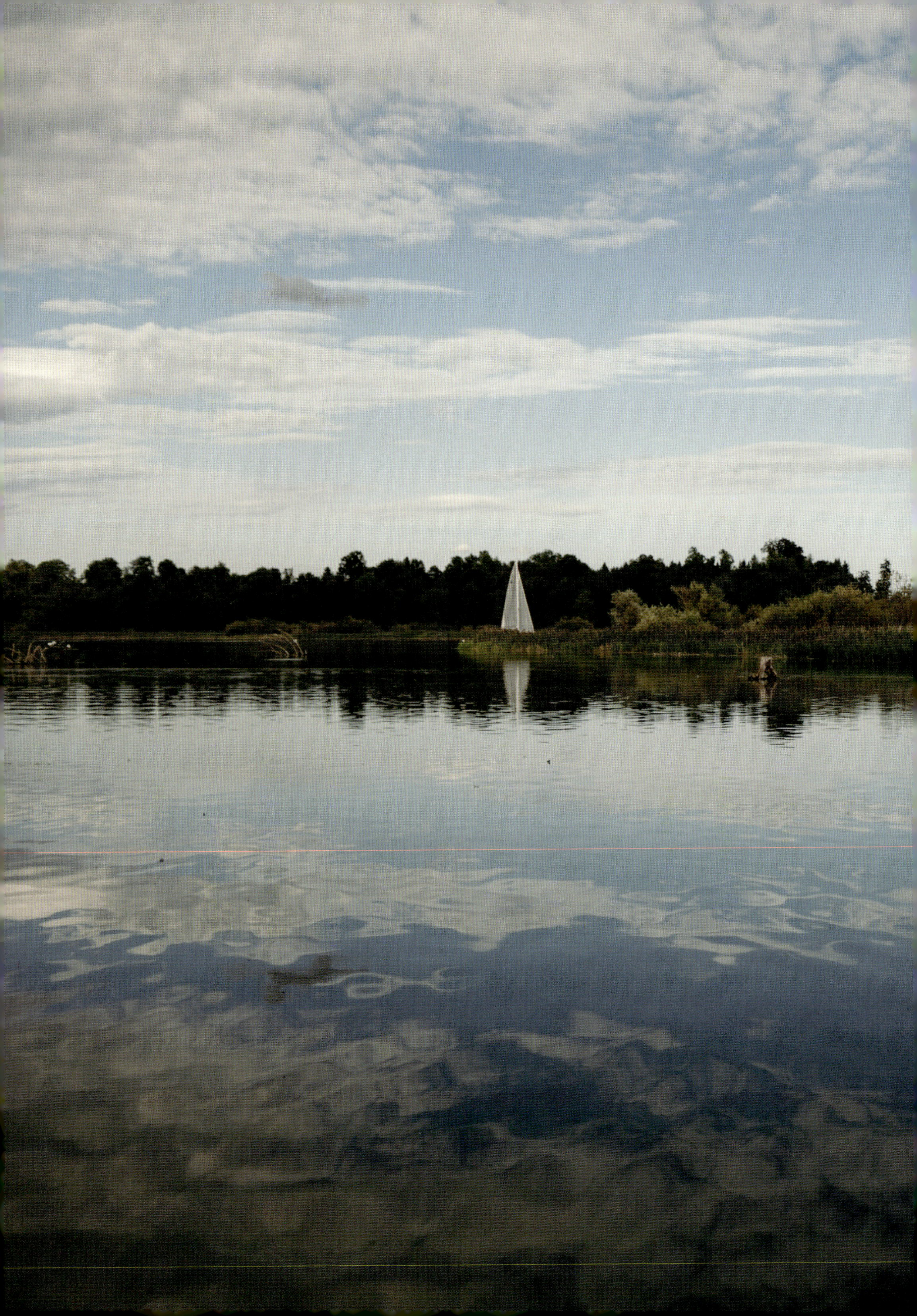

Schafwaschener Bucht & Prienmündung

Sie zählt zu den längsten Wildbächen in den Bayerischen Alpen: die Prien. Rund 32 Kilometer legt der Gebirgsfluss auf seinem abwechslungsreichen Weg von der Quelle am österreichischen Spitzstein bis zur Mündung in den Chiemsee zurück. Vorbei an imposanten Wasserfällen bahnt sich der naturbelassene Fluss mal wild schäumend, mal verträumt plätschernd durch enge Felsschluchten und das weite Tal seinen Weg zum Bayerischen Meer. Der keltische Name Brigenna bedeutet so viel wie ‚die aus den Bergen Kommende'. In der Schafwaschener Bucht bei Rimsting mündet die Prien schließlich als zweitgrößter Zufluss in den Chiemsee. Die Reise ihres Wassers jedoch geht weiter: Durch die ausfließende Alz gelangt es in die Donau und weiter bis zum Schwarzen Meer. Unweit der Prienmündung am Ende der Strandanlage Rimsting-Westernach lädt eine einem Bootshaus nachempfundene Holzhütte zu Naturbeobachtungen ein. Da die Schafwaschener Bucht nur eine schmale Verbindung zum Chiemsee besitzt, ist sie Stürmen weniger ausgesetzt. Die geschützte Wasserfläche sowie die ausgedehnten Röhrichtbestände sind ein Paradies für Wasservögel und Röhrichtbrüter. Ein Paradies, das jedoch nicht mehr ewig währen wird. Denn die Prien bringt Jahr für Jahr unzählige Kubikmeter Schwebstoffe und Kies in den Schafwaschner Winkel ein. Experten rechnen damit, dass die malerische, etwa sechs Meter tiefe Bucht in rund 200 Jahren komplett aufgefüllt sein wird.

Der Natur auf der Spur

NATURFÜHRER
KONRAD HOLLERIETH

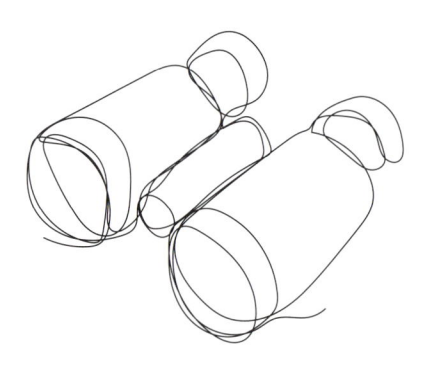

„Ich hatte schon immer ein gewisses Interesse an der Natur. Meine beste Lehrerin war meine Mutter. Vieles von dem, was ich heute weiß, hat sie mir beigebracht." Konrad Hollerieth ist Natur- und Vogelführer am Chiemsee. Die Natur erkundet er schon seit Kindheitstagen. Sein besonderes Interesse an Vögeln jedoch, das wurde in Konrad auf Umwegen geweckt. „Wir sind Mitte der 80er-Jahre an den Chiemsee gezogen. Ein paar Jahre später suchte die Volkshochschule Prien gerade neue Gästeführer. Und damit ich die Gegend, in der wir nun leben würden, besser kennenlerne, hab ich mir gedacht, da mach ich mal mit. Aber erst einmal nur für mich", erzählt er. Gemeinsam mit etwa 80 anderen Leuten hat Konrad die intensive Ausbildung schließlich absolviert. Dabei wurden nicht nur Geschichte, Kultur und Brauchtum der Region vermittelt, sondern auch schon erste Grundlagen zur Natur am Chiemsee. „Wenn wir Besuch bekommen haben, dann habe ich dem natürlich die Region gezeigt, das erzählt, was ich gelernt habe. Und so bin ich dann doch Stück für Stück hineingewachsen. Und irgendwann kamen die ersten Anfragen." Einige Jahre später – 2001 – folgte dann eine weitere Ausbildung zum Naturführer. „Lustigerweise wurde im gleichen Jahr noch einmal eine Gästeführer-Ausbildung angeboten. Und da meine Rente schon in Sichtweite war, habe ich dieses Mal beides gemacht. Das eine zum Auffrischen, das andere zum Erweitern."

Seit mehr als zwei Jahrzehnten bringt er Gästen wie Einheimischen nun die Natur und Vogelwelt des Chiemgau schon näher. „Der Chiemsee liegt eingebettet in eine facettenreiche Eiszeitlandschaft. Er ist durch den Gletscherrückzug entstanden und hat die typische Fischwelt der Eiszeitseen. Der See ist jedoch nicht nur sehr fischreich, sondern hat zudem eine riesige Vogelwelt", erklärt Konrad. Nach der Ramsar-Konvention, einem globalen Übereinkommen zum Schutz und zur nachhaltigen Nutzung von Feuchtgebieten, hat der Chiemsee einen besonderen Schutzstatus, denn er ist ein wichtiges Ruhegebiet für Zugvögel auf der Wanderschaft. Im Herbst, Winter und Frühjahr ist die Vielfalt der Vogelwelt am Bayerischen Meer somit am größten. Viele der durchziehenden Vögel machen hier mal mehr, mal weniger lang Rast, einige überwintern sogar am See. In der kalten Jahreszeit leben rund 20.000 Vögel am See – im Sommer hingegen sind es gerade einmal 4.000.

Einmal im Monat trifft sich eine Gruppe Vogelzähler an den verschiedenen Ecken des Sees und zählt die Tiere. Durch den festgelegten Zeitpunkt lassen sich Dopplungen vermeiden. „Das ist zum einen aus natur- und kulturwissenschaftlicher Sicht wichtig, zum anderen ist es auch unheimlich spannend. Wir haben seit etwa 50 Jahren Aufzeichnungen der Vogelwelt am Chiemsee und können anhand derer ablesen, wie sich der Bestand im Laufe der Zeit verändert", sagt Konrad. „Und es verändert sich wirklich viel. Neue Arten kommen hinzu, andere wiederum verschwinden. Die Natur ist keinen Tag gleich."

Aktuell lassen sich etwa 300 verschiedene Vogelarten am Bayerischen Meer entdecken. „Zwar hat natürlich jeder Vogel seine Eigenheiten, aber ein besonderes Exemplar am Chiemsee ist schon der Seeadler", verrät der Naturführer. Der knapp einen Meter große Greifvogel ist im Mündungsgebiet der Tiroler Ache zu Hause. Mit seiner Flügelspannweite von rund zwei Metern schindet das Tier im Flug mächtig Eindruck. „Aber auch zu beobachten, wie sich beispielsweise zwei Haubentaucher um einen Aal balgen, ist ein tolles Erlebnis", schwärmt Konrad. „Und beson-

Der Natur auf der Spur

ders schön anzusehen ist natürlich der Eisvogel, der sich ebenfalls gut am Chiemsee beobachten lässt. Er ist wahrscheinlich das prächtigste und schillerndste Exemplar unserer Vogelwelt. Wenn er vorbeifliegt, dann blitzt es richtig türkisfarben."

Welche Tiere man am See beobachten kann, hängt damit zusammen, zu welcher Jahres- und Tageszeit man loszieht. „Morgen- und Abendstunde sind am schönsten. Da lebt die Natur", weiß Konrad. „In der Morgendämmerung, wenn so ein leichter Dunst über dem See hängt und dann der Kormoran auf einem Felsen sitzt und seine Flügel zum Trocknen ausbreitet – das ist so ein ruhiges, friedliches Bild, das kann ich immer wieder genießen", erzählt er. Besonders oft sitzt er an der Hütte an der Prienmündung, sie ist sein angestammter Platz. Aber auch der Turm am Ganszipfel hat für Konrad einen ganz eigenen Charme. „Da kannst du oft ganz allein ganz still dasitzen und die Ruhe vom See genießen. Dahinter die Fraueninsel und die Chiemgauer Alpen am Horizont – das ist einfach traumhaft." Am Turm in Seebruck hingegen blickt man in die Weite hinaus. „Dort gibt es besonders viele von den Großen Brachvögeln, die man dabei beobachten kann, wie sie mit ihren Schnäbeln im flachen Wasser stochern. Und wenn sie fliegen, kann man ihrer wunderschönen Singstimme lauschen." Und am Abend, wenn die Sonne am Horizont verschwindet und vom Dunkel der Nacht abgelöst wird, folgt die Stunde der Nachtvögel. Auch die kann man gemeinsam mit Konrad entdecken, zum Beispiel bei einer Fledermaus-Führung.

Für die Arbeit der Naturbeobachter und Naturführer gibt es rund um den See insgesamt acht Beobachtungsstationen: in der Hirschauer Bucht, in Hagenau, bei Chieming, im Kurpark in Seebruck, am Ganszipfel bei Gstadt, an der Prienmündung bei Rimsting, im Irschener Winkel bei Bernau und in der Lachsganger Bucht in Übersee. An zwei dieser Plätze finden jeden Sonntag geführte Touren für Interessierte statt. Dabei wollen die Naturführer ihren Teilnehmern sowohl die Vielfalt der heimischen Vogelwelt näherbringen, als auch auf den Schutz der Tiere und dem damit verbundenen Erhalt vieler Vogelarten hinweisen. „Die Vielfalt der Vögel ist für unser Ökosystem enorm wichtig. Jedes Tier im und am See hat eine bestimmte Funktion", weiß Konrad. „Wissen und auch Freude an der Natur zu vermitteln, ist unsere wichtigste Aufgabe, denn was ich kenne, das schütze ich auch. Und natürlich hoffen wir, durch die Führungen Nachwuchs zu finden. Leute, die sich genauso wie wir für die Vogelwelt interessieren und sich bei uns engagieren möchten." An den Führungen nehmen nicht nur Touristen, sondern auch viele Einheimische teil. „Wir haben eine so einzigartige Vogelwelt direkt vor der Haustüre, aber viele nehmen all das hier leider oft für gegeben. Viele schätzen gar nicht, in was für einem Paradies wir leben. Durch die Führungen kann man es sich erklären lassen und so seine eigene Umgebung besser kennenlernen." Die Kunst bei seinen Naturführungen ist für Konrad die richtige Mischung zu finden, sodass man die Leute nicht langweilt, aber auch nicht überfordert. „Jede Führung ist anders, von den Menschen, aber auch von den Tieren, die man entdeckt."

Ein besonderes Highlight ist sicherlich die naturkundliche Bootsfahrt zum Achendelta. „Die kann ich jedem nur ans Herz legen", betont Konrad. „Durch die Bootsfahrt bekommt man noch einmal einen ganz anderen Bezug zum See. Was ist da drin? Woraus besteht er? Was ist im Frühjahr, im Sommer, im Herbst, im Winter? Wie wirken sich die Jahreszeiten auf den See, aber auch auf die Tierwelt aus? Dieses Wissen gehört einfach dazu, wenn man den See näher erkunden möchte." Darüber hinaus zeigt das Achendelta eindrücklich, dass der See nicht am Ufer anfängt oder endet. „Er ist noch so viel mehr, der See. Man muss auch seine Zuflüsse und den Abfluss mitdenken und unsere Chiemgauer Berge, die mit ihrem Wasser den See füttern. Wir haben hier so viele facettenreiche Naturräume auf einmal. Den See, die Flusslandschaften, die Berge, das Moor. Letzteres ist ja auch nur wieder alter Chiemsee. Einst war er viermal so groß. Herreninsel, Fraueninsel, Krautinsel – das sind heute die Chiemsee-Inseln, aber das war ja nicht immer so. In der Natur ist es ein Kommen und Gehen. Alles ist vergänglich."

Auch ohne Führung kann man an den Beobachtungsstellen in die heimische Natur eintauchen. Überhaupt braucht es zur Vogelbeobachtung eigentlich nur etwas Zeit. „Das Schöne am Chiemsee ist, dass er – im Vergleich zu vielen anderen Seen, wie beispielsweise dem Starnberger See – fast überall frei zugänglich ist. Wir haben so viele Möglichkeiten, direkt an den See zu gelangen. Zu den Beobachtungsstationen fährt im Sommer zudem unser Ringbus, sodass man nicht einmal das Auto braucht", freut sich Konrad. Alle Türme sind mit kostenlosen Ferngläsern und Tafeln mit allgemeinen Informationen zur heimischen Vogelwelt sowie den am meisten vorkommenden Arten ausgestattet. Wer tiefer eintauchen möchte, für den liegt ein kleiner gedruckter Naturführer auf.

Für Konrad ist der See mittlerweile eine zweite Heimat geworden. „Aber es ist eben nicht nur der See allein, sondern das große Ganze. Wir verbinden so viel mit dem See – die Inseln, die Klöster, die Kultur und Brauchtümer, dieses Volkstümliche. Vieles davon steckt noch in den Menschen, die hier leben. Die Verbundenheit zur Region ist überall zu spüren."

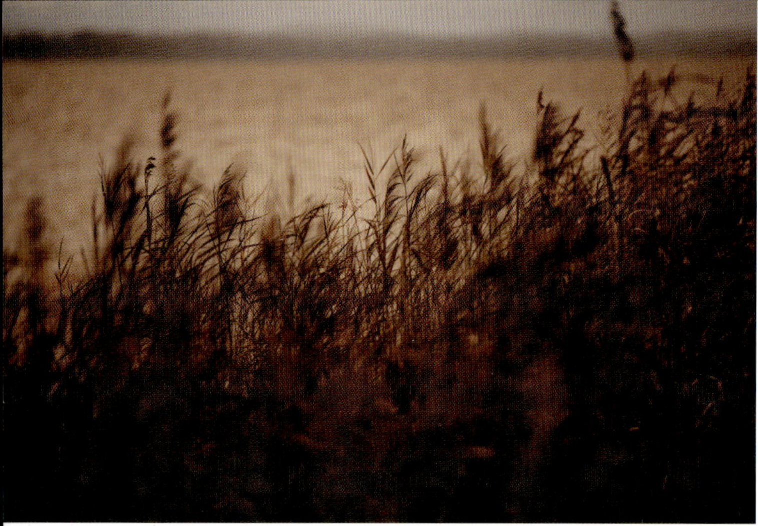
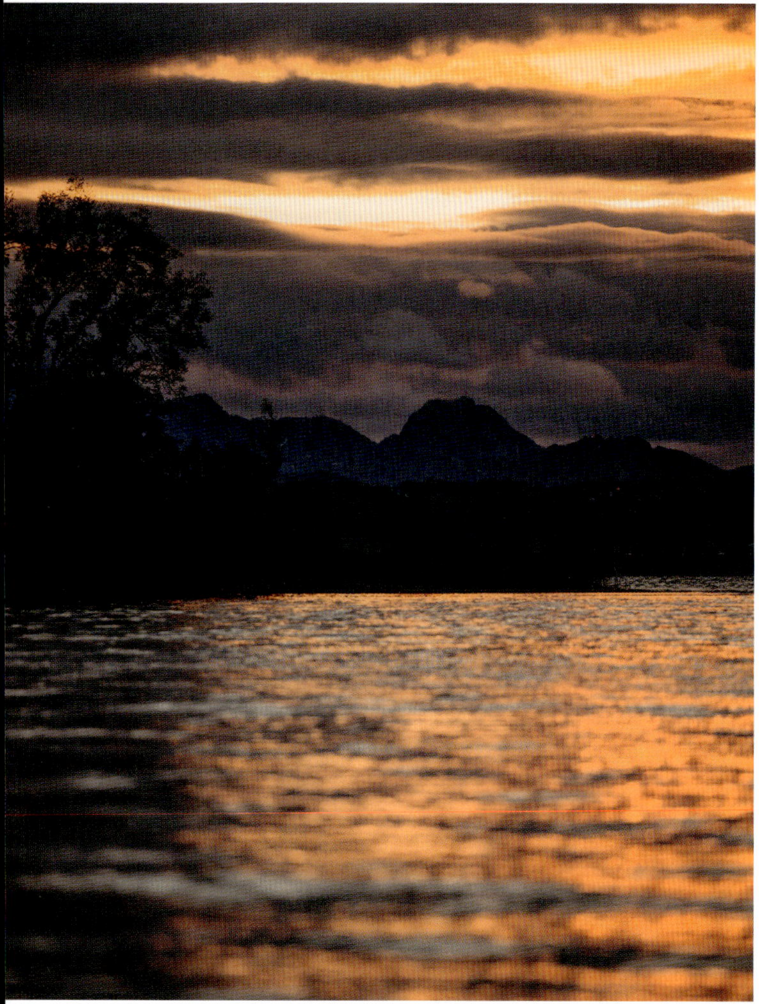
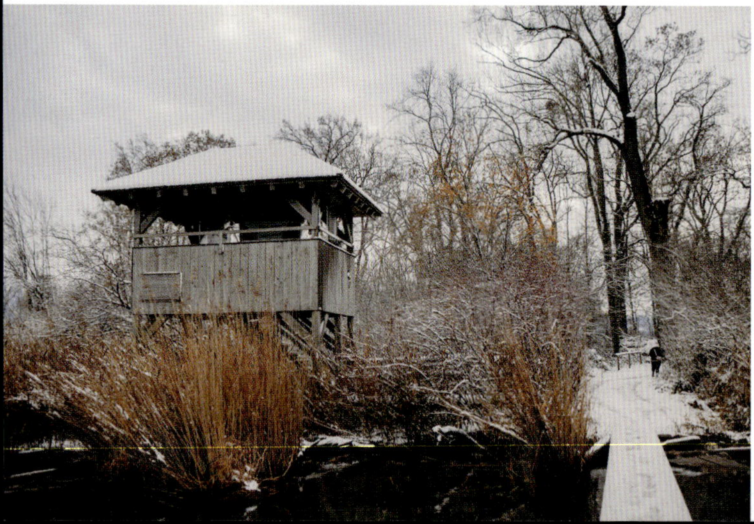
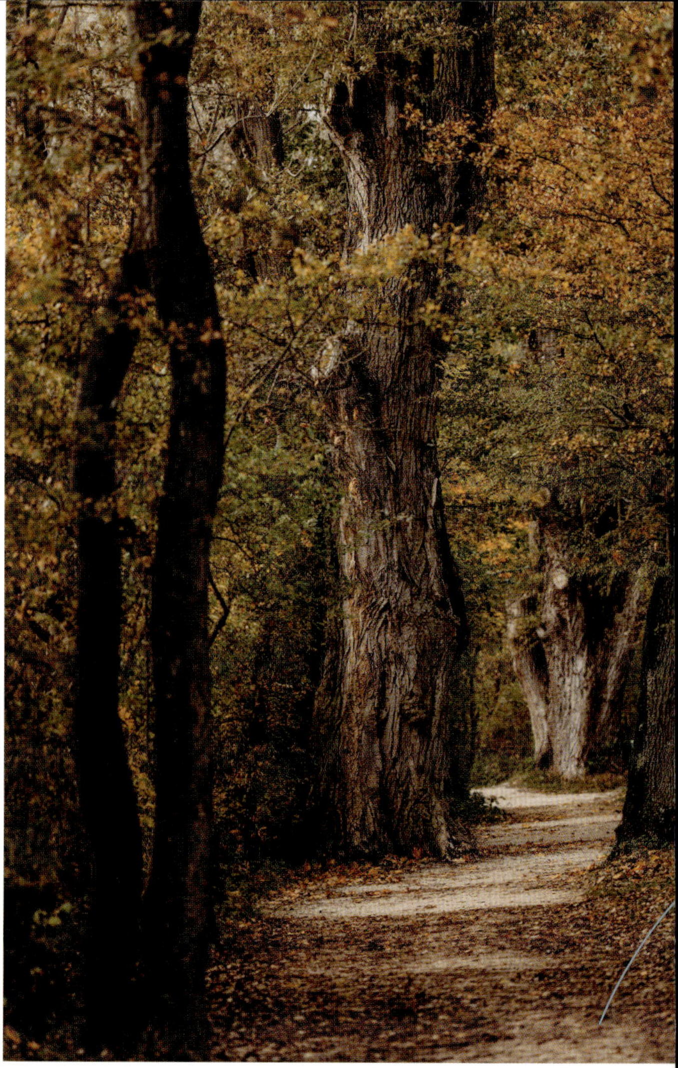
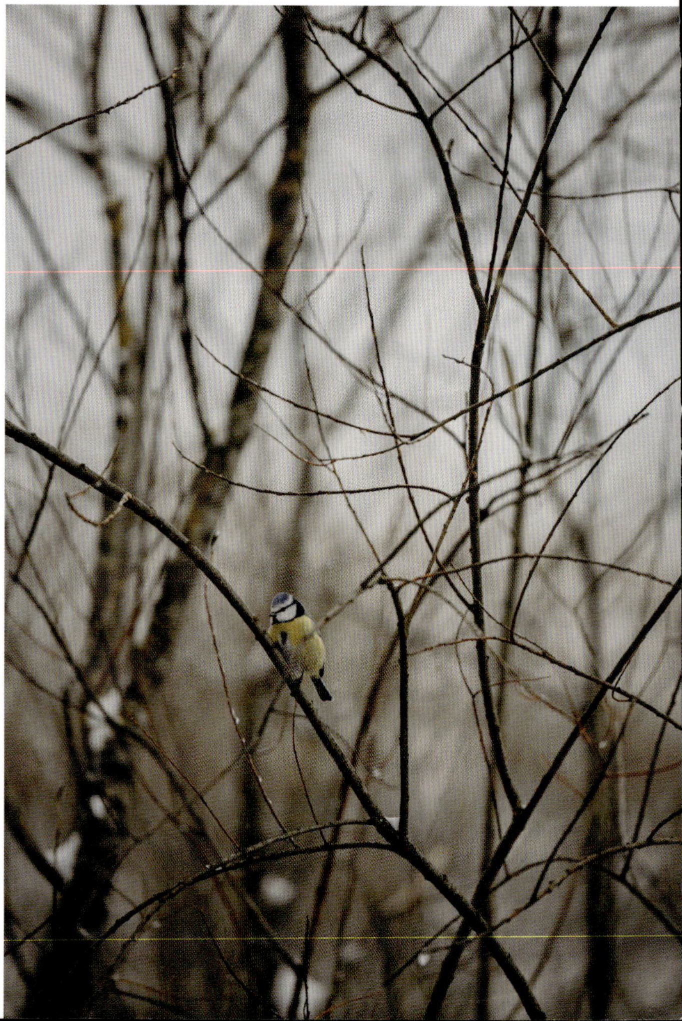

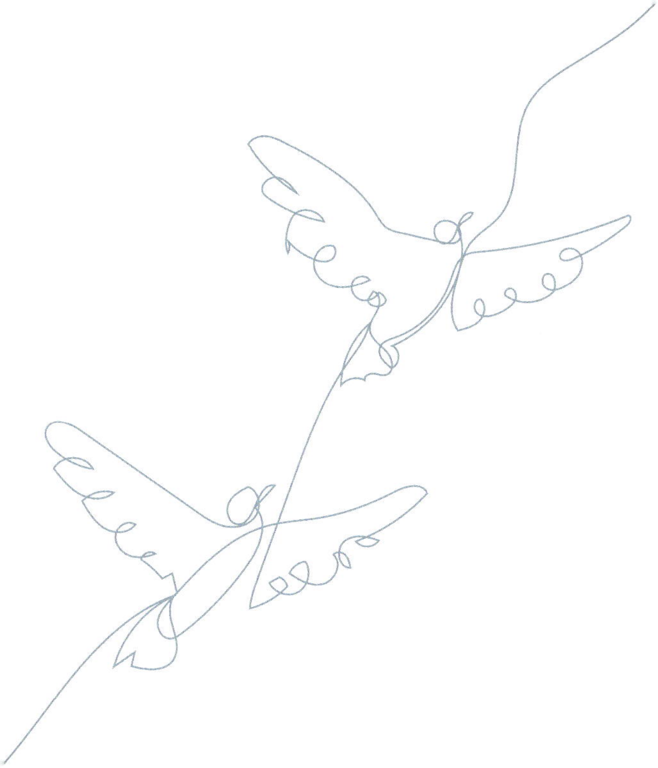
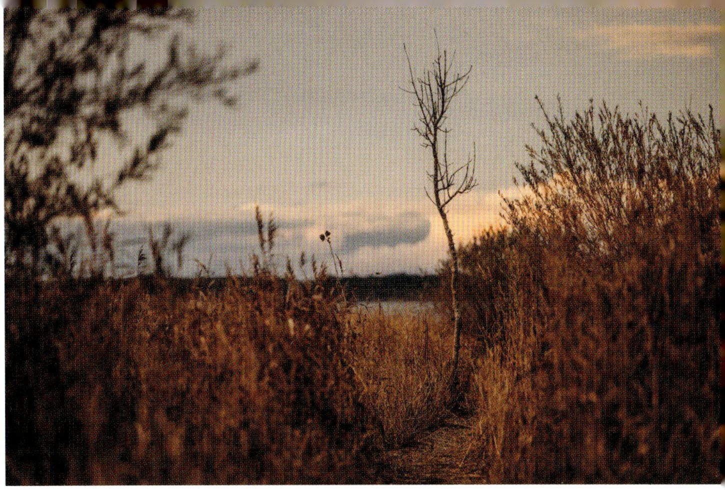
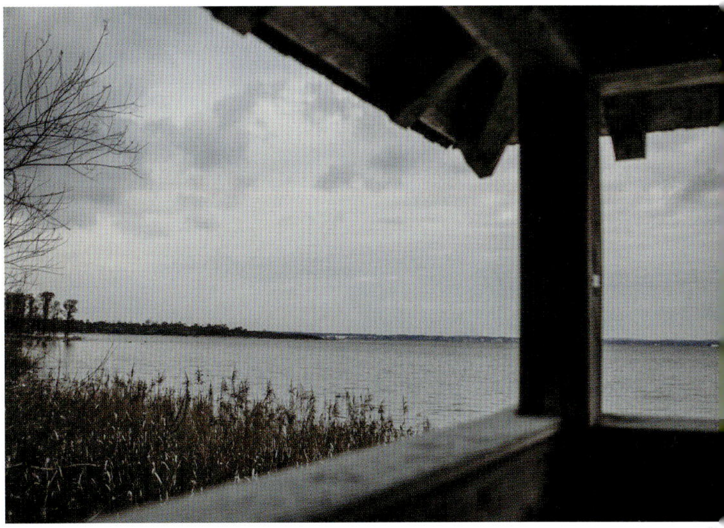
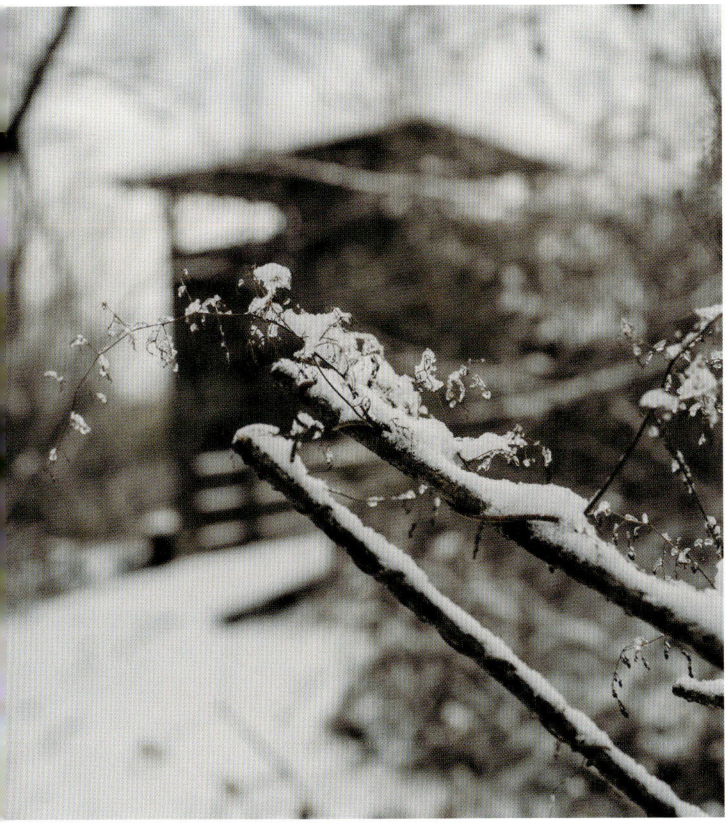
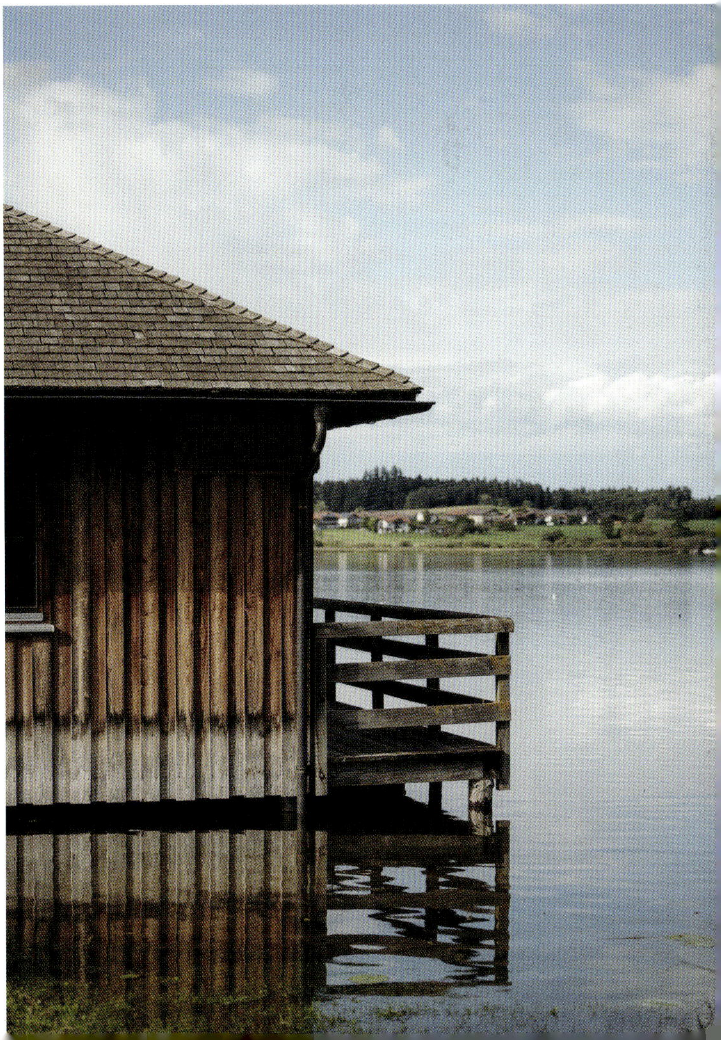
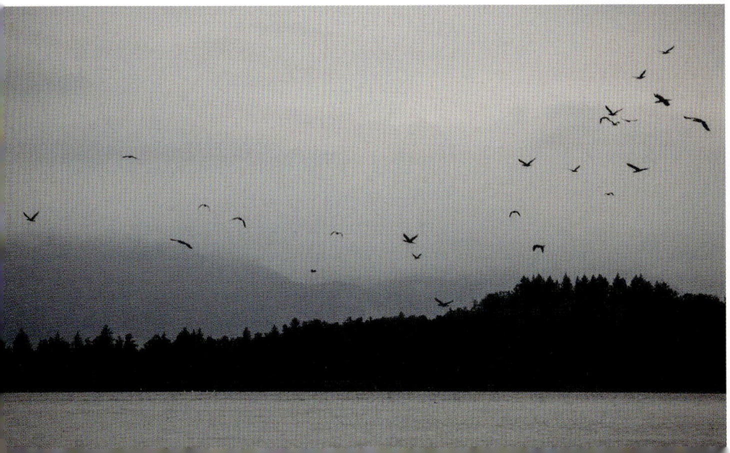

Beobachtungstürme

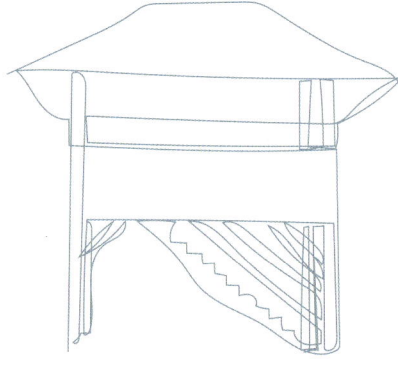

Hütte an der
Prienmündung

Turm
Ganszipfel

Turm
Irschener Winkel

Turm
Seebruck

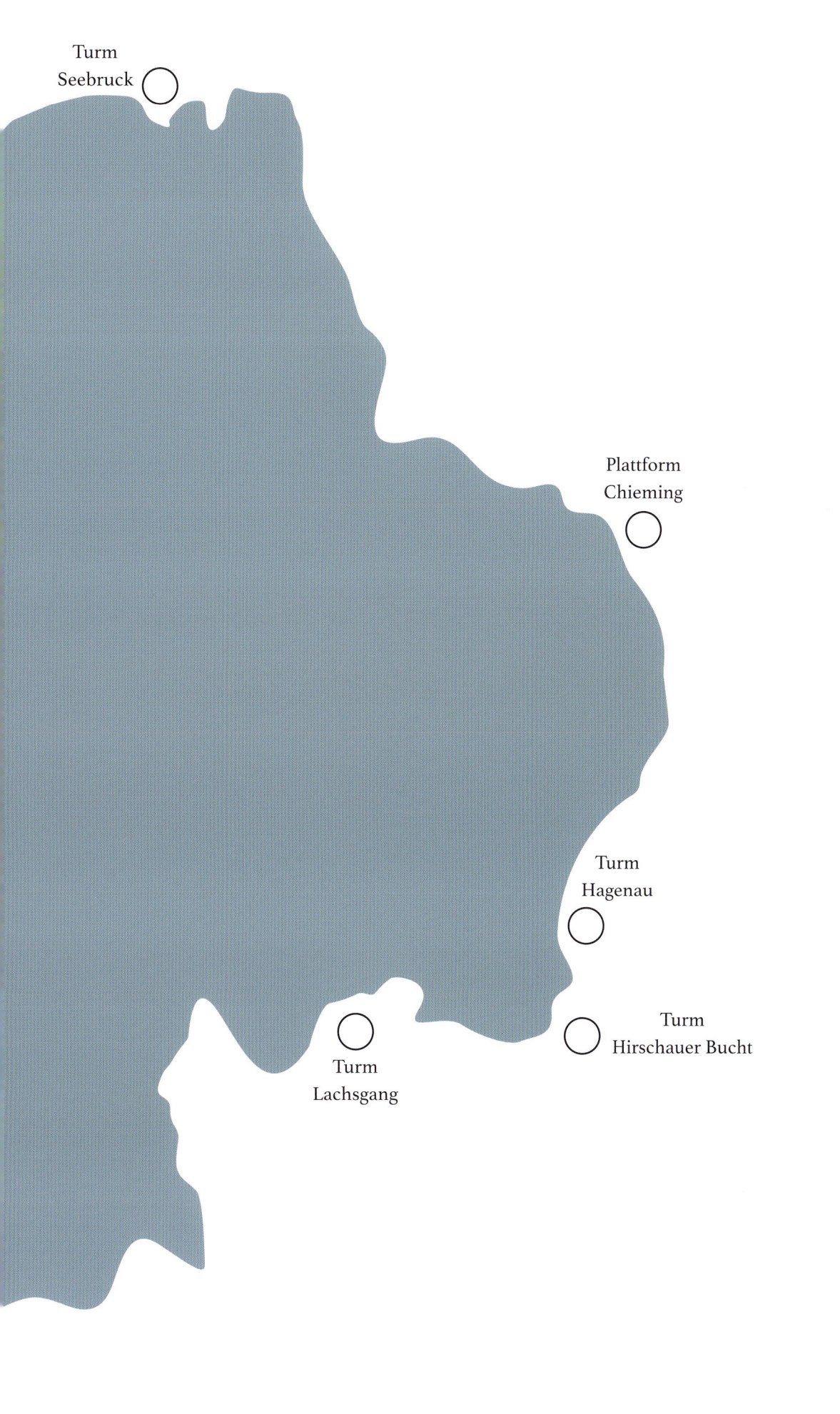

Plattform
Chieming

Turm
Hagenau

Turm
Hirschauer Bucht

Turm
Lachsgang

Achendelta

Die Mündung der Tiroler Ache in den Chiemsee ist ein in Mitteleuropa einzigartiges Binnendelta und Naturschutzgebiet mit vielfältiger Flora und Fauna. Ihren Ursprung hat die Tiroler Ache, der größte Zufluss des Chiemsees, in den Kitzbühler Alpen. Von dort bahnt sich der mächtige Gebirgsfluss seinen Weg durch die Entenlochklamm, einer engen Felsschlucht bei Schleching, nach Deutschland und mündet bei Grabenstätt ins Bayerische Meer. Das etwa fünf Quadratkilometer große Mündungsgebiet wächst dabei verhältnismäßig rasch an und ändert beständig seine Form, denn von der Tiroler Ache werden jeden Tag etwa 100 LKW-Ladungen an Kies, Sand und Schwebstoffen in den See gespült. Durch die Ablagerungsdynamik entsteht immer wieder neues fruchtbares Schwemmland, das erst nach und nach von Pflanzen besiedelt wird – eine große Besonderheit. In keinem anderen See Mitteleuropas kann sich ein Flussdelta noch so frei entwickeln. Etwa einen Hektar wächst das Delta Jahr für Jahr weiter in den See hinaus. Dem Bayerischen Meer bleibt bei seiner Größe somit eine ‚Restlebenszeit' von etwa 8.000 Jahren.

Im Laufe der Zeit hat sich im Bereich des Deltas eine faszinierende Biotopvielfalt entwickelt. Hunderte verschiedener Vogelarten werden regelmäßig registriert – rund 145 Arten brüten sogar im Schutzgebiet, einige von ihnen ausschließlich hier. Aber nicht nur die Vögel, auch die Vegetation im Mündungsgebiet ist äußerst interessant. Pflanzensoziologen unterscheiden zwischen der Pioniervegetation, dem Röhricht mit Schwimmblattzone und Jungweidengebüsch im äußeren Deltabereich sowie Silberweiden-, Grauerlen- und Erlen-Eschenwald. Flussaufwärts schließt sich die Hartholzaue mit Eschen, Eichen und Bergahorn an. Um die einzigartige Flora und Fauna zu schützen, wurde das Mündungsgebiet bereits 1954 unter höchsten Naturschutz gestellt, und bildet heute gemeinsam mit dem südlich angrenzenden Auwald sowie dem Grabenstätter Moos ein rund 1.250 Hektar großes Naturschutzgebiet von internationaler Bedeutung. Wer einen Blick auf das Achendelta werfen möchte, kann vom Beobachtungsturm Lachsgang die Westseite des Deltas, vom Turm an der Hirschauer Bucht die Ostseite erblicken. Daneben finden immer wieder von ausgebildeten Führern begleitete Erlebnisbootfahrten statt, bei denen sich ein einzigartiger Überblick über das Achendelta mit seinen weit verzweigten Schlamm- und Kiesbänken sowie dem verästelten System der Haupt- und Nebenarme der Tiroler Ache bietet.

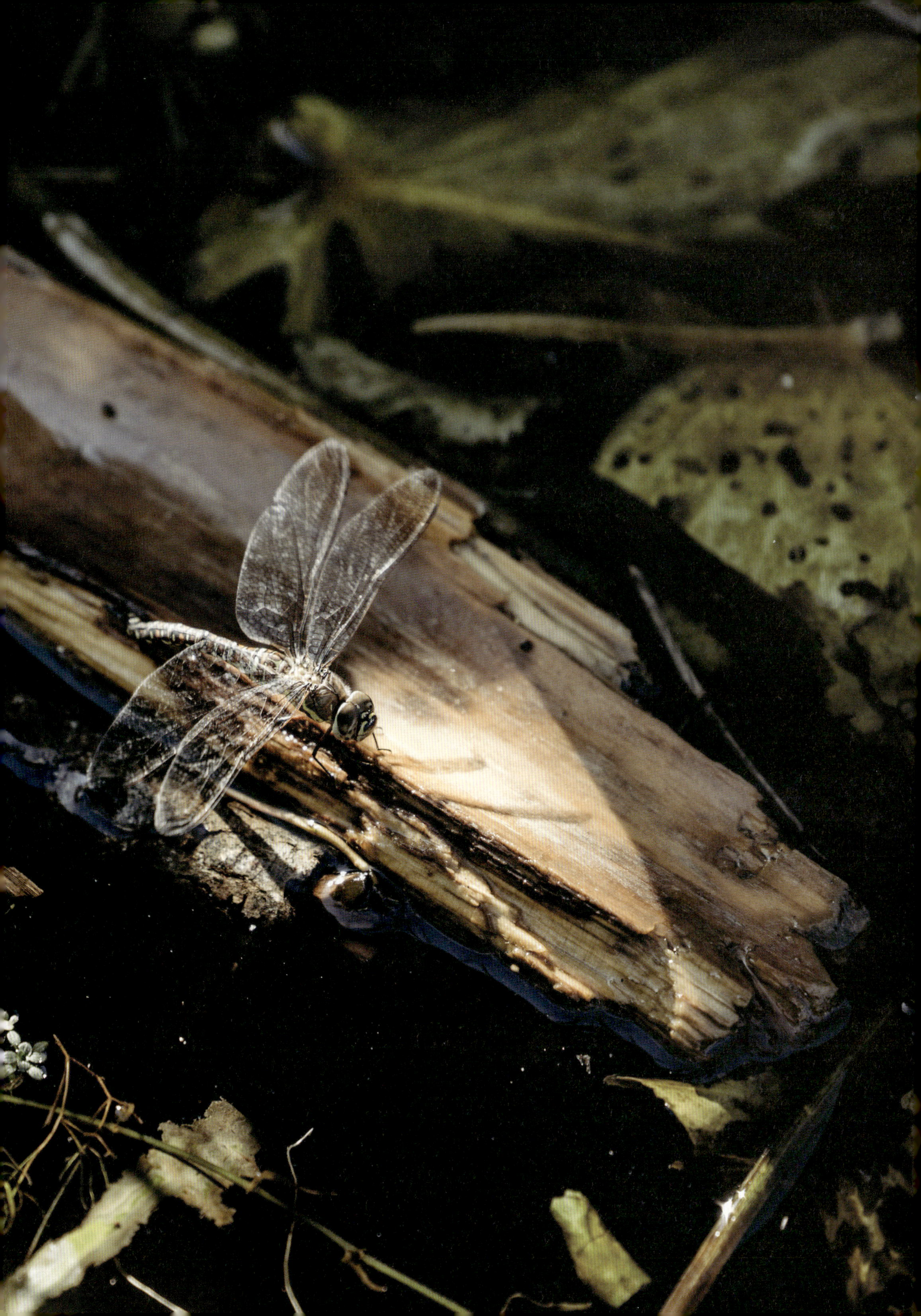

WIN

TER

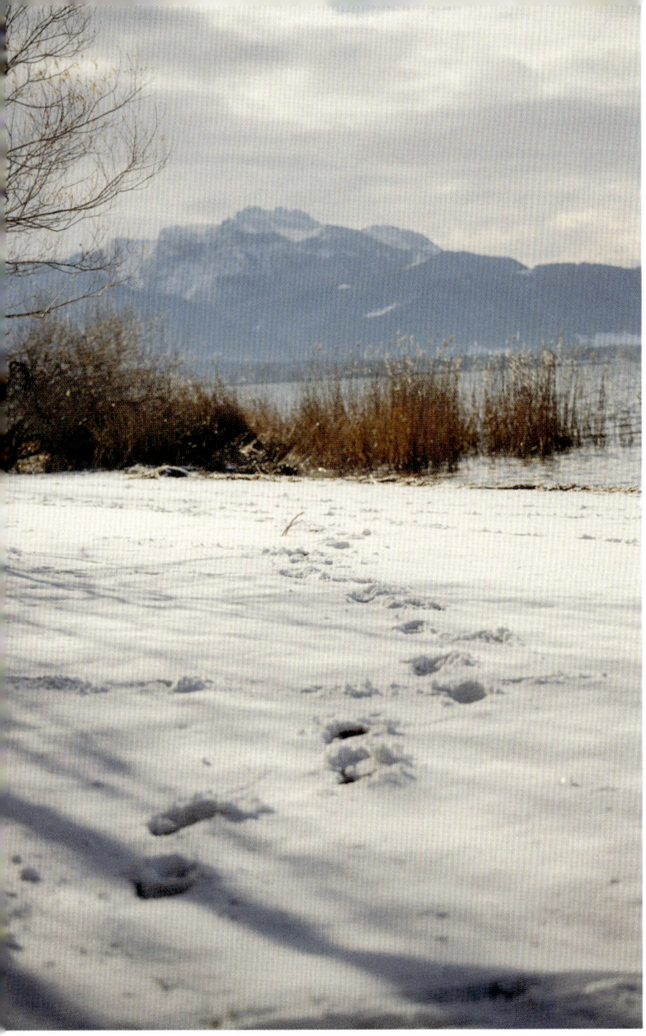
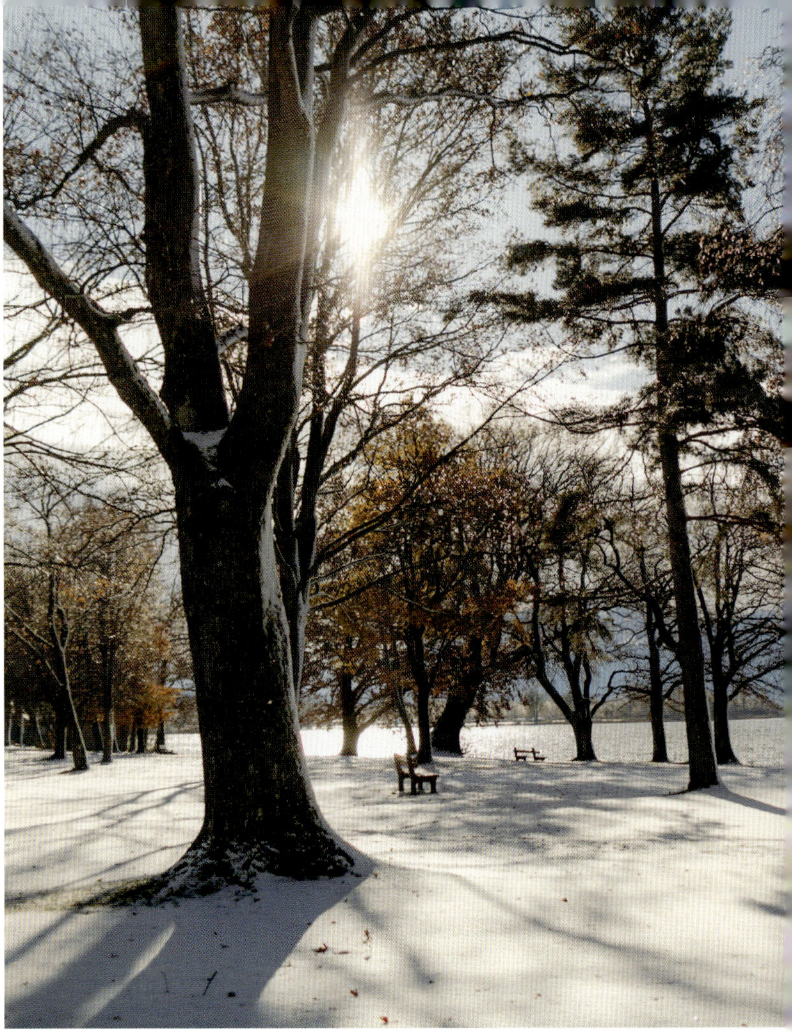
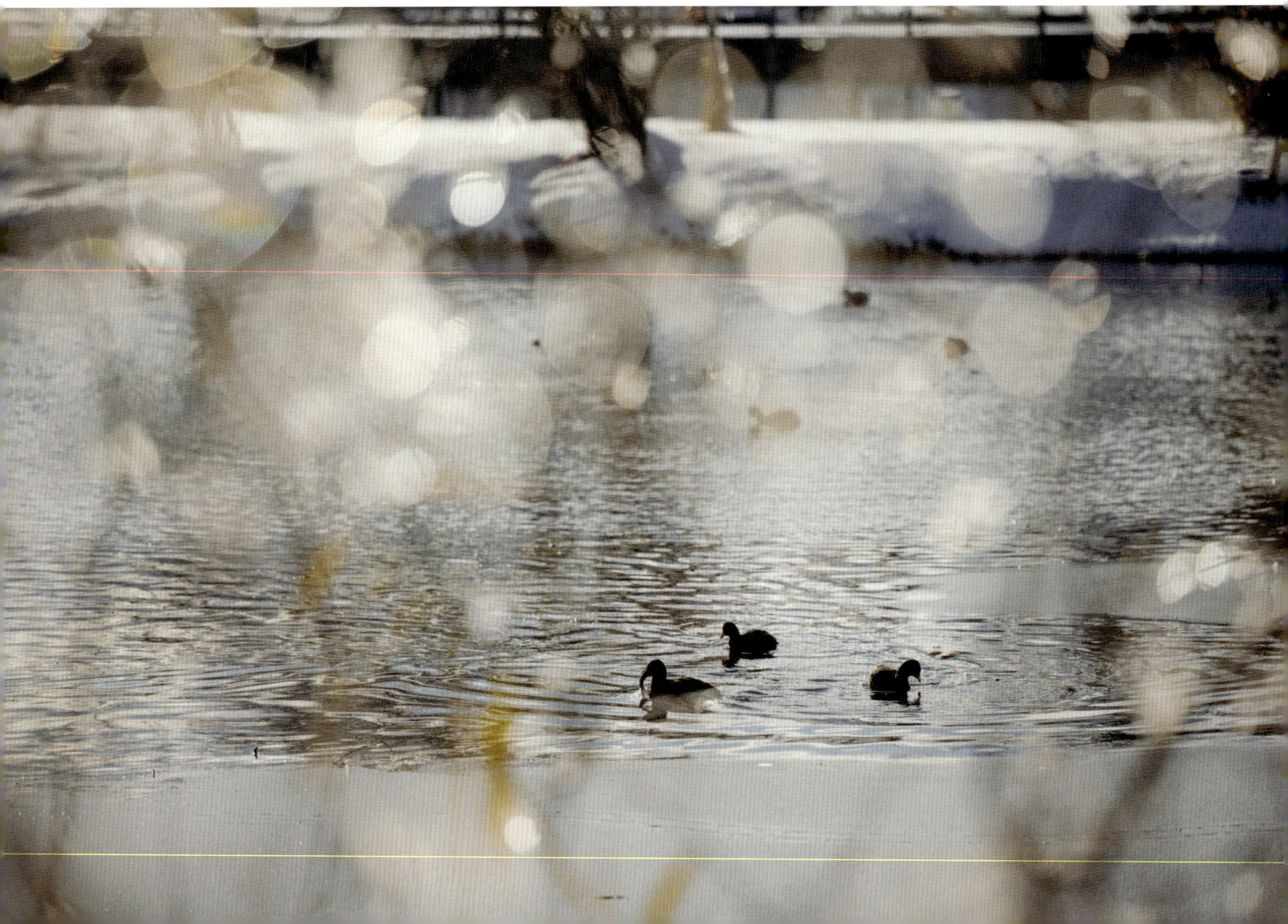

An Gottes Segen ist alles gele[gen]

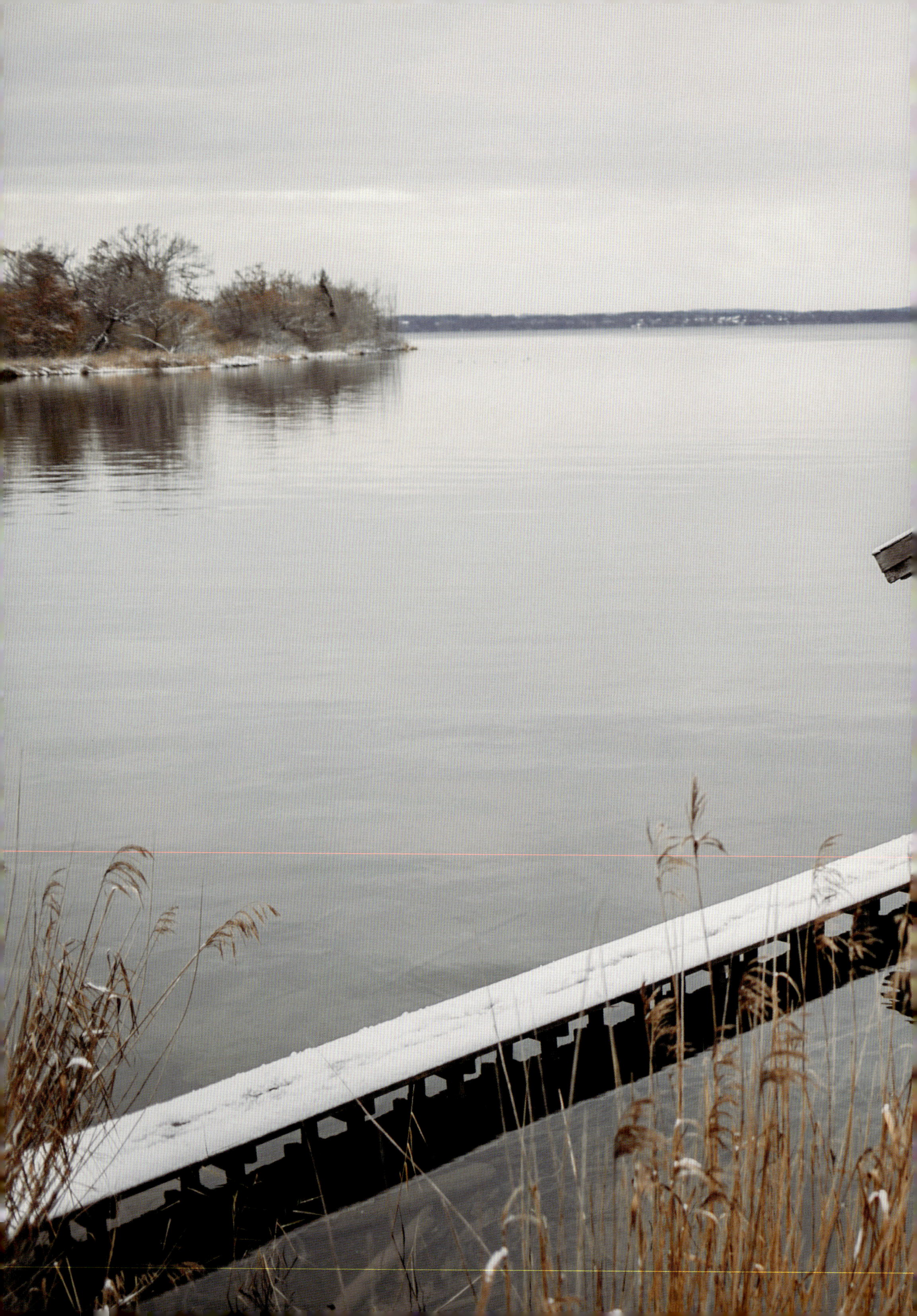

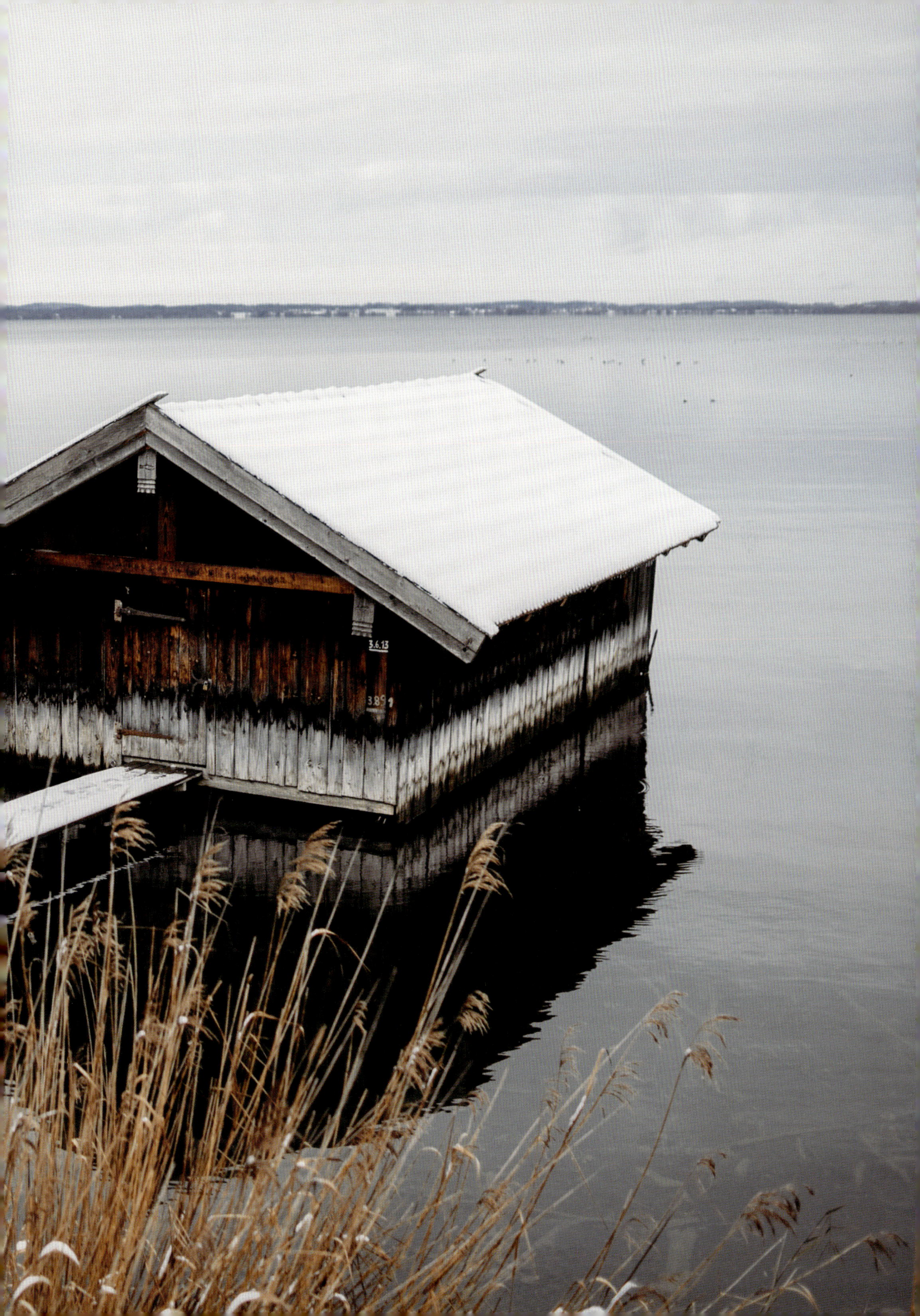

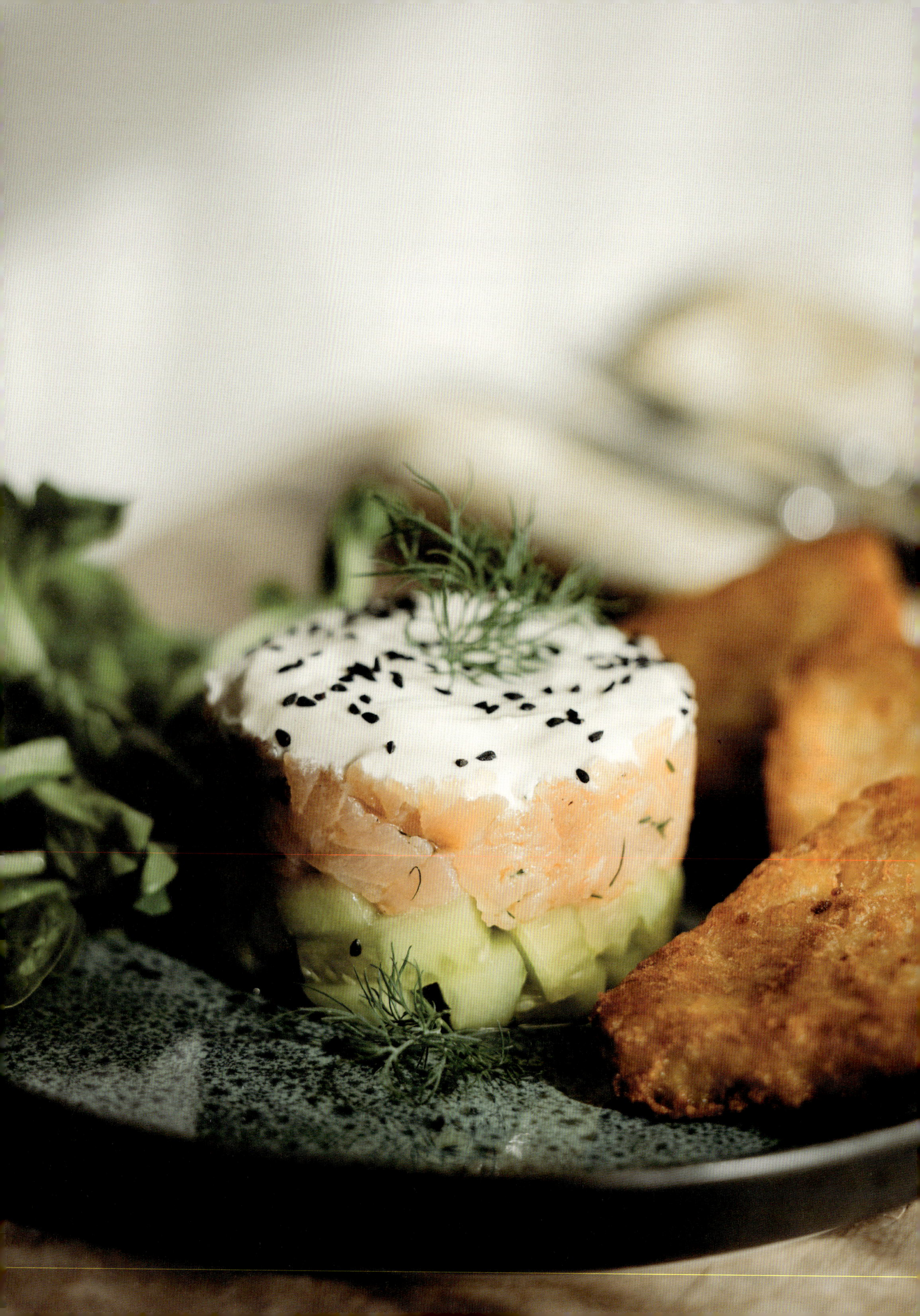

Tartar

von der Graved Lachsforelle

ZUTATEN:

500 g Graved Lachsforelle
1/4 Bund Dill
1/4 Bund Schnittlauch
Pfeffer
1 TL Honig
1 TL Senf
Olivenöl
1/2 Zitrone
2 Salatgurken
Salz
1 Becher Sauerrahm
1 TL schwarzer Sesam
1–2 Handvoll feine kleine Blattsalate wie Babymangold oder Feldsalat pro Person
2–3 Kartoffelrösti pro Person
Salatdressing nach Belieben
Dill zum Garnieren

ZUBEREITUNG:

Am Vortag die beiden Salatgurken würfeln und salzen. Auf einem Abtropfblech kühl stellen, sodass das Wasser, das der Gurke entzogen wird, ablaufen kann.

Am nächsten Tag die Haut der Graved-Lachsforellen-Filets abziehen, damit man etwa 500 g Fisch zum Weiterverarbeiten hat. Den Dill sowie den Schnittlauch fein hacken und zum Fisch geben. Etwas Olivenöl, Pfeffer, Zitronenzeste, Honig und Senf untermischen. Nun die einzelnen Schichten in einem Dessertring anrichten. Unten die gewürfelten Gurken, darüber die Graved-Lachsforellen-Mischung sowie zum Schluss den Sauerrahm einfüllen und glattstreichen. Den Turm mit schwarzem Sesam und Dill garnieren und kühl stellen. Zum Anrichten die Türme mittig auf flachen Tellern platzieren und mit Kartoffelrösti und Blattsalaten servieren.

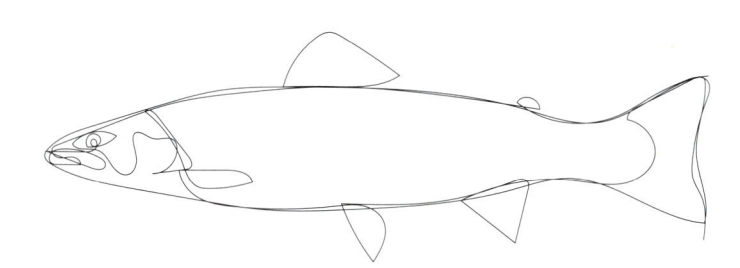

RUTTE

Die Rutte oder Quappe gehört eigentlich zu den Lotidae, die im Salzwasser leben. Als einzige ihrer Art bevorzugt sie jedoch das Süßwasser. Auch optisch ist der nachtaktive Raubfisch auffällig: Er sieht nicht nur aus wie eine Mischung aus Aal und Dorsch, sondern kann auch eine Länge von über 1,5 Metern und ein Gewicht von über 30 Kilogramm erreichen. Üblich sind jedoch Größen zwischen 30 und 60 Zentimetern. Die Rutte hat eine gelbe bis braune Grundfarbe, die von einem braun-schwarzen Tarnmuster überzogen ist, wodurch sie sich sehr gut verstecken kann. Der Bauch ist hingegen sehr hell. Ihr langgezogener Körper ist deutlich massiger als beim Aal, jedoch genauso schleimig. Gut erkennbar ist der Raubfisch auch anhand des langen Bartfadens an seinem Kinn. Rutten schmecken hervorragend. Sie können gebraten oder geräuchert werden, wobei kleinere Exemplare besser schmecken als allzu große.

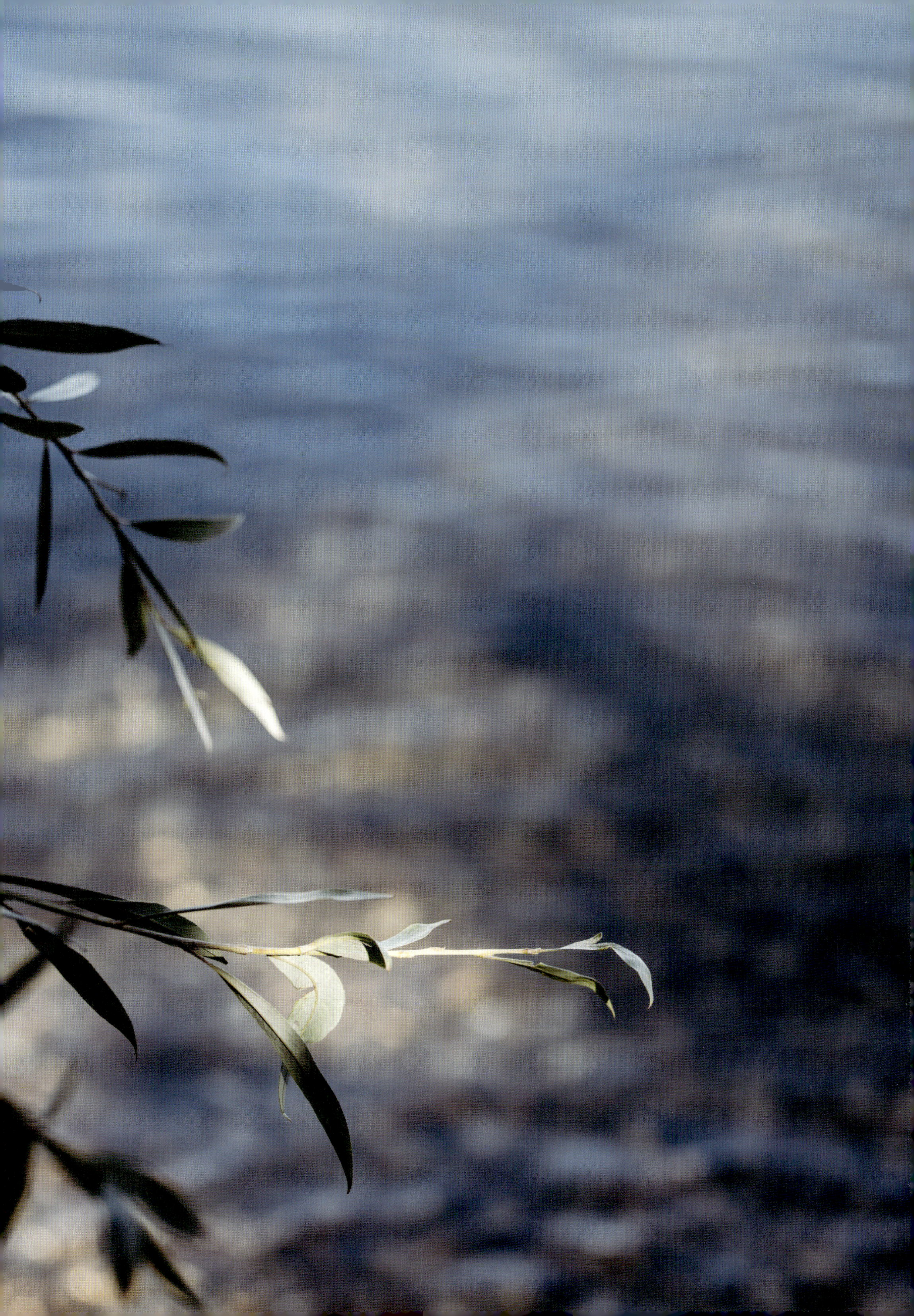

Fangfrischer Fisch

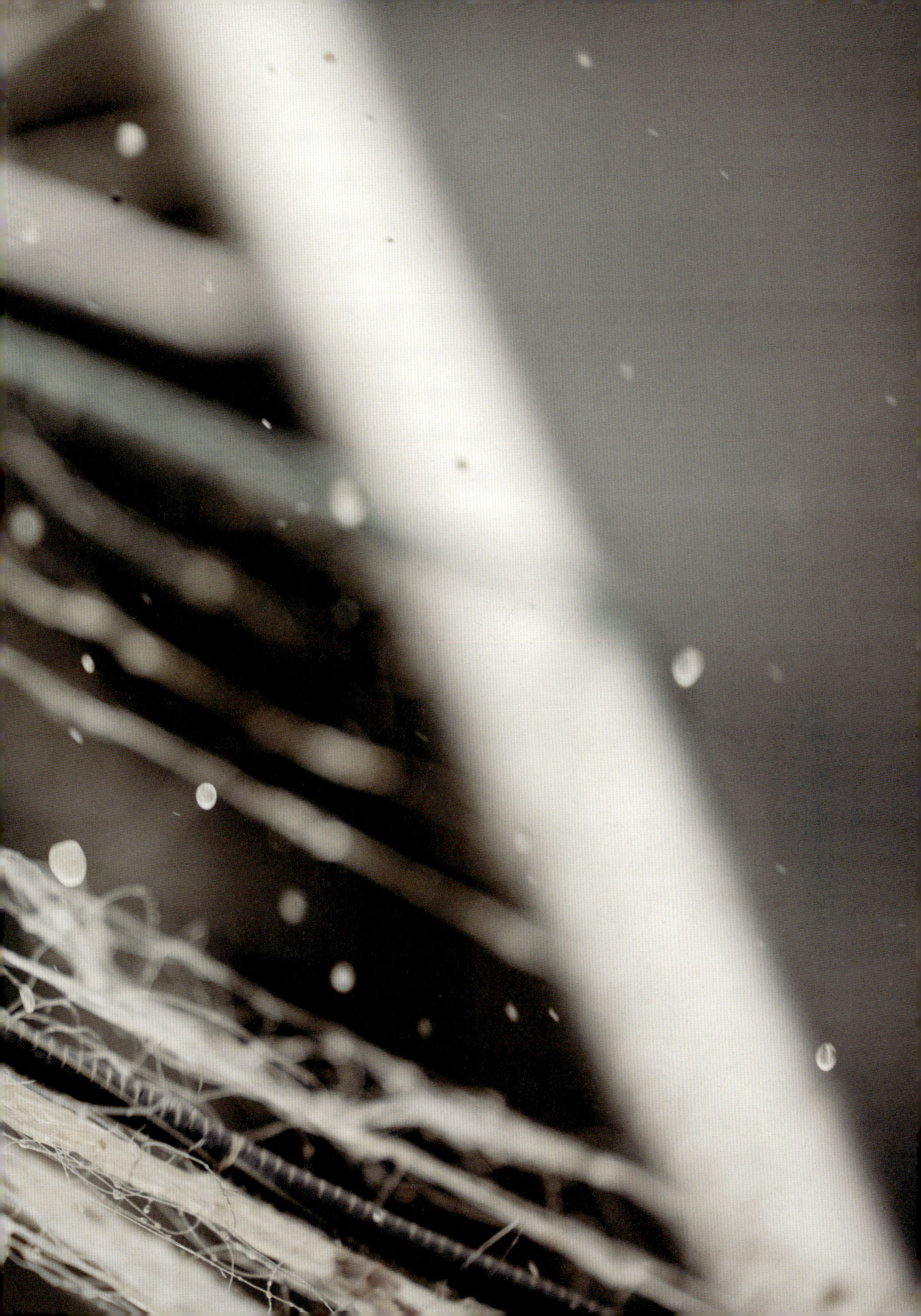

CHIEMSEEFISCHER VERENA & MARTIN

Mal rau und stürmisch, mal unglaublich still, mal nebelverhangen und mystisch, mal himmlisch leuchtend – Tag für Tag verbringt Martin die frühen Morgenstunden auf dem Chiemsee und doch gleicht kein Tag dem anderen. Gemeinsam mit seiner Frau Verena hat er 2019 den Familienbetrieb der Schwiegereltern übernommen. Das Fischereihandwerk ist seit mehr als 400 Jahren in der Familie Stephan, einer von nunmehr 16 alteingesessenen Fischerfamilien am Chiemsee, verankert.

Sanft plätschert das Wasser am Ufer des Chiemsees. Martin lässt den Motor des kleinen Fischerboots an und beginnt damit seinen Arbeitstag – so wie fast alle Tage und bei beinahe jedem Wetter. Insgesamt fünf Bojenplätze wird er diesen Morgen anfahren und die Netze einholen. Fisch für Fisch landet der Fang in eisgekühlten Kisten. Eine meditative und zugleich körperlich anstrengende Arbeit. „Dass wir ganz leer ausgehen, kommt eigentlich nie vor, aber Tage mit nur 20 Fischen, die gibt es schon hin und wieder. Damit lernt man leben, dass es gute und schlechte Tage gibt. Wir arbeiten eben mit der Natur", erzählt Martin und fügt nachdenklich an: „Hier und da haben wir uns da eh schon viel zu viel eingemischt." Wie auch seine Frau Verena ist Martin studierter Betriebswirt und gelernter Fischwirt. Sie wollen Altes wahren und Neues wagen.

„Dass wir die Fischerei einmal übernehmen werden, war absolut nicht geplant.", erzählt Verena. „Auch, wenn ich die Große bin, war eigentlich immer klar, dass der ‚Bua', wie es in Oberbayern oft üblich ist, also mein kleiner Bruder in die Fußstapfen unserer Eltern tritt." Auch wenn sie die Fischerei immer

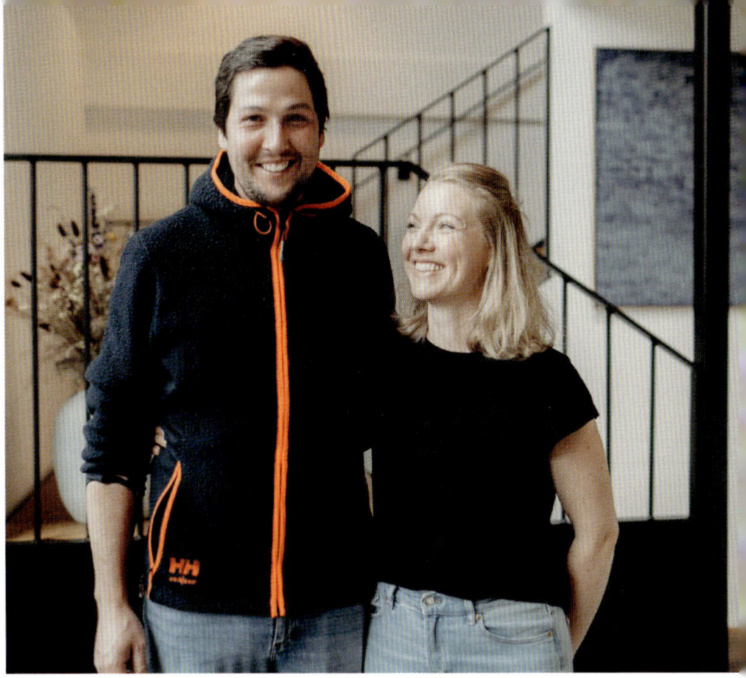

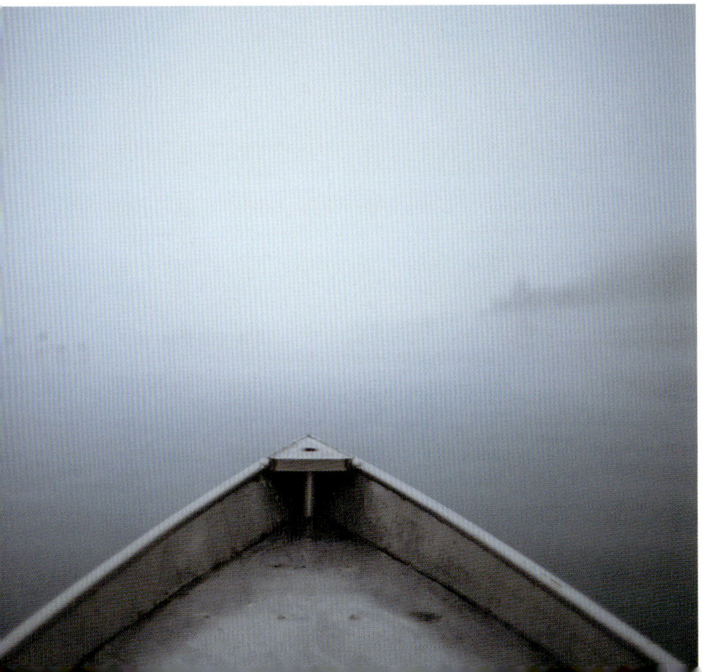

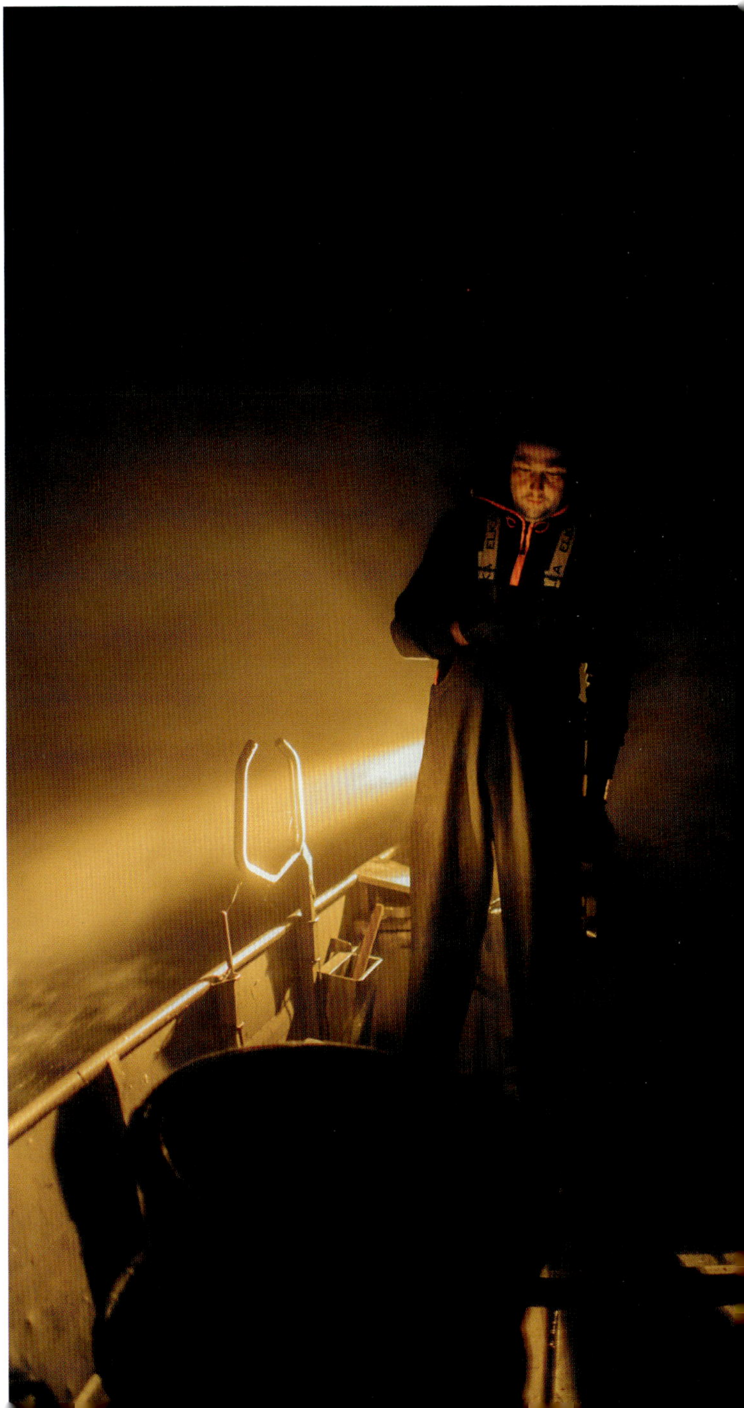

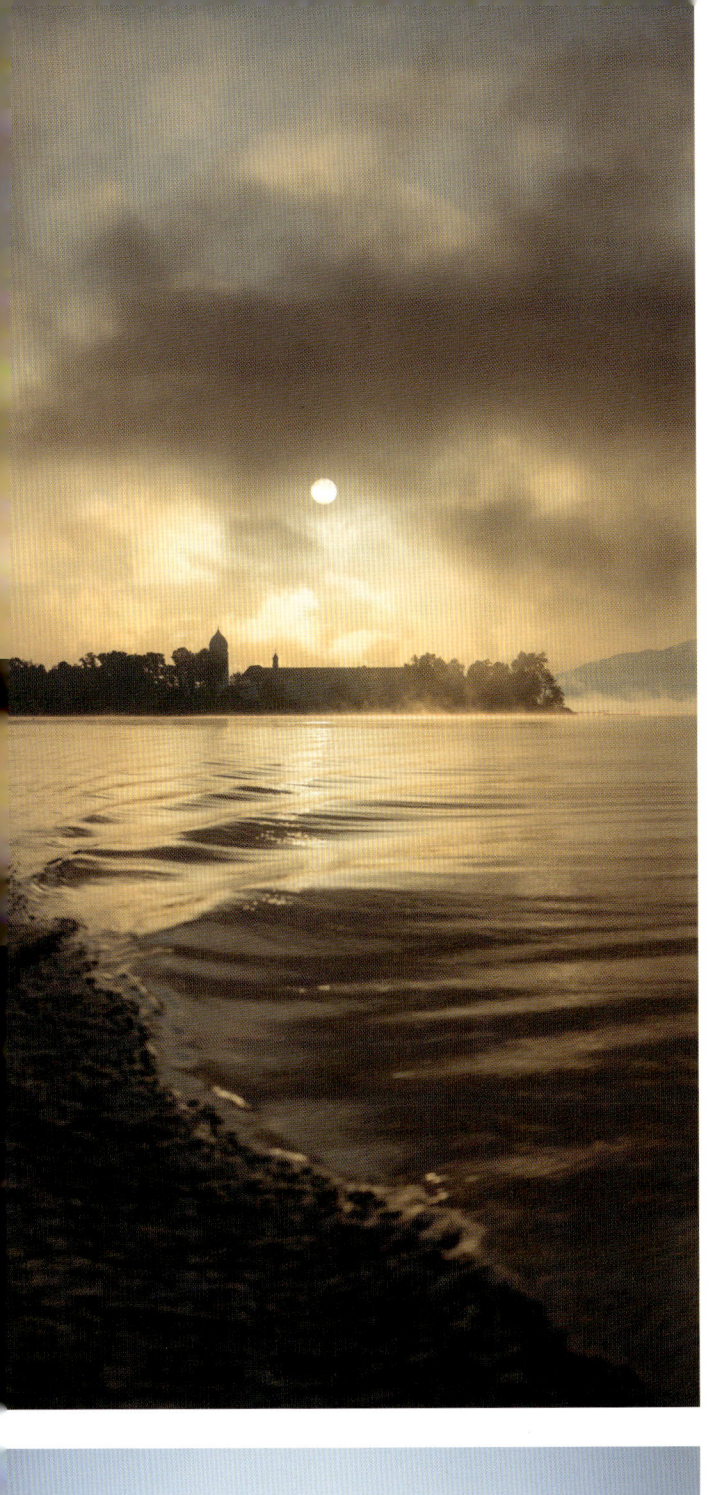

spannend fand, es genossen hat, dass immer alle zu Hause waren, wenn sie von der Schule gekommen ist, dass auf dem Hof gleichzeitig gelebt und gearbeitet wurde, wollte Verena immer mit Büchern arbeiten. Leider ist ihr Bruder 2009 verunglückt. „Das hat mein Leben noch einmal durcheinandergewürfelt", gesteht Verena. „Trotzdem habe ich meine Ausbildung im Verlag in München abgeschlossen, bin nach Salzburg und Kufstein zum Studieren, habe das gemacht, was ich wollte." Den Betrieb haben derweil die Eltern fortgeführt. Was einmal damit passiert, wenn sie es nicht mehr machen, stand offen. „Es war klar, dass das Anwesen so nur erhalten werden kann, wenn es wirklich bewirtschaftet wird. Für mich stand fest, entweder ich mache die Fischerei auf eine gewisse Art oder es ist alles irgendwann zum Verkaufen." Letztlich entscheidet sich Verena gemeinsam mit Martin für etwas, das nicht ihr Lebenstraum war. Nach ihrer Weltreise 2016 packen sie die Fischerei an, fangen noch einmal ganz von vorne an. „Wir haben dem Ganzen eine Chance gegeben und dann hat es uns doch gut gefallen." So gut, dass sie sich final entscheiden, weiterzumachen, zu investieren und die Fischerei so umzugestalten, wie sie es sich vorstellen. „Mit dem, was wir uns hier jetzt geschaffen haben, sind wir sehr glücklich. Jeder von uns kann sich heute in Bereichen verwirklichen, die ihm liegen."

Zurück auf dem See legt Martin die geleerten Netze für den kommenden Fangtag zurück ins Wasser, so wie er es an den ersten vier Wochentagen immer macht. Nur freitags nimmt er sie mit nach Hause, um etwaige Schäden zu beseitigen und sich darin verfangenen Unrat zu entfernen. Sonntags werden die Netze für die neue Woche wieder ausgebracht. Nach etwa zweieinhalb Stunden kehrt er mit seinem Fang nach Hause zurück. Jetzt geht es richtig los. Nach der Ruhe auf dem See folgt geschäftiges Treiben. Viele Hände richten den fangfrischen Fisch für die Fischtheke und das Bistro her: schuppen, filetieren, marinieren.

Dass Martin mittlerweile nicht mehr ganz so früh auf den See fährt, ist auch den Modernisierungen zu verdanken, in die Verena und er investiert haben. „Im Sommer ging es früher gar nicht anders. Da musstest du um 4 Uhr losfahren, damit du alles geschafft hast, bis es richtig warm wurde. Fisch ist nun mal ein schnell verderbliches Lebensmittel", weiß Martin. Heute verfügt die Chiemseefischerei Stephan beispielsweise über einen klimatisierten Verarbeitungsraum, denn alle Produkte, die später auf dem Teller oder in der Theke landen, werden wie eh und je in reiner Handarbeit hergestellt. Das Räuchern der Fische über dem Rauch des offenen Feuers sowie das anschließende Filetieren übernimmt Verenas Mutter Bernadette, die nach wie vor eine wichtige helfende Hand und Stütze im Familienbetrieb ist. So hauchdünn, wie sie die Scheiben der Graved Lachsforelle schneidet, können es wohl nur wenige. Auch für das Bistro wird alles frisch gekocht.

Im Sommer landen hauptsächlich Renken im Netz – der Brotfisch der Berufsfischer und das kulinarische Aushängeschild des Chiemsees. Ein edler Fisch, der mit seinem hellen, zarten und aromatischen Fleisch in nahezu jeder Form schmeckt – gegrillt, gebraten, gebacken, geräuchert oder als Stockfisch. Anders als Forellen können Renken nicht in Becken gezüchtet werden. Der Schwarmfisch braucht Freiwasser und findet im Bayerischen Meer beste Bedingungen. „Was den Fischfang angeht, ist der Chiemsee eines der besten Reviere in Bayern", ist Martin überzeugt. „Wir haben den Vorteil, dass unser See nicht zu tief ist, einen sehr schnellen Wasseraustausch hat und wir guten Wind haben." Eineinhalb Jahre braucht es etwa, bis sich das Wasser des Chiemsees einmal erneuert hat. Der Wasseraustausch sowie die Durchmischung der tiefer und höher gelegenen Schichten ist elementar für ein funktionierendes Ökosystem, denn dabei verteilen sich die Nährstoffe gleichmäßig im gesamten See und schaffen beste Bedingungen für die enorme Vielfalt an Lebewesen. Als Fischer am Chiemsee hat man jedoch nicht nur Rechte, sondern auch Pflichten. „Wir sind beispielsweise dazu verpflichtet, die Vielfalt im See zu erhalten. So werden in unserem genossenschaftseigenen Bruthaus verschiedene Fischarten erbrütet und als kleine Setzlinge in den See entlassen", erklärt Martin. Besonders in den schlechten Jahren versucht man noch mehr aus dem Fang herauszuholen. „Das ist dann die positive Seite", findet Martin. „Bei der Verarbeitung versuchen wir, wirklich den ganzen Fisch zu nutzen und ihn hochwertig zu veredeln – also das Beste aus jedem Fisch zu machen." Im Fischbistro der Chiemseefischerei Stephan werden deshalb nicht nur Fischsemmeln oder Steckerlfisch – Klassiker, die besonders bei Touristen beliebt sind – angeboten, sondern auch Renken-Matjes, Fischgulasch, Fischsuppe oder saisonal zubereitete Fischfilets. Ein neu hinzugekommenes Highlight sind sicherlich die Dry-aged-Fische, also solche, die im Trockenschrank gereift werden. Freitags jedoch ist und bleibt die Küche ganz traditionell, denn dann ist der seit Jahrzehnten allseits beliebte Backfischtag. „Entstanden ist der eigentlich ein bisschen aus der Not heraus", verrät Verena. „Die Weißfischarten wie Mairenke, Rotauge, Rotfeder oder Brachse haben viele Gräten und sind daher bei den Kunden eher unbeliebt. Deshalb haben meine Eltern sich entschieden, diese Fische einmal die Woche als Backfisch zu verkaufen." Heute ist es für viele Kunden die Lieblingsmahlzeit der Woche. Die Fischtheke ist je nach Fang mit täglich wechselnden Angeboten bestückt. Beinahe ganzjährig ist die Chiemseerenke erhältlich – fangfrisch oder geräuchert, im Ganzen oder als Filet, als Matjes, Backfisch oder im Fischsalat nach Hausfrauen-Art. Auch die Chiemsee-Brachse geht den Fischern häufig ins Netz. Seltenere Beimenge sind Zander, Barsch, Hecht, Rutte, Schlei, Karpfen, Haseln oder Seeforellen. Daneben bietet die Familie Stephan auch hochwertige Forellen, Lachsforellen und Saiblinge von Teichwirten aus der Region an. Wer sich bezüglich der Zubereitung des Fischs nicht ganz sicher ist, dem verraten die Stephans gerne ihre altbewährten Tipps.

Die meisten Fischereibetriebe rund um den See fokussieren sich anders als die Chiemseefischerei Stephan auf den Tourismus. „Das ist wohl hauptsächlich der Lage geschuldet", erklärt Martin. „Wir sind die einzigen, die nicht direkt am See liegen." Der Grund liegt zwei Generationen zurück: Verenas Großvater Max und dessen älterer Bruder Hans haben sich beide dem Fischerhandwerk verschrieben. Da Hans als erstgeborener Sohn den elterlichen Betrieb in Osternach fortführte, siedelte der jüngere Max Stephan in den Priener Ortsteil Bruck um. Auch heute betreibt die Familie hier noch ihren Fischverkauf sowie das Bistro.

Daran, dass die Chiemseefischerei Stephan besonders bei den Einheimischen beliebt ist, hat aber sicherlich auch Engelbert, Verenas Vater, einen großen Anteil. Über Jahrzehnte hinweg hat der kommunikative und bestens vernetzte Fischer sich nicht nur ums Fischen, sondern auch um das Wohl der Gäste des Fischbistros gekümmert. „Wir sind über die Jahre hinweg für viele unserer Kunden ein beliebter Treffpunkt geworden, und das macht unseren Beruf besonders schön", freut sich Martin. „Wir bringen Menschen zusammen, geben ihnen einen Ort zum Treffen und Ratschen, und natürlich kennen wir mittlerweile viele Kunden persönlich." Die enge Bindung zeigt sich immer wieder in kleinen Gesten. „Es ist ein schönes Gefühl, dass die Leute einem immer wieder zeigen, dass sie froh sind, dass es so etwas wie uns gibt. Das geht weit über das reine Einkaufen hinaus. Sie freuen sich, kommen gerne zu dir und wissen deine Arbeit zu schätzen." Die positive Resonanz zeigt Verena und Martin, dass sie den richtigen Weg eingeschlagen haben – wenn auch ungeplant.

Heute verbindet Verena mit dem Chiemsee Freiheit und Verpflichtung gleichermaßen. „Ich habe schon einen relativ sachlichen Blick auf den See", gesteht sie. „Natürlich sind wir im Sommer auch gerne einmal beim Baden oder Segeln, aber es gibt auch Jahre, in denen ich den See nur zum Arbeiten sehe. Er sichert unsere Lebensgrundlage – unsere Existenz beruht auf dem See und der Fischerei. Aber er ermöglicht uns dadurch auch ein gewisses Maß an Freiheit." Die Fischerei ist für sie Tradition, der See ein Teil ihrer Familie. „Wir alle, unsere gesamte Familie ist so eng damit verbunden – das alles ist eins. Alles, was ich für meine Familie empfinde, verbinde ich auch mit der Fischerei und dem See: Liebe, Dankbarkeit, aber auch Ungewissheit, stürmische Zeiten, Herausforderung."

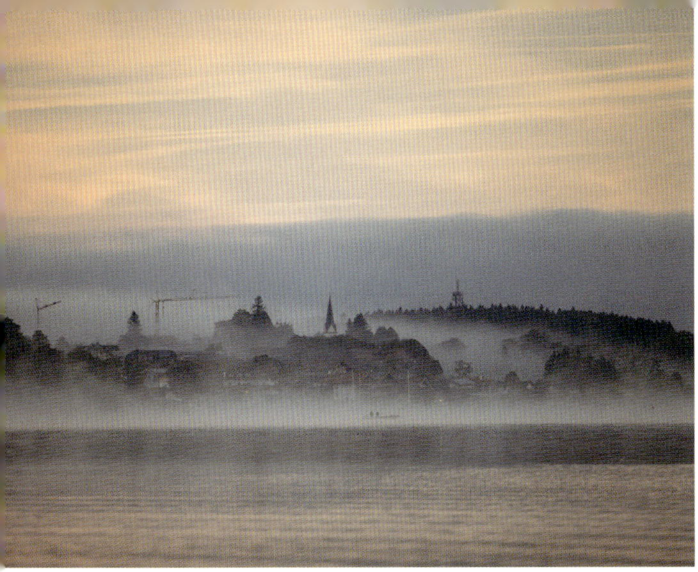
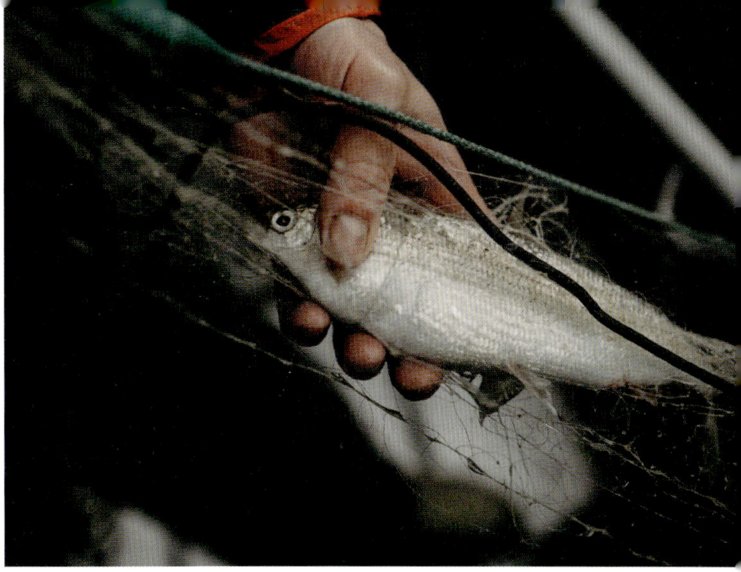
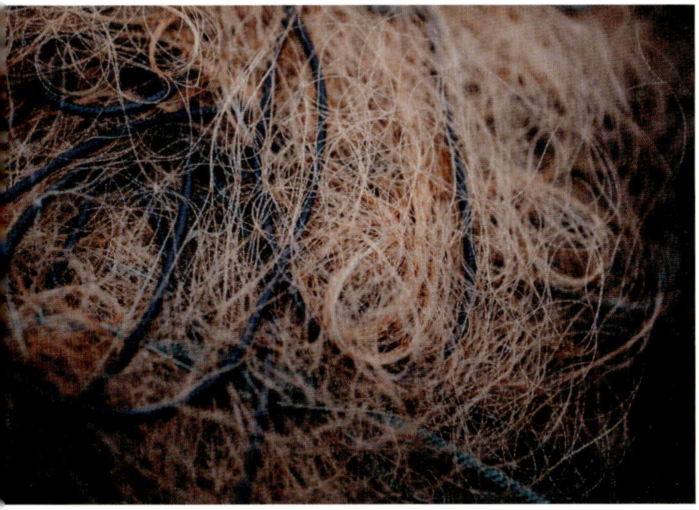
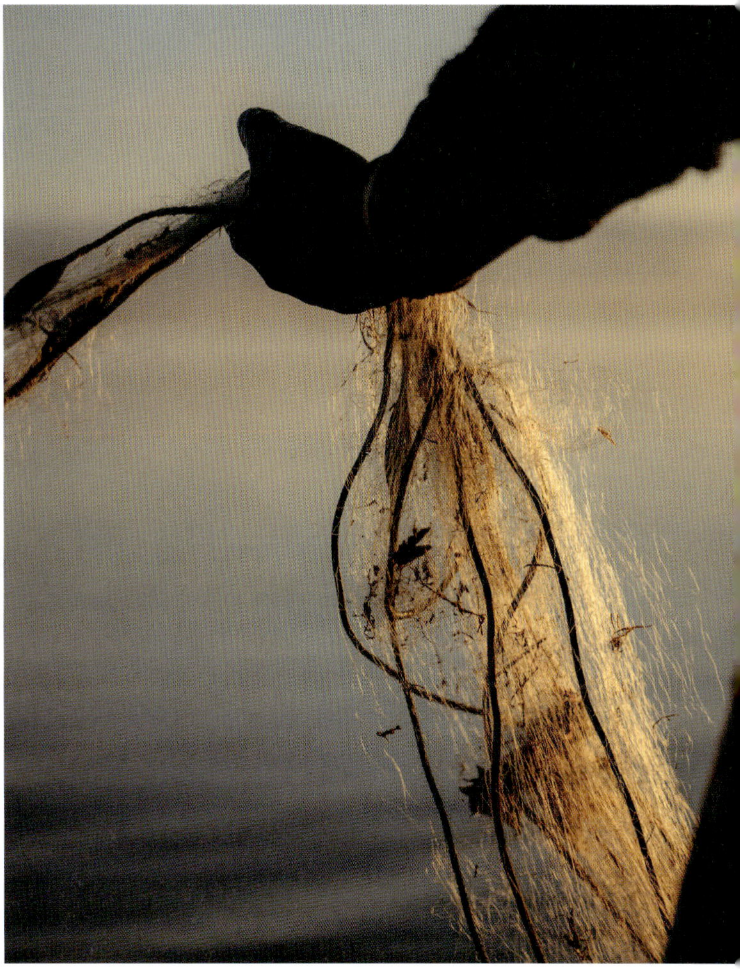
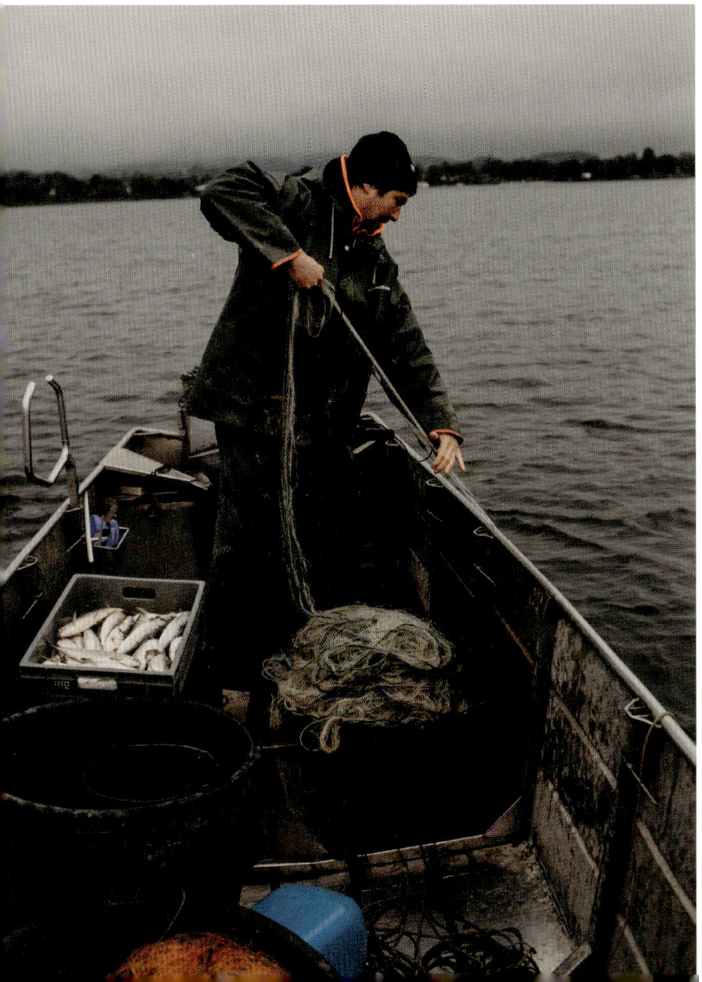
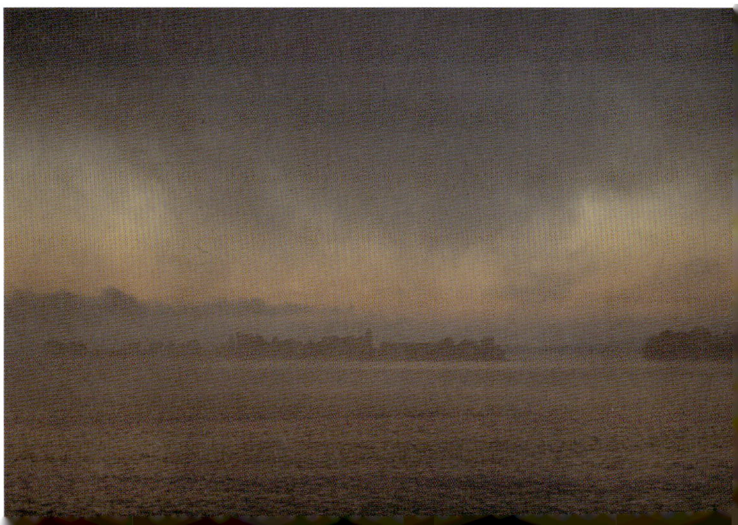

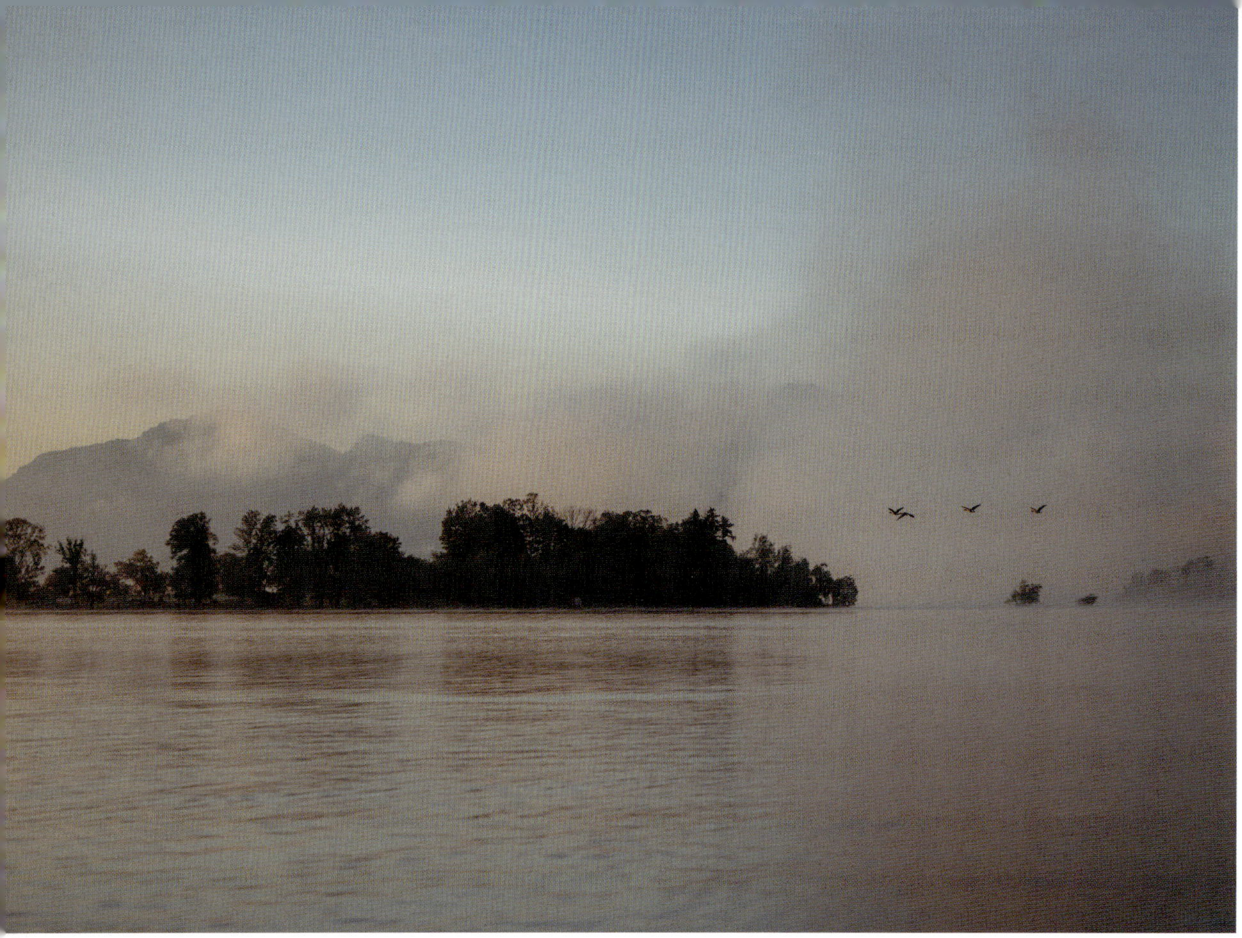

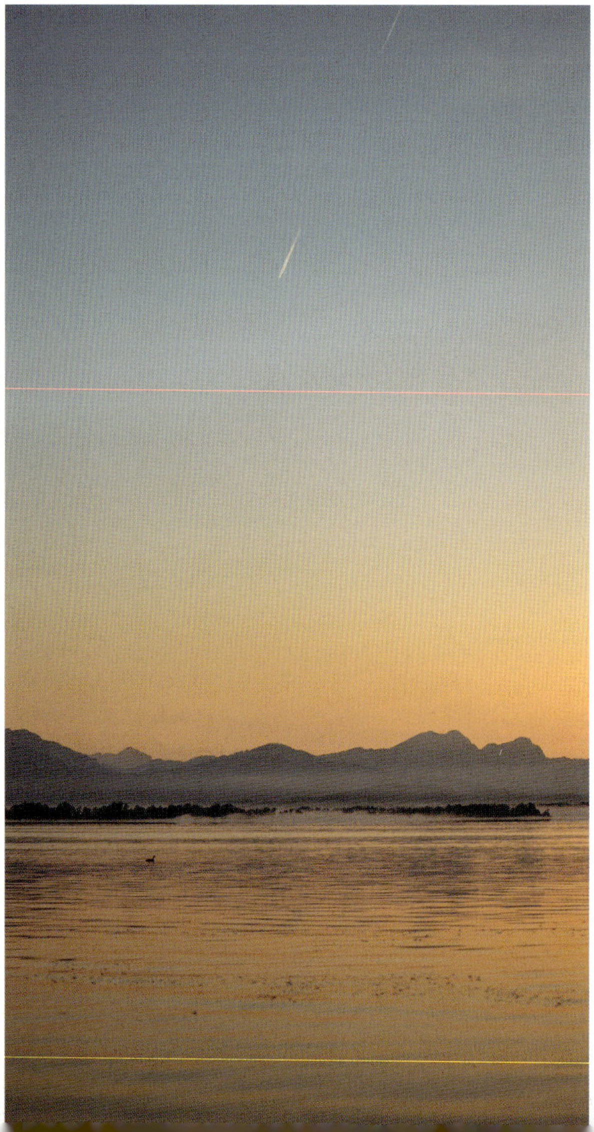

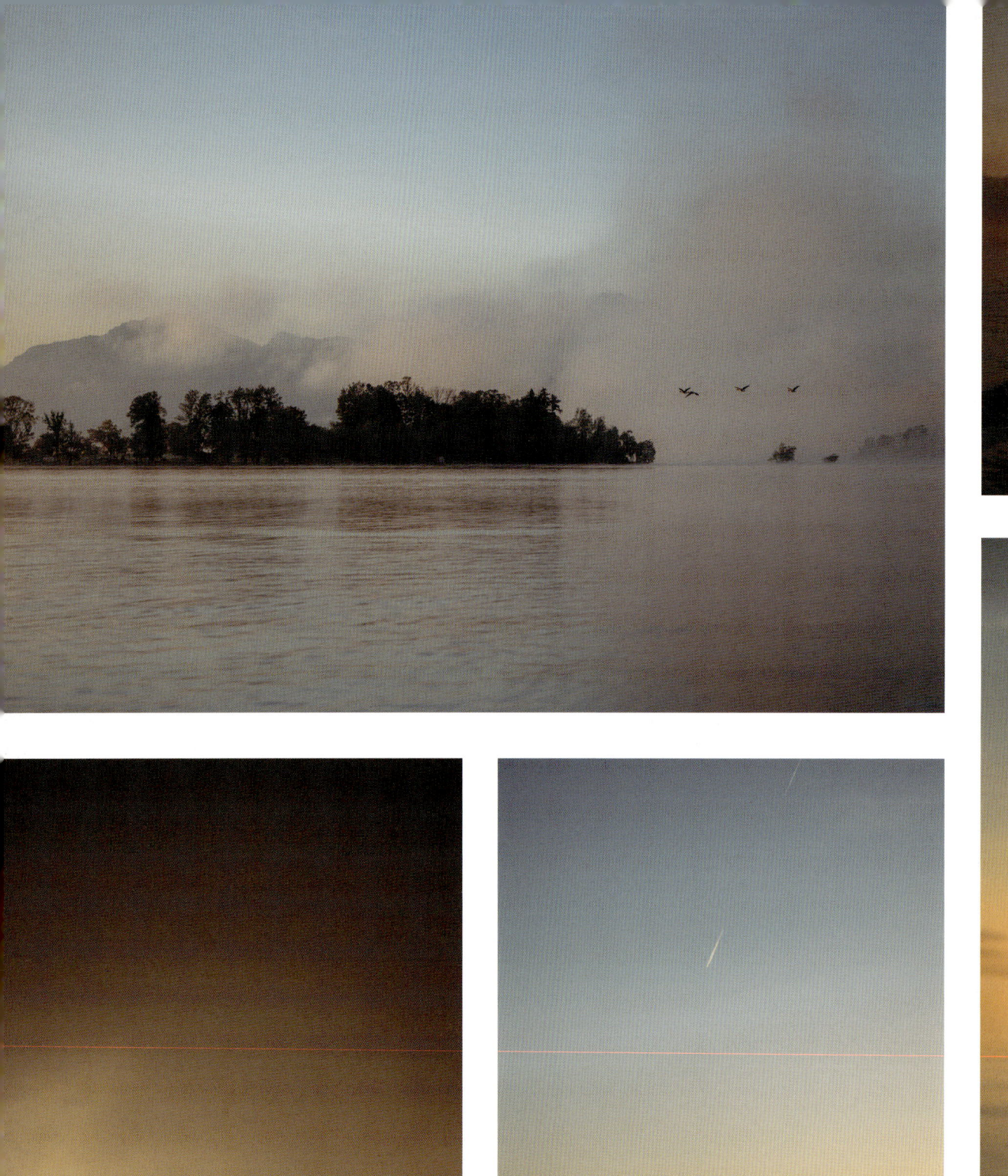

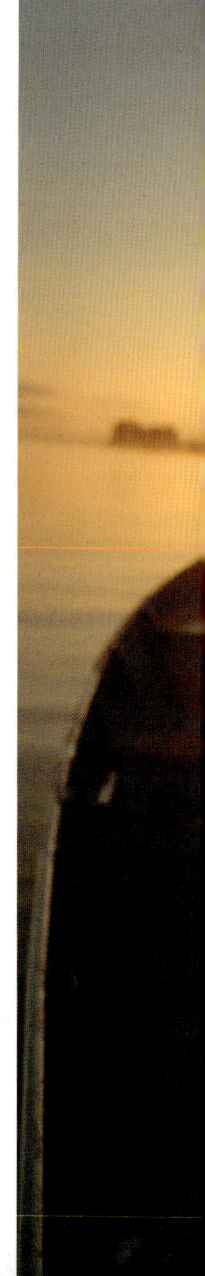

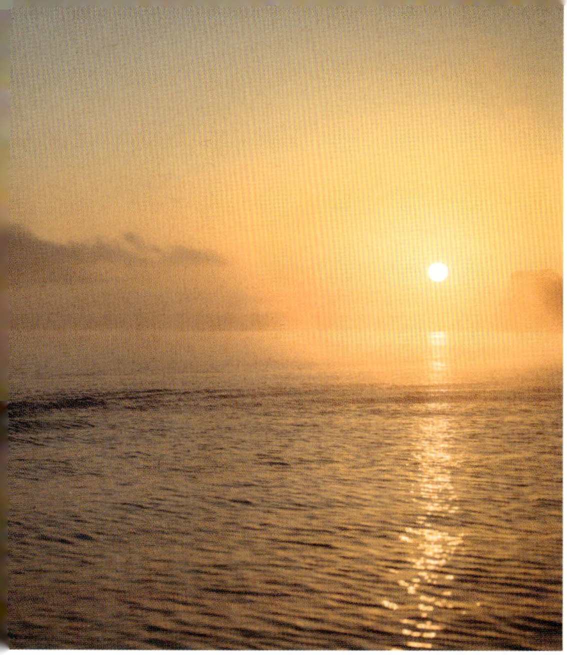
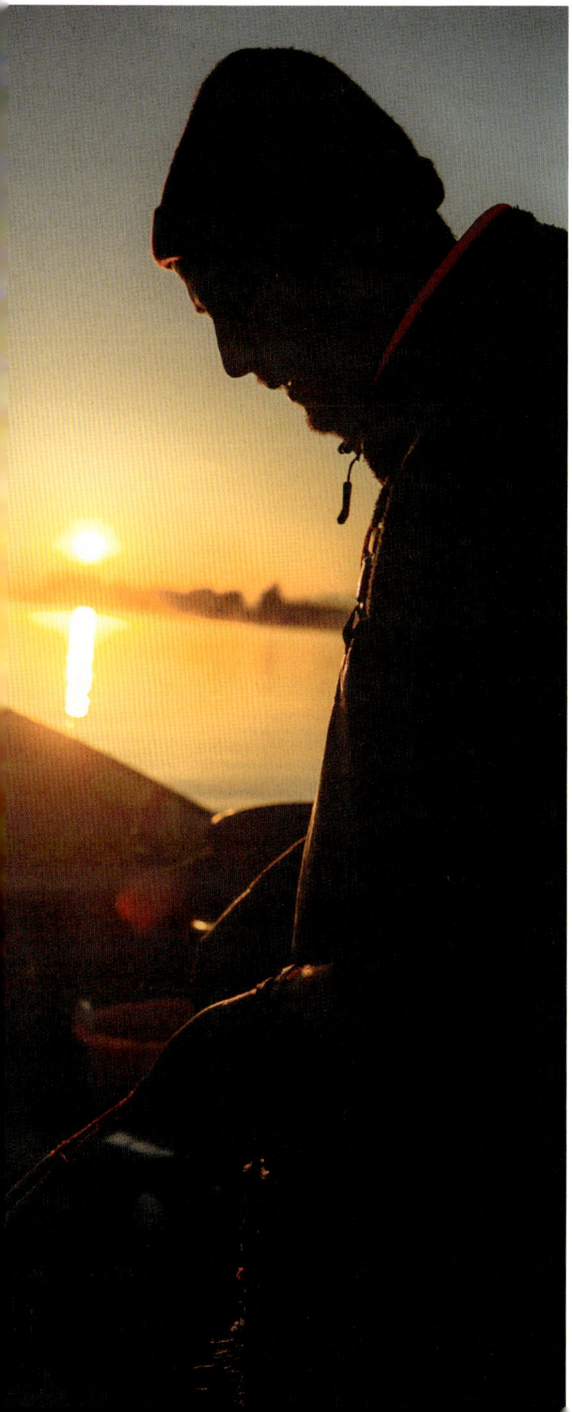
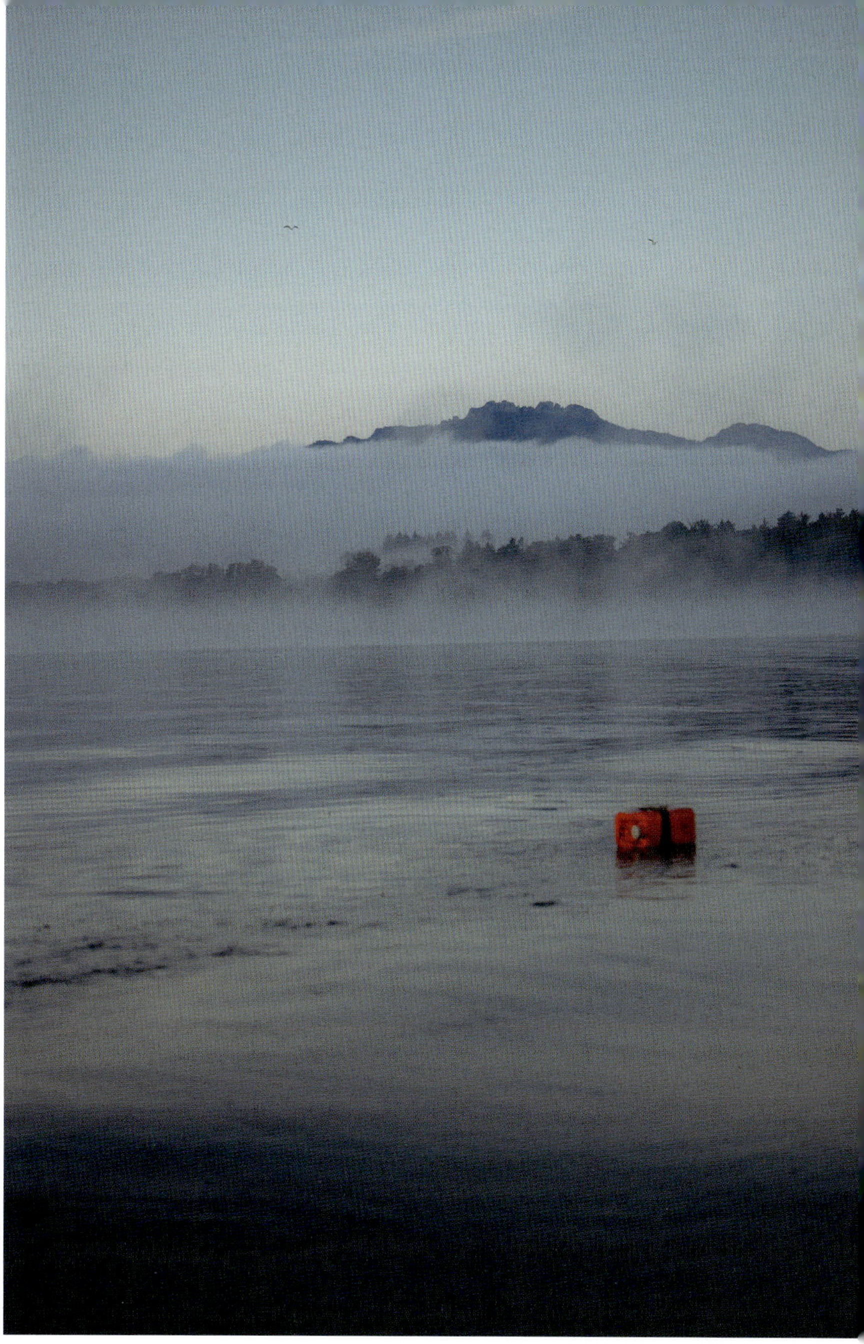
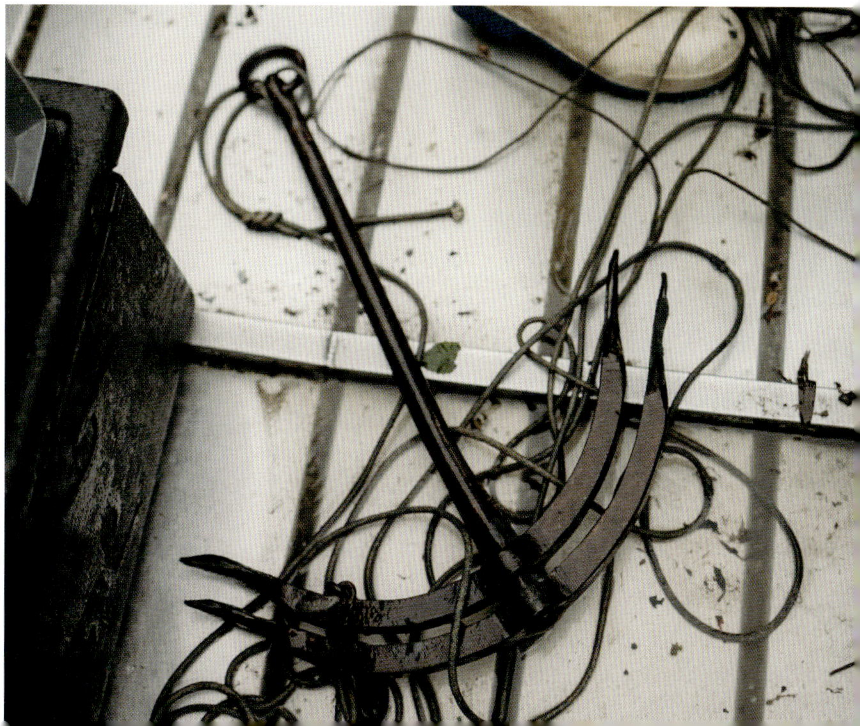

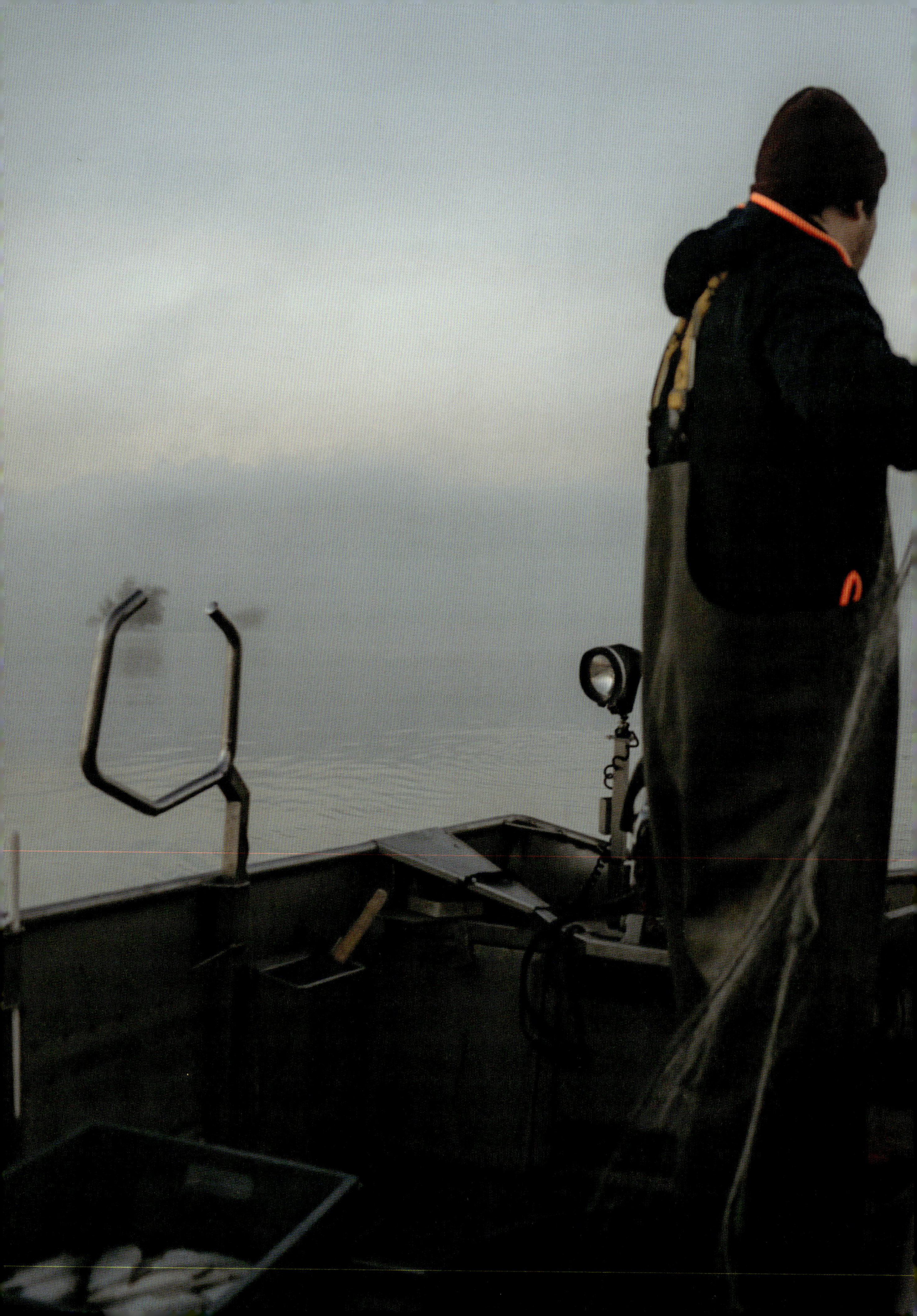

Fischereigenossenschaft Chiemsee

Ein Handwerk mit jahrhundertealter Tradition: Fischfang. Rund um das Bayerische Meer halten noch 16 Familien das Fischereihandwerk lebendig – oft seit vielen Generationen. Zusammen bilden sie die 1850 gegründete Fischereigenossenschaft Chiemsee. Der Verbund legt die Reglements für einen nachhaltigen Fischfang am Chiemsee fest, sichert den Fischbestand für die Zukunft und erhält – unter anderem mit seiner Fischbrutanstalt – die Artenvielfalt. 100 Millionen Renkenbrütlinge werden dort beispielsweise jede Saison vorgezogen, damit sie im Frühjahr beim Entlassen in den See bessere Überlebenschancen haben.

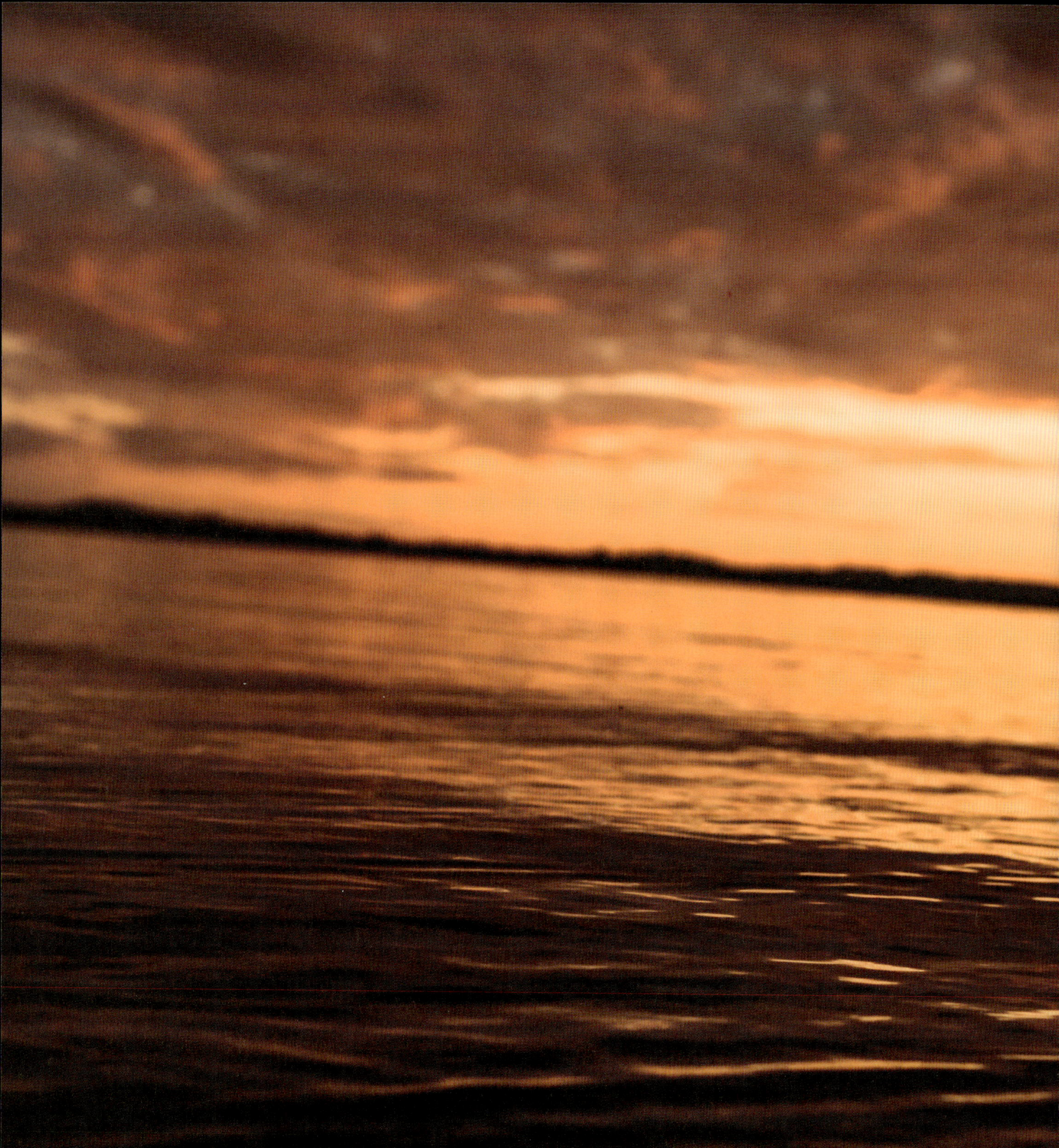

ZANDER

Mit seiner stacheligen Rückenflosse sticht der Zander besonders optisch hervor. Und auch sonst ist er nicht gerade typisch für die Familie der Barsche. Mit seinem langen, schlanken Körper sowie seinem Jagdverhalten ähnelt der Zander eher dem Hecht. Vor allem kleineren Fischen stellt er mit den langen, spitzen Fangzähnen in seinem Maul nach. Seine Gier lässt ihn dabei relativ schnell wachsen. Zwischen 40 und 130 Zentimeter lang und bis zu zehn Kilogramm schwer werden Zander im Durchschnitt. Die Färbung des Fisches ist grünlich-grau. Dunkle, am Rücken verlaufende Fleckenreihen, die sich auch über Flossen und Schwanz fortsetzen, verzieren ihn mit einem interessanten Muster. Zum Bauch hin wird er silberweiß. Das Beste des blitzschnellen Jägers, der trübe Gewässer bevorzugt, ist wohl sein Fleisch: Der Zander besticht mit einem festen, weißen, mageren Fleisch mit mildem Geschmack. Das Filet ist zudem grätenarm und lässt sich bestens braten oder dünsten.

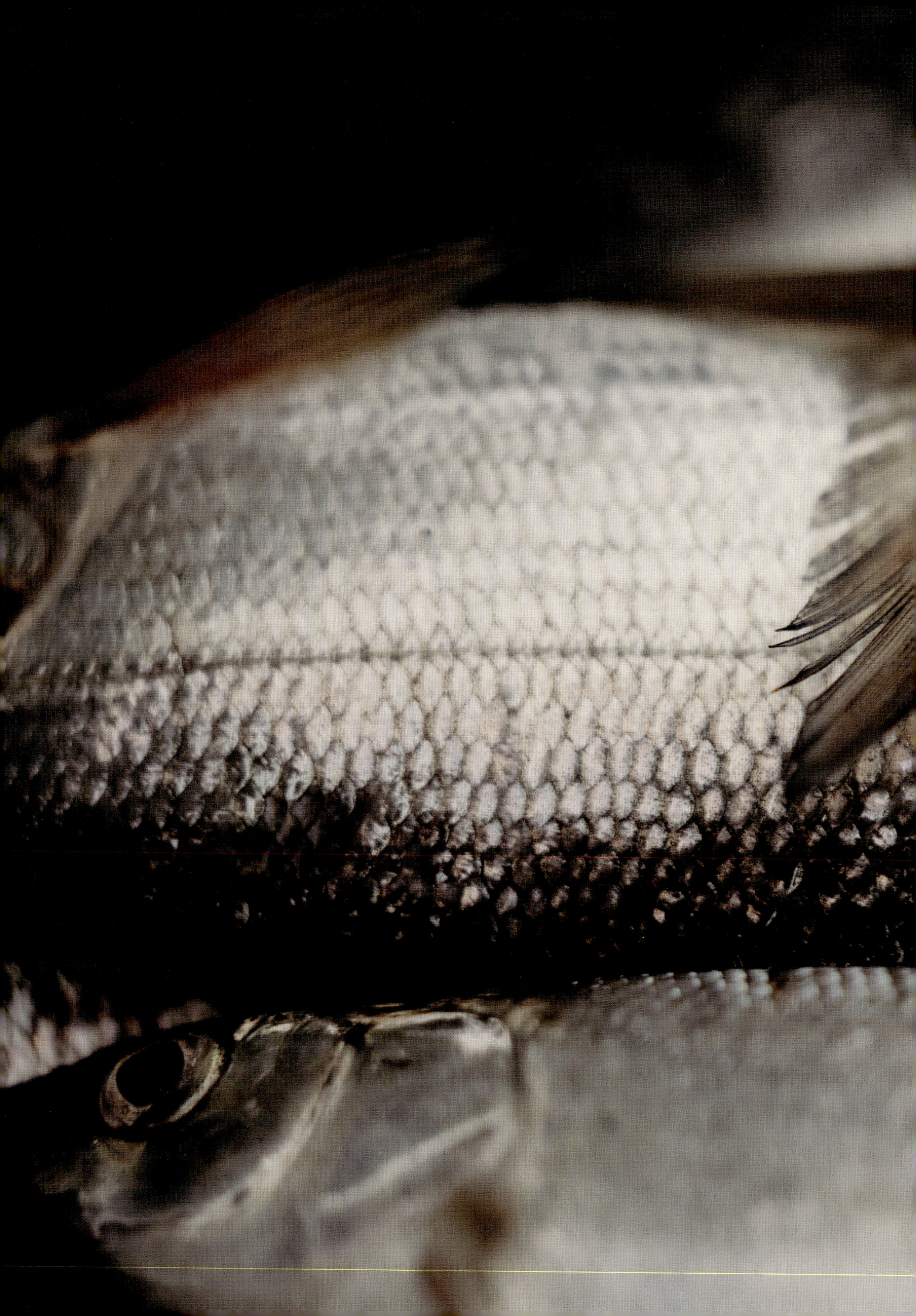

Fisch richtig filetieren

Das Filetieren von rohem Fisch erfordert Präzision und Geschicklichkeit – insbesondere bei der Renke, da der Knochen relativ zart ist und es etwas Übung braucht, um die Filets sauber und effizient zu schneiden. Mit diesen Tipps lässt sich das Chiemseegold einfach filetieren:

VORBEREITUNG

Zunächst den Arbeitsbereich gründlich reinigen. Die Renke unter kaltem Wasser abwaschen und sorgfältig trocknen. Zum Filetieren ein scharfes Filetiermesser verwenden.

SCHUPPEN, KOPF & FLOSSEN ENTFERNEN

Die Renke mit dem Rücken nach oben auf das Schneidebrett legen. Falls noch vorhanden, die Schuppen mit einem Fischschupper oder dem Messerrücken entfernen. Wenn gewünscht, den Kopf der Renke abschneiden. Die Flossen mit einer scharfen Schere entfernen.

SCHNEIDEN DER FILETS

Hinter den Kiemen der Renke einen Einschnitt bis zur Mittelgräte machen. Das Messer nun horizontal drehen und die Klinge entlang des Rückgrats zur Schwanzflosse führen. Dabei einen Längsschnitt an der oberen Seite der Renke machen und das Messer so nah wie möglich am Knochen halten, um möglichst viel Fleisch zu erhalten. Wurde das Messer bis zur Schwanzflosse geführt, das Filet anheben und von der Haut abschneiden, wobei das Messer flach zwischen Fleisch und Haut gehalten wird. Die Renke umdrehen und das zweite Filet analog schneiden.

ENTFERNEN DER GRÄTEN, TRIMMEN DES BAUCHLAPPENS, REINIGEN

Die ausgelösten Filets auf verbleibende Gräten überprüfen und diese vorsichtig mit einer Pinzette oder einer Grätenzange entfernen. Fettränder bei Bedarf abschneiden, um ein gleichmäßiges Filet zu erhalten. Abschließend die Filets sorgfältig reinigen und wie gewünscht weiterverarbeiten.

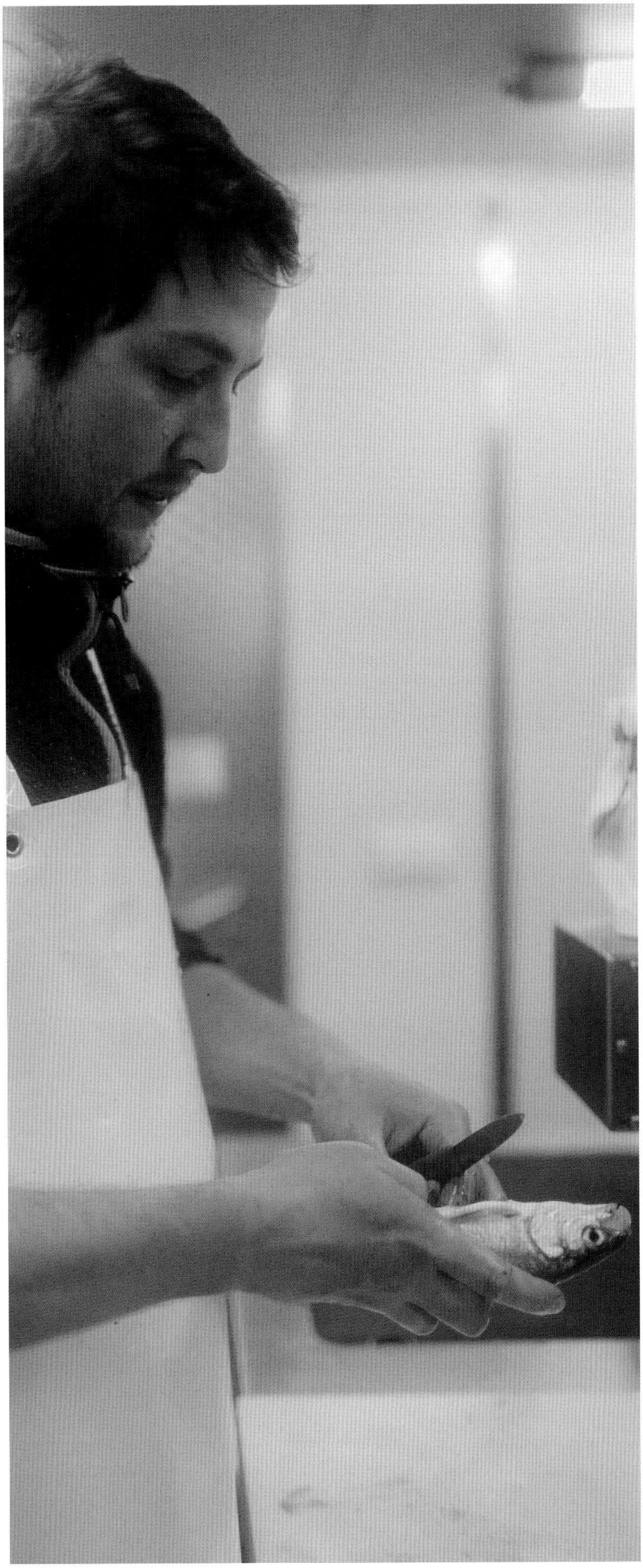
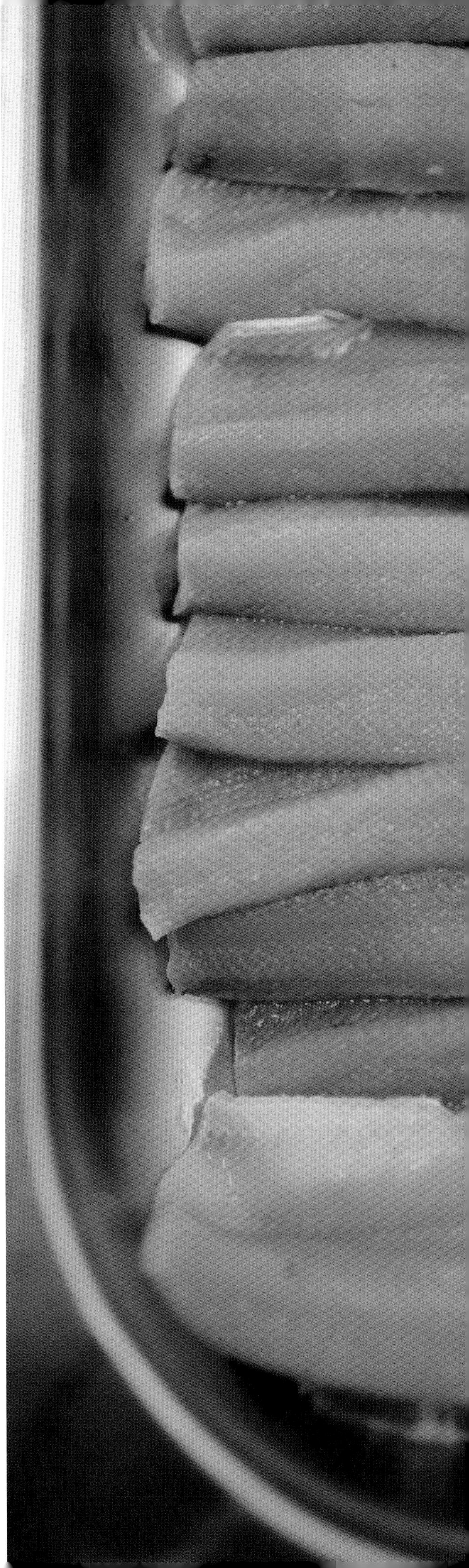

Inselsommer

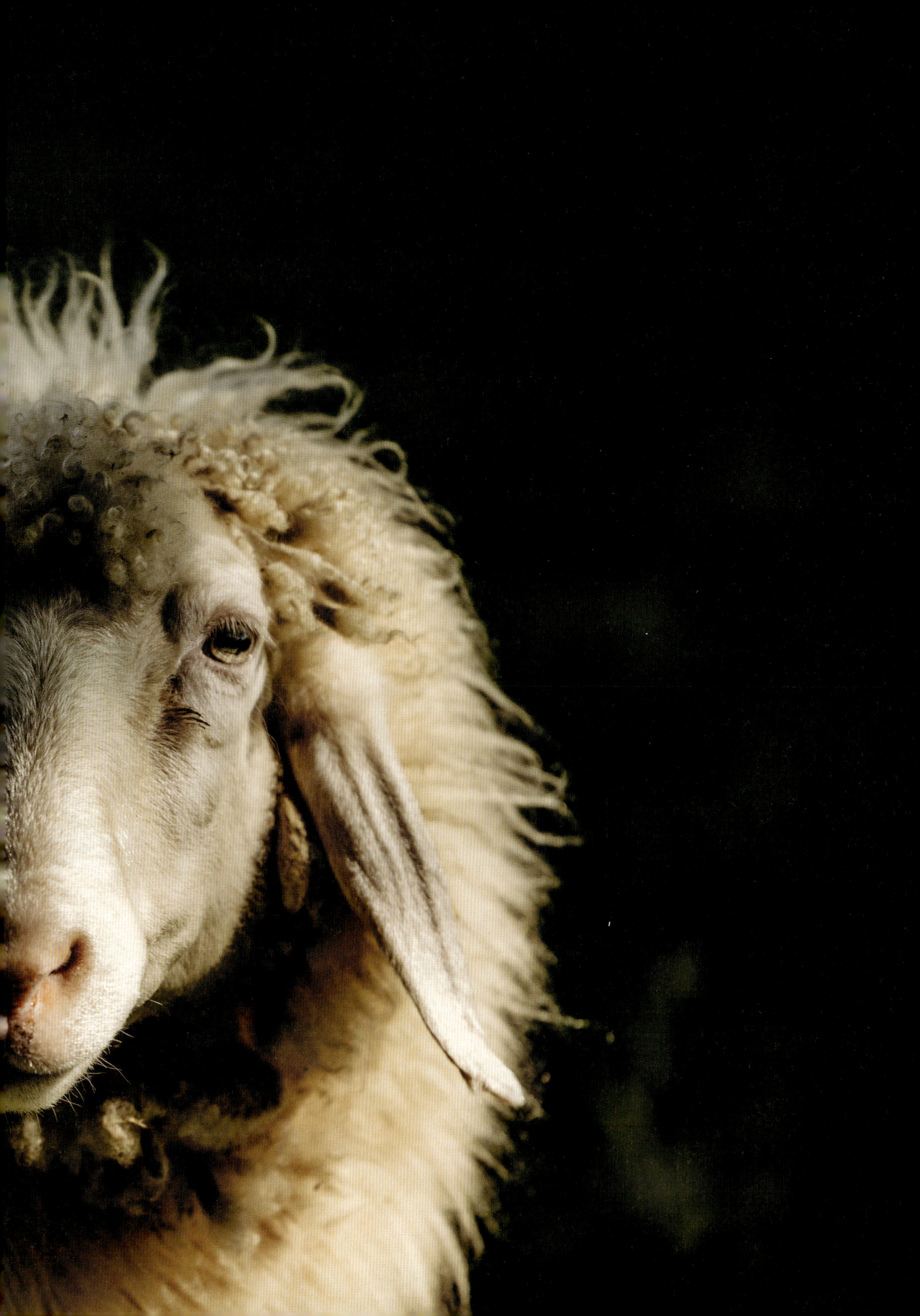

SCHÄFERIN
CHRISTINE PERL

1999 muss es wohl gewesen sein. Da haben die einen mit den einen geredet und die anderen mit den anderen und dann ist eins zum anderen gekommen – wie es eben oft so ist, auf dem Land. Und so gab es irgendwann Schafe auf der Krautinsel. Seit drei Generationen pachtet Christine Perls Familie das Eiland mittlerweile Jahr für Jahr von der Gemeinde für die Landschaftspflege. Die ersten Tiere hatte der Opa schon Mitte der 80er-Jahre angeschafft, damals, als die Milchviehwirtschaft aufgegeben wurde. Seit 1999 ist der Hof ein zertifizierter Biobetrieb, 2017 hat ihn Christine von ihrer Mutter übernommen.

Die Herde ist mittlerweile bunt gemischt. Im wahrsten Sinne des Wortes. „Ich stehe einfach auf bunte Schafe", lacht Christine. „Die Optik spielt schon eine Rolle bei mir. Man muss zwar ein bisschen aufpassen, denn ich züchte ja auf Fleisch und Lämmer. Deshalb habe ich hauptsächlich schwarze, weiße und braune Bergschafe mit einem Schwarzkopfbock drüber. Mittlerweile sind trotzdem schon einige Raritäten dazugekommen", erzählt die Schäferin. So etwa die beiden Coburger-Fuchs-Mädels oder die sechs Jura-Schafe – schwarz und elbfarben –, die sich die Schäferin zum Geburtstag geschenkt hat. Manchmal kommt es eben doch auch auf das Äußere an. „Und heuer habe ich mir einen weißen Tiroler Bergschafbock gekauft, den Hasi", lacht sie wieder. Die Namen sind meist eine spontane Eingebung. „Ich schau mir die Schafe einfach an und denke, ja, das ist jetzt eine

Leni oder das hier, das ist eine Sissi." Auch wenn jedes Schaf irgendwie einen eigenen Charakter hat, hat nicht jedes einen Namen. „Bei gut 80 Schafen ist das einfach nicht umsetzbar. Aber ich finde, wenn ich in die Herde schaue, da kenne ich schon einige heraus, auch ohne dass ich die Nummer sehe."

Ihr Wissen rund um die Schafhaltung hat Christine in erster Linie von ihrer Mama und ihrem Opa. „Ich bin schon damit aufgewachsen. Und später habe ich dann auch viel mitgearbeitet bei meiner Mama." Über die Jahre hat die Schäferin zudem einige Seminare besucht – von der Klauenpflege bis hin zum Geburtskurs für Schafe. „Es hat mich einfach interessiert und man lernt eigentlich immer noch etwas Neues dazu." Auf die Schnelle tauscht sie sich im Alltag auch mit anderen Schäferkollegen aus. „Und ansonsten springe ich gerne ins kalte Wasser", gesteht sie. „Auch wenn jeder sagt, das kannst du nicht machen, das geht nicht gut, dann muss ich es trotzdem probieren. Ich muss das selbst erfahren, ob es geht oder nicht. Vorher glaub ich es oft einfach nicht. Learning by doing quasi." So lernt es sich aber auch oft am nachhaltigsten.

Von ihren rund 80 Schafen darf etwa ein Drittel den Sommer auf der Krautinsel verbringen. Ein weiteres Drittel weidet einen alten Deponiehügel bei Raubling ab, der Rest grast in einem Solarpark. „Ich schaue schon immer, dass ich für die Insel Schafe erwische, die keine kleinen Lämmer haben und auch nicht trächtig sind. Die habe ich lieber in der Nähe", erzählt Christine. „Doch immer funktioniert das leider nicht." Und so kommen jedes Jahr auch einige Lämmer auf dem Eiland inmitten des Bayerischen Meeres zur Welt. Dreimal pro Woche fährt Christine auf die Krautinsel. Bis vor Kurzem hat diese Aufgabe noch der Opa übernommen. Doch mit seinen 82 Jahren ist er nun nicht mehr ganz so fit. „Jetzt muss ich das machen. Auch wenn ich überhaupt nicht gerne mit dem Boot fahr.", verrät Christine. An den Tagen, an denen die Schäferin nicht auf die Insel kommt, wird sie von zwei netten Herren von der Fraueninsel unterstützt, die sowieso jeden Tag hinüber rudern. „Es ist schon so ein bisschen ein Gemeinschafts-projekt. Wenn ich es mal nicht auf die Insel schaffe, weiß ich doch, dass es den Tieren gut geht, weil immer irgendwer ein Auge drauf hat. Das ist so ein schöner Zusammenhalt. Jeder schaut auf jeden, und das ist, finde ich, in der heutigen Zeit schon etwas besonderes. Und da bin ich auch ein bisschen stolz drauf, dass wir das haben." Ansonsten hat sie auch ihre Telefonnummer an den kleinen Holzhütten auf der Insel hängen, falls jemandem etwas auffällt. „Eh klar, dass mit dieser Telefonnummer schon so einige lustige Geschichten passiert sind", sagt Christine lachend.

Wie ein Miniurlaub vom Alltag sind für die Schäferin die Ausflüge zur Insel. „Wenn du ins Boot steigst und losfährst, dann lässt du alles andere am Festland. Oft fahren wir erst am Abend zum Nachschauen und versuchen das Wochenende und Zeiten zu vermeiden, an denen viele Leute am See sind. Und dann genießen wir die Ruhe." Ab und an macht die Familie auch einen gemeinsamen Tagesausflug daraus. „Wir müssen auf der Insel ja auch mähen und Disteln und Brennnesseln entfernen. Also die Landschaftspflege übernehmen, die die Schafe und Ziegen nicht schaffen, damit die Weidefläche bestehen bleibt", erklärt sie. Und was gibt es da Schöneres, als zwischendurch ein Picknick zu machen oder zur Abkühlung in den See zu springen? „Wenn du dann ein bisschen rausschwimmst, die Fraueninsel siehst und die Berge – das ist schon schön. Und wenn du noch ein bisschen weiter rausschwimmst und auf die Krautinsel schaust, dann denk ich mir schon oft, was ist das nur für ein besonders schönes Fleckerl Erde", schwärmt Christine.

Wenn das Boot der Familie auf der Insel anlegt, dauert es nicht lange und schon sind sie umringt von blökenden Schafen. Die rund 20 Mutterschafe, der Bock und die drei Ziegen wissen genau, dass ihre Schäferin immer ein paar Leckerbissen dabei hat. Aber auch anderen Krautinsel-Besuchern luchsen die aufdringlichen Tiere hier und da die Brotzeit ab. „Ich sehe es zwar nicht gerne, wenn die Leute die Schafe füttern, aber verhindern kann ich es nun mal nicht. Sie bekommen bestimmt auch Sachen, die

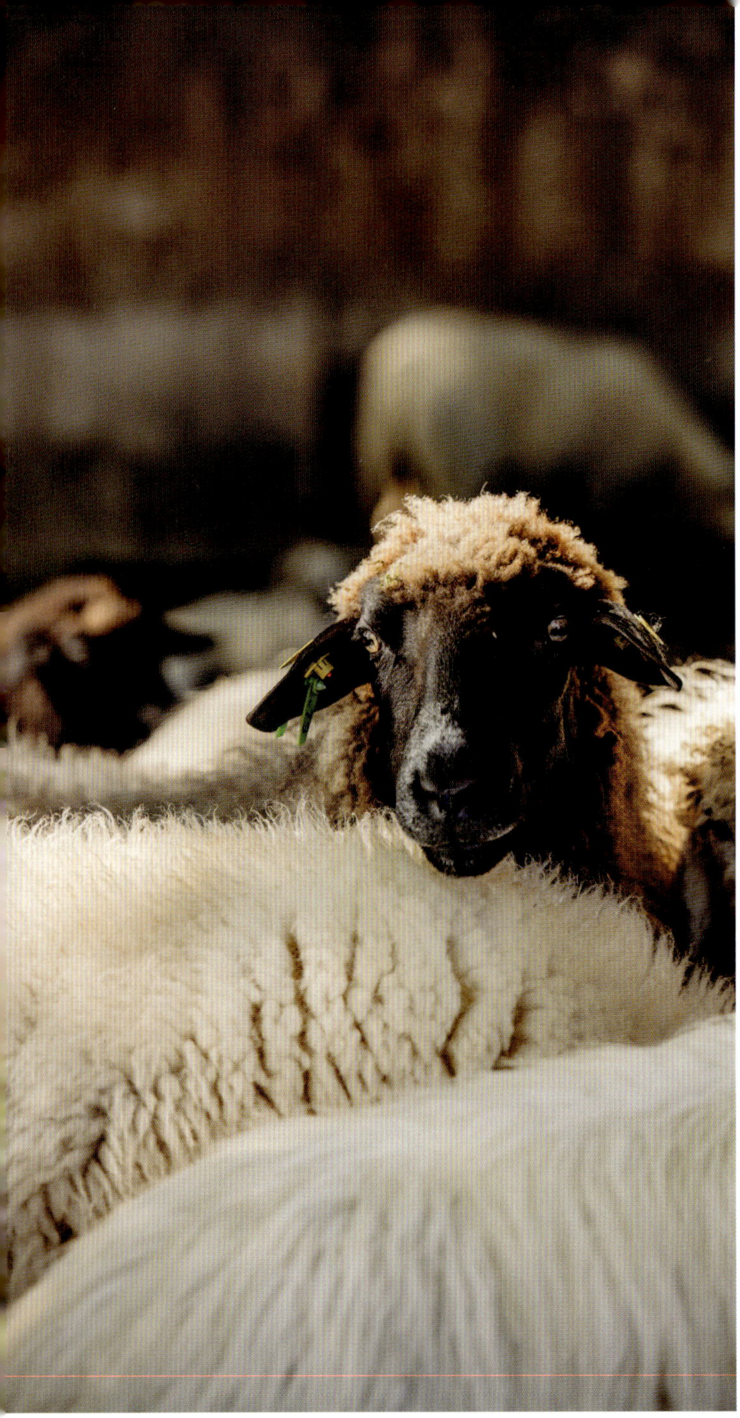
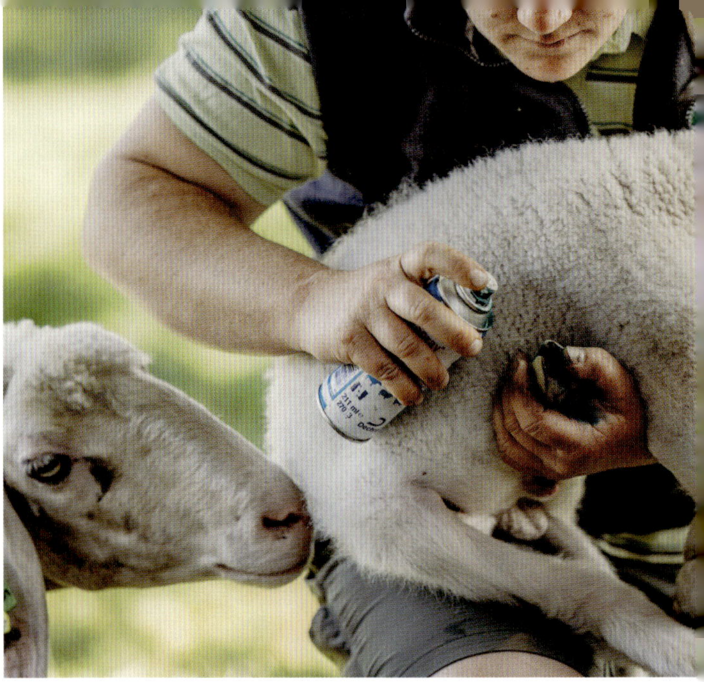
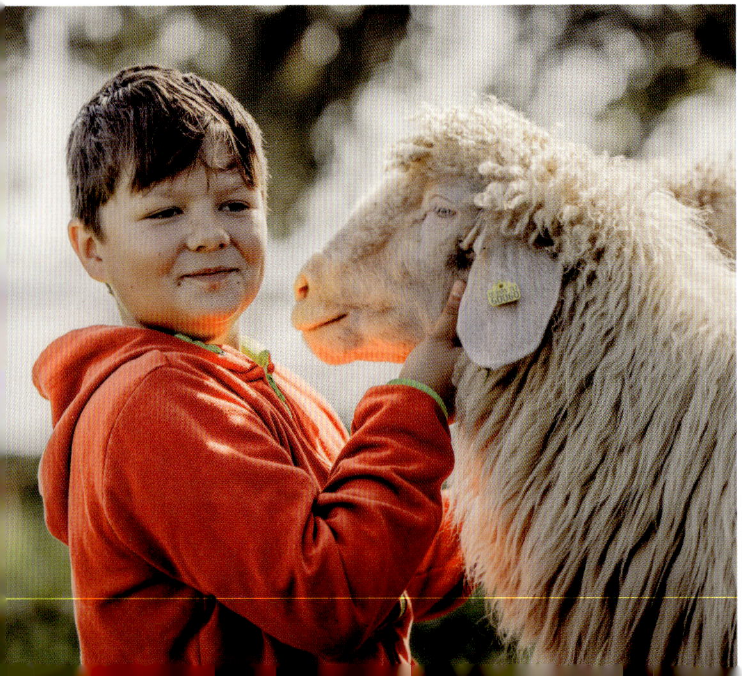
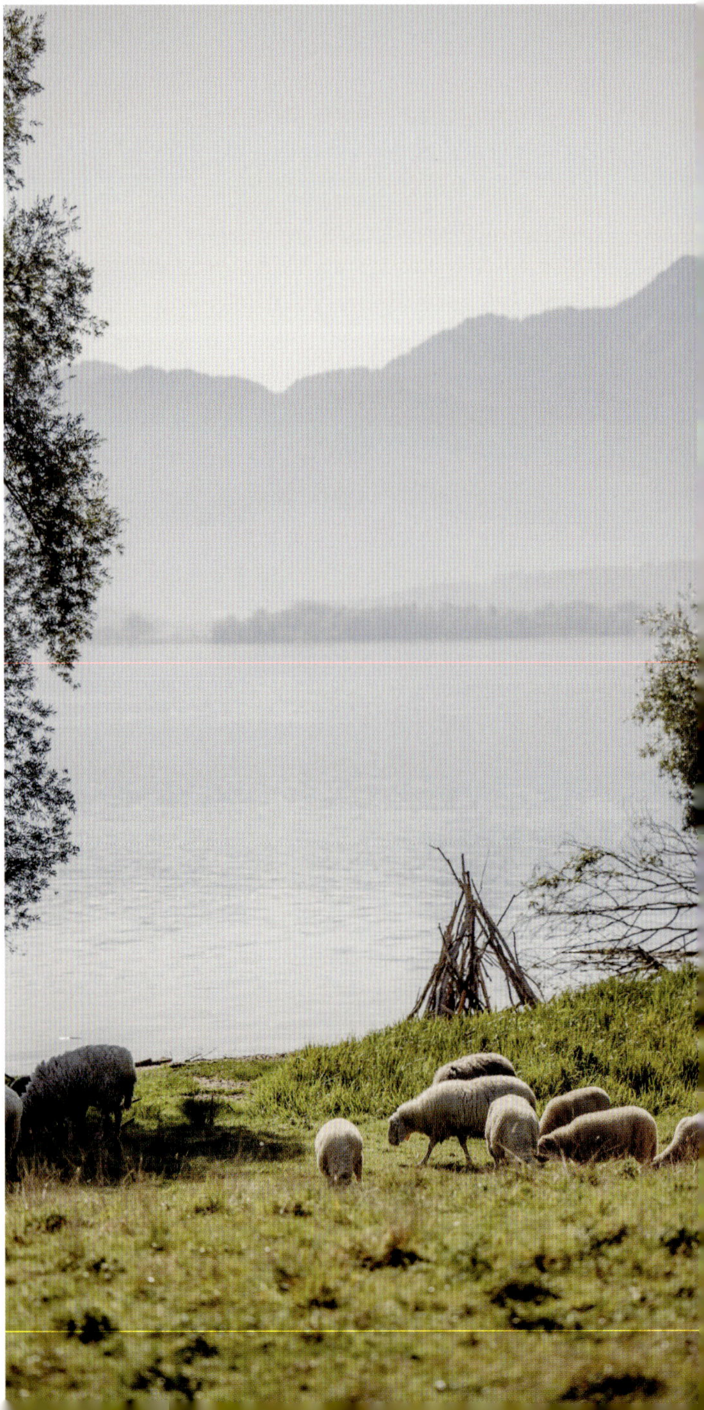

nicht wirklich für sie geeignet sind, aber bis jetzt hat den Schafen zum Glück noch nichts gefehlt", erzählt Christine. Bei ihren Besuchen auf der Insel zählt sie die Tiere durch und schaut, ob alle fit sind. „Ein paar meiner Lieblinge kommen dann auch wirklich zum Schmusen und Streicheln", freut sich die Schäferin. „Wenn du gut mit den Schafen umgehst, dann geben die dir zu viel zurück. Deshalb arbeite ich so unheimlich gern mit denen." Für alle Fälle hat sie Entwurmungsmittel und Ausrüstung zur Klauenpflege dabei. Bereitet ihr ein Schaf größere Sorgen, nimmt sie es mit nach Hause.

Der Inselsommer beginnt für die Schafe meist Ende April – je nachdem, wie das Gras wächst. Bis Anfang November dürfen sie dann die frische Seeluft, die leckeren Kräuter und vor allem die Sicherheit der Krautinsel genießen. „Auf der Insel, da weiß ich meine Schafe in Sicherheit, denn da schwimmt kein Bär und kein Wolf rüber. Ich habe das Gefühl, dass sie hier gut aufgehoben sind, ein schönes Platzerl haben und dass es ihnen gut geht." Nur vor dem ein oder anderen Menschen oder den Naturgewalten ist man nicht gefeit. Aber das ist überall so.

Erlebt hat Christine mit ihren Schafen schon vieles. Ein Stichwort: Niedrigwasser. „Das muss vor drei oder vier Jahren gewesen sein.", erzählt die Schäferin. „Da hat es das ganze Jahr schon nicht viel geregnet und der See hatte wahnsinnig wenig Wasser." Richtung Herbst telefoniert Christine immer wieder mit dem Fährmann, der die Tiere normalerweise mit der Fraueninsel-Fähre von Gstadt auf die Krautinsel und zurück transportiert. „Und irgendwann, da war es schon Anfang November, da sagt er, wenn es jetzt nicht bald regnet, kannst du die Schafe nicht holen. Das war Anspannung pur." Bis Mitte November hat Christine gehofft und gebangt – vergebens. Das Wasser war so flach, dass die Fähre nirgends anlanden konnte. Ein Plan B musste her. „Wir sind noch einmal auf die Insel gefahren, haben uns beratschlagt und ein paar Tage später haben wir die Aktion gestartet. Es ist uns einfach nichts anderes übrig geblieben." Christines Schwager ist also mit dem Bulldog samt Viehanhänger per Fähre nicht wie gewohnt auf die Krautinsel, sondern auf die Fraueninsel gefahren. Der Rest der Familie sowie zahlreiche Freunde sind zu den Tieren. „Wir haben die Schafe gepfercht und dann jeweils zu dritt, zu viert mit unserem kleinen Boot auf die Fraueninsel gefahren.", erinnert sich die Schäferin. „Boot für Boot. Hin und her. Wir haben ihnen zwar die Füße zusammenbinden müssen, damit sie nicht ins Wasser hüpfen, aber sie sind zum Glück eh recht brav geblieben." Auch wenn die Schafe gut mitgemacht haben – es war mehr als anstrengend, denn so ein Schaf mit 60, 70, teilweise 80 Kilo in ein kleines wackeliges Boot zu heben, ist eine Herausforderung für sich. „Zwischendurch hat es dann angefangen zu schneien, daran erinnere ich mich noch genau", lacht Christine, „Wunderbar, hab ich da gesagt, jetzt kommt der Niederschlag, aber jetzt hilft er auch nicht mehr." Letztendlich haben alle zusammen geholfen und die Tiere gut nach Hause gebracht. „Trotzdem eine Aktion, die hoffentlich einmalig bleibt", resümiert die Schäferin. „Ich brauch das nicht noch einmal. Ich habe vorher schon tagelang nicht mehr schlafen können."

Sollte es doch noch einmal soweit kommen, weiß Christine, dass viele helfende Hände sie unterstützen. Auch ihr Sohn, der mittlerweile schon ein paar eigene Schafe hat. Wenn er groß ist, möchte er in die Fußstapfen des Uropas, der Oma und der Mama treten – und wäre dann schon in vierter Generation der Schäfer von der Krautinsel.

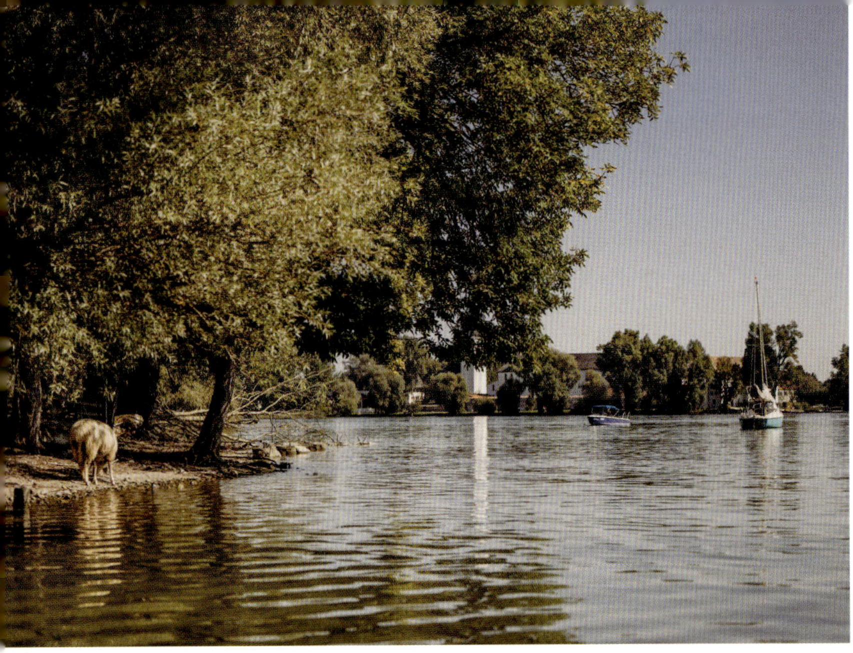
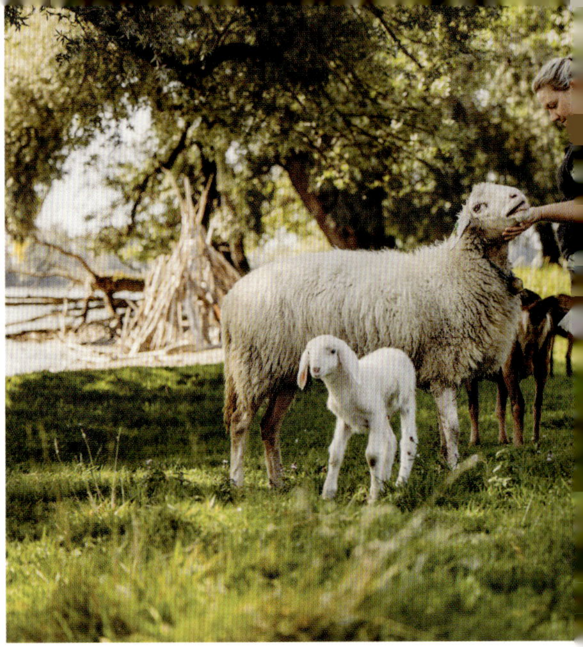
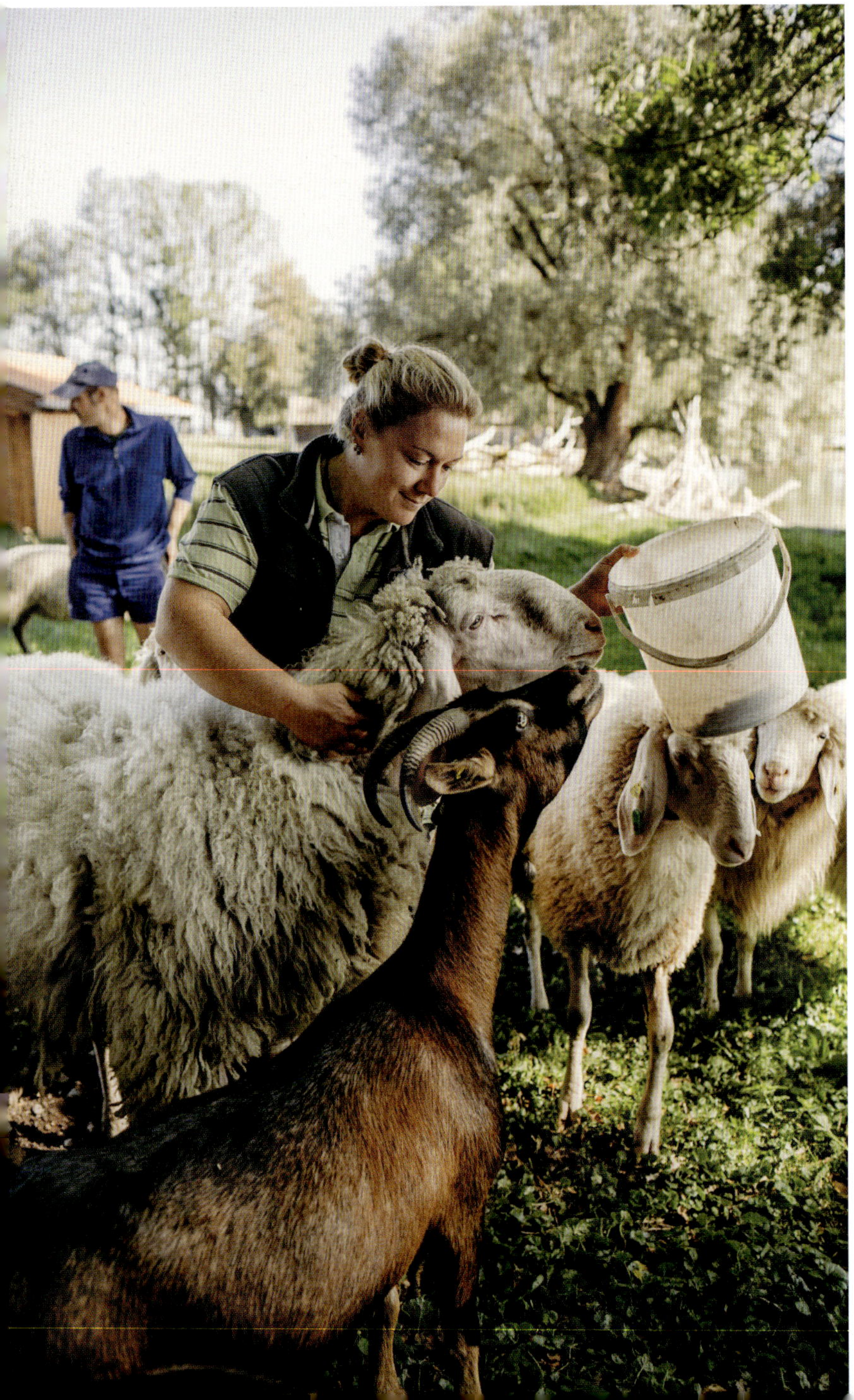
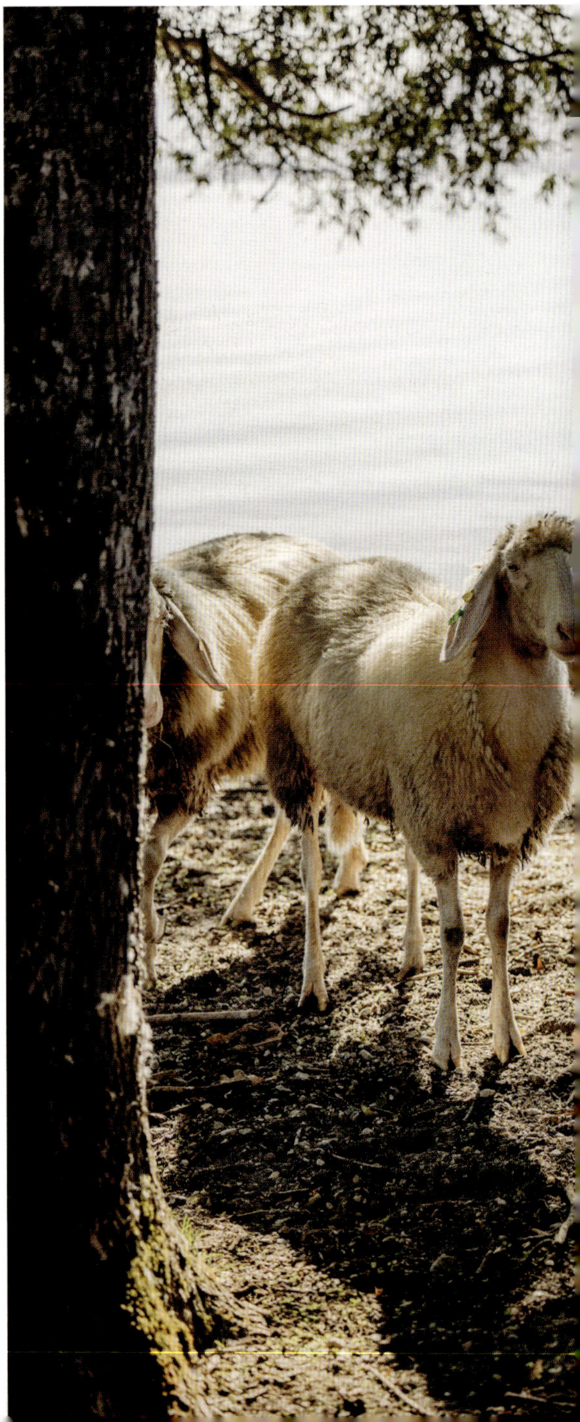

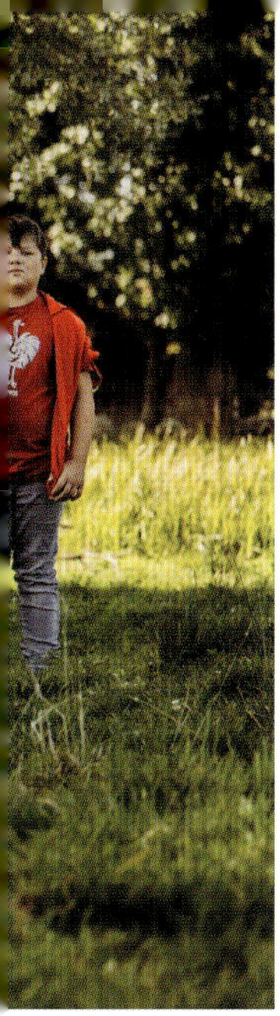
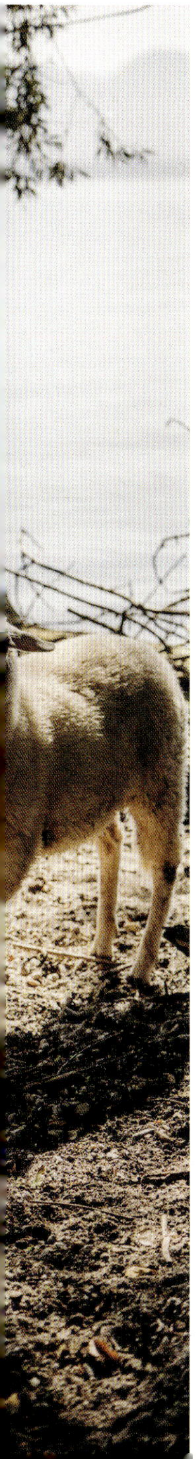
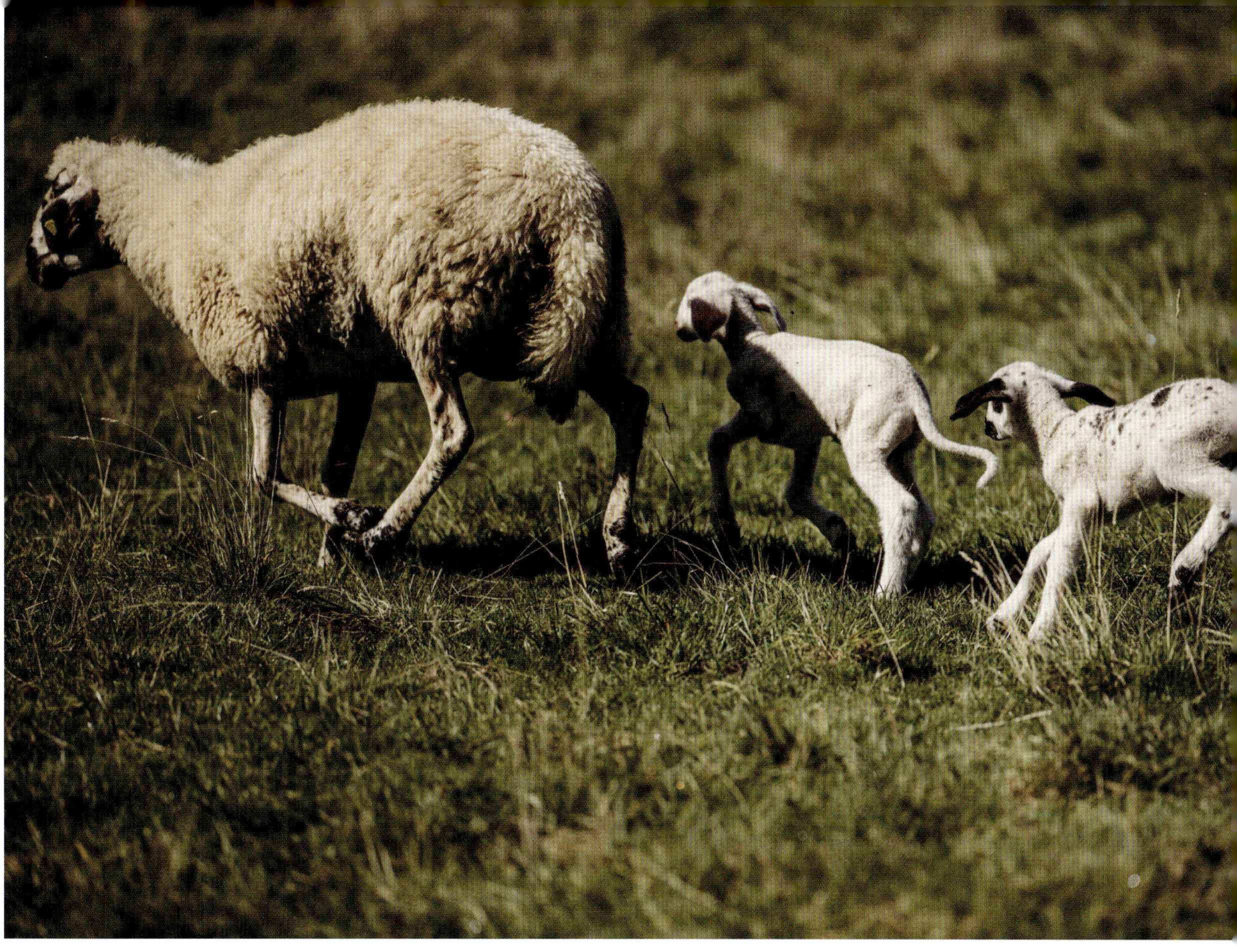
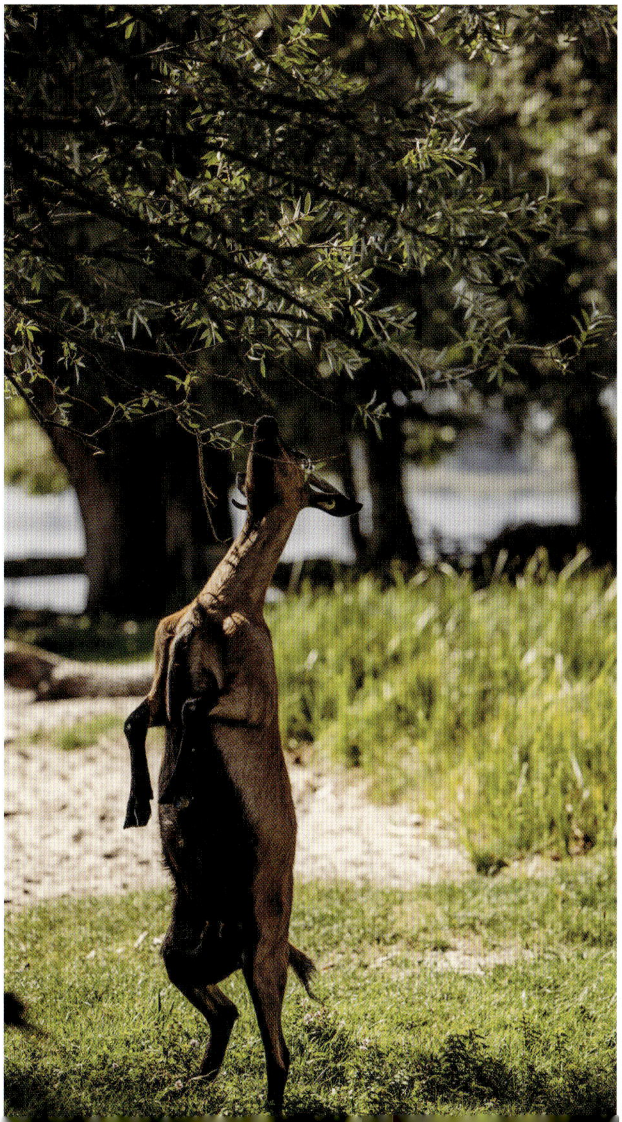
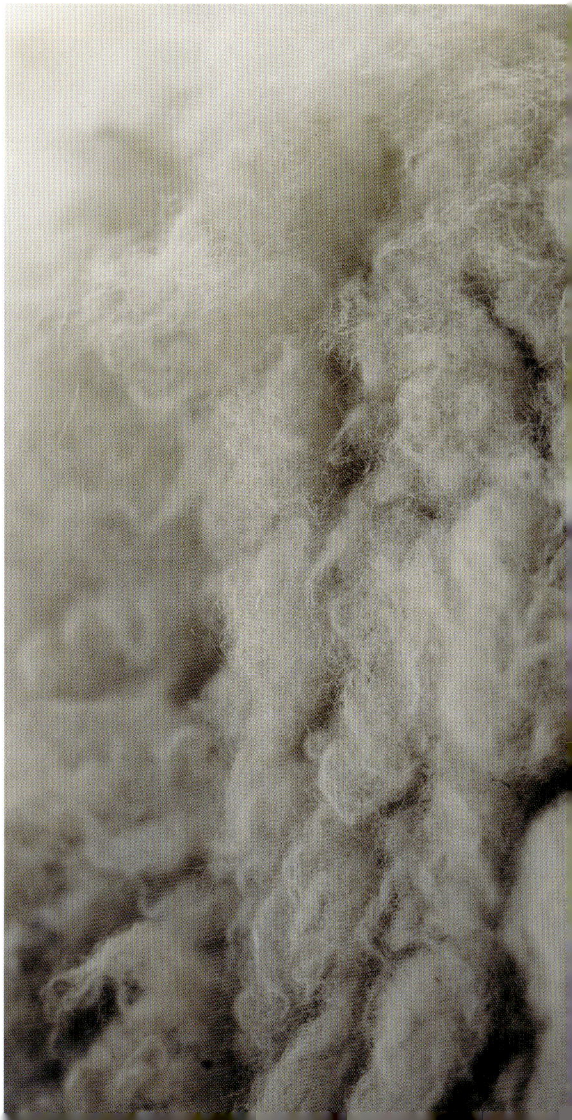

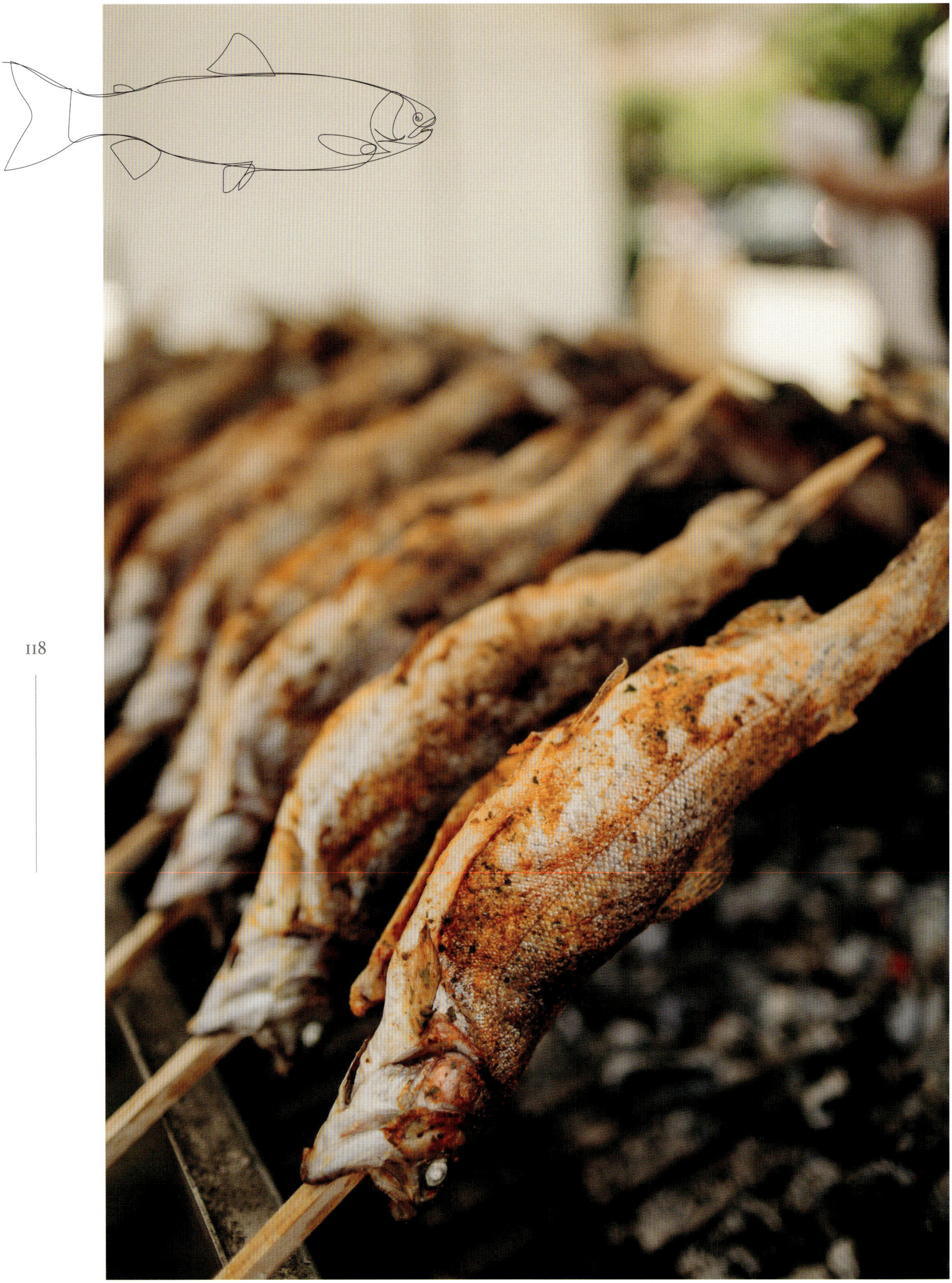

Steckerlfisch
Klassiker vom Grill

ZUTATEN FÜR EINE PORTION:

1 ausgenommener Fisch, z. B. Renke, Weißfisch, Forelle, Saibling, Makrele oder Zander von etwa 350–400 Gramm
Salz, Pfeffer
25–50 g Butter
Zitronenspalte

ZUBEREITUNG:

Die Bauchhöhle mit Salz und Pfeffer würzen. Den Fisch anschließend aufspießen. Hierfür die Spitze des Holzspießes ins Maul einführen. Sobald man hinter dem Kopf angelangt ist, den Spieß nach oben und oberhalb des Rückgrates weiter bis zur Schwanzflosse schieben. Darauf achten, die Haut dabei nicht zu verletzen und den Spieß erst kurz vor der Schwanzflosse durch die Haut zu stoßen. Den Fisch nun auch außen mit Salz und Pfeffer würzen. Den Bauchraum mit einem Zahnstocher aufspannen und fixieren und den Fisch etwa eine halbe Stunde bei Zimmertemperatur ruhen lassen. Den Fisch zunächst mit der Bauchhöhle über dem Feuer für zwei bis vier Minuten grillen. Anschließend waagrecht drehen und die Seiten grillen. Die braun gefärbten Stellen mit flüssiger Butter bestreichen. Zum Schluss den Rücken grillen. Nach etwa 20 Minuten sollte der gesamte Fisch gar sein. Lässt sich die Rückenflosse leicht lösen, ist der Fisch fertig. Auf Wunsch mit Weißbrot, frischem Kräuteröl, Remoulade oder Zitronenspalten servieren.

TIPP:
Am besten gelingt der Steckerlfisch, wenn der Fisch nicht fangfrisch ist, sondern einen Tag im Kühlschrank gelagert wurde. Als Spieß eignet sich ein viereckiges Buchenholz, das etwa 80 Zentimeter lang und 1 bis 1,5 Zentimeter breit ist.

Krautinsel

Sie ist die Kleinste im Bayerischen Meer: Die Krautinsel. Eingerahmt von Herren- und Fraueninsel, diente das unbewohnte Eiland einst als Kräuter- und Gemüsegarten der Nonnen von Frauenwörth und brachte ihm so den Namen Krautinsel ein. Heute tragen eine Herde Schafe und einige Ziegen dazu bei, die idyllische Insel mit ihren alten und knorrigen Bäumen zu erhalten. Jeden Sommer werden die Tiere per Fähre auf die Krautinsel gebracht, um dort eine geradezu paradiesische Weidezeit zu genießen.

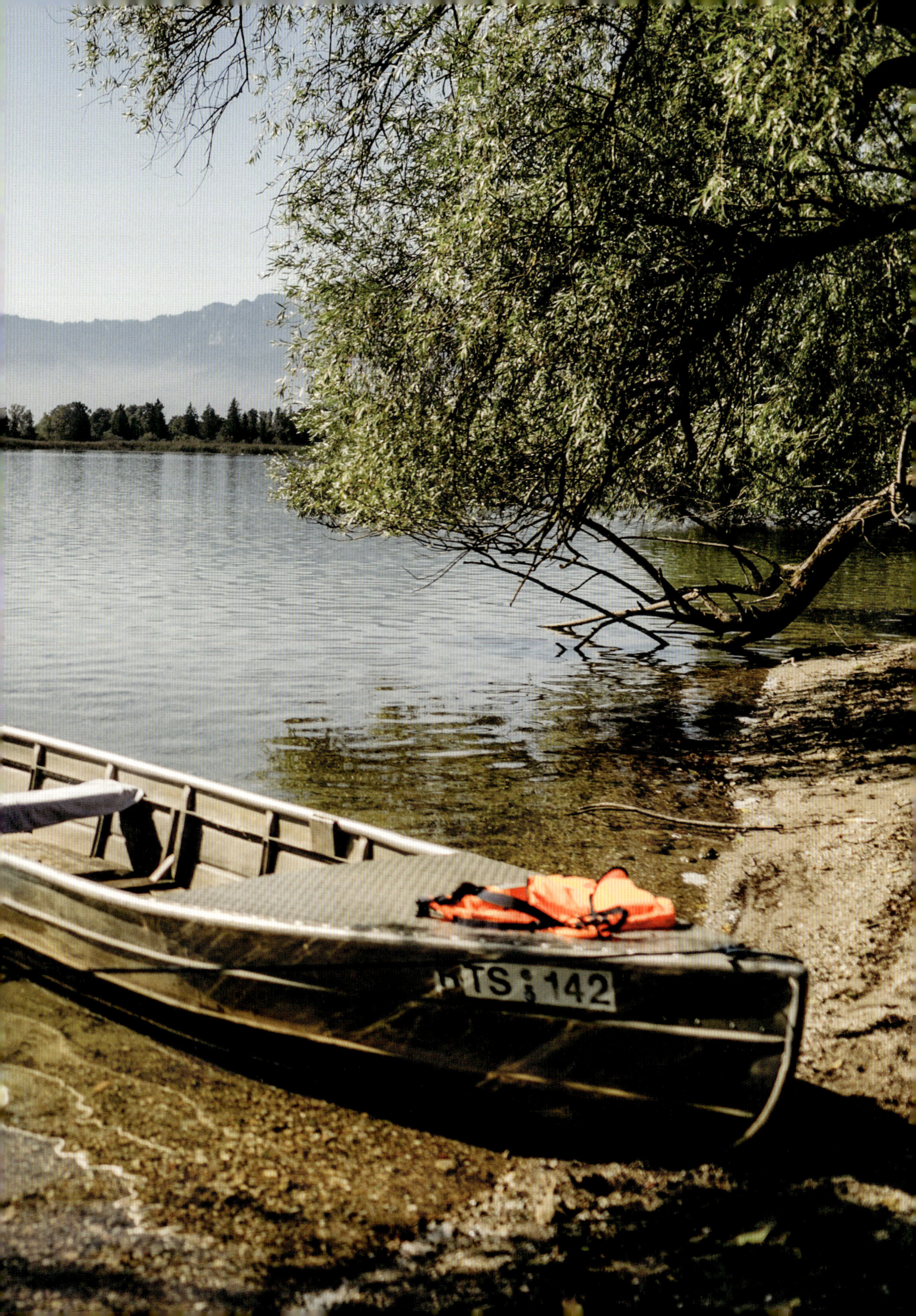
TS 142

HECHT

Der Hecht ist ein blitzschneller Räuber. Bei ihm stehen vor allem Fische, Frösche und Wasservögel auf dem Speiseplan, was ihm wohl auch seinen lateinischen Namen ‚Esox lucius' – schillender Wolf – eingebracht hat. Er hat einen lang gestreckten, muskulösen Körper und ein stark bezahntes Maul. Mit einer durchschnittlichen Länge von 60 bis 100 Zentimetern und einem Gewicht von über 20 Kilogramm ist der Hecht der größte und kräftigste Fisch in europäischem Süßwasser. Als Standfische halten sich Hechte gerne in Ufernähe auf. Die Färbung variiert je nach Lebensraum, der Rücken ist meist grün-bräunlich und wird bis zum weißen Bauch immer heller. Schon seit Jahrhunderten wird der Hecht als Speisefisch geschätzt. So sollen Mönche den Fisch früher gezielt gezüchtet und an Karfreitag serviert haben. Hechtfleisch ist sehr fettarm, hell und fest. Ein Manko: die festen, spitzen Gräten. Daher wird Hecht gern zu Fischbällchen verarbeitet. Alternativ kann man den Fisch filetieren und sauer einlegen. Tipp: Das Schwanzstück enthält weniger Gräten und eignet sich eher für ein Filet.

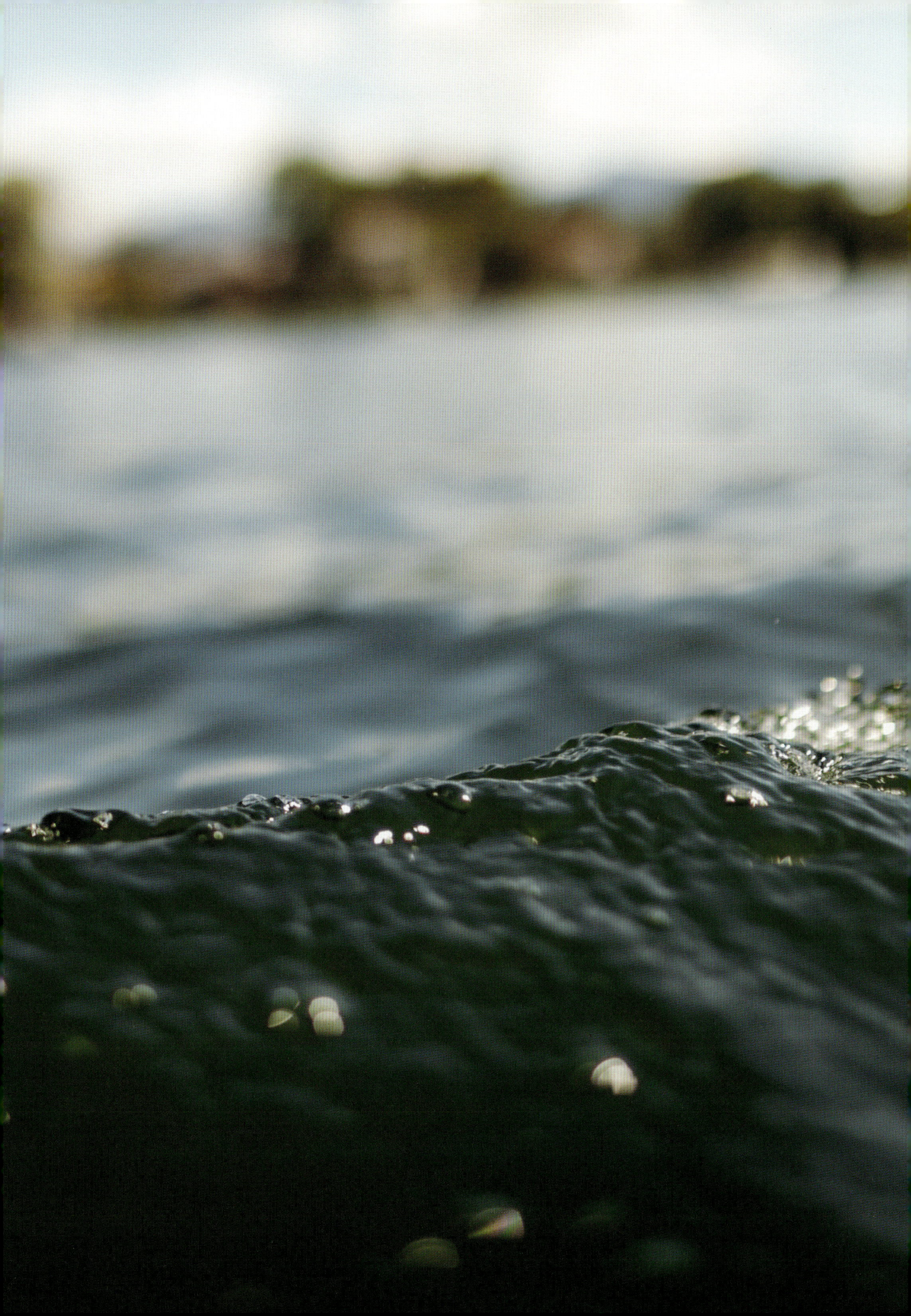

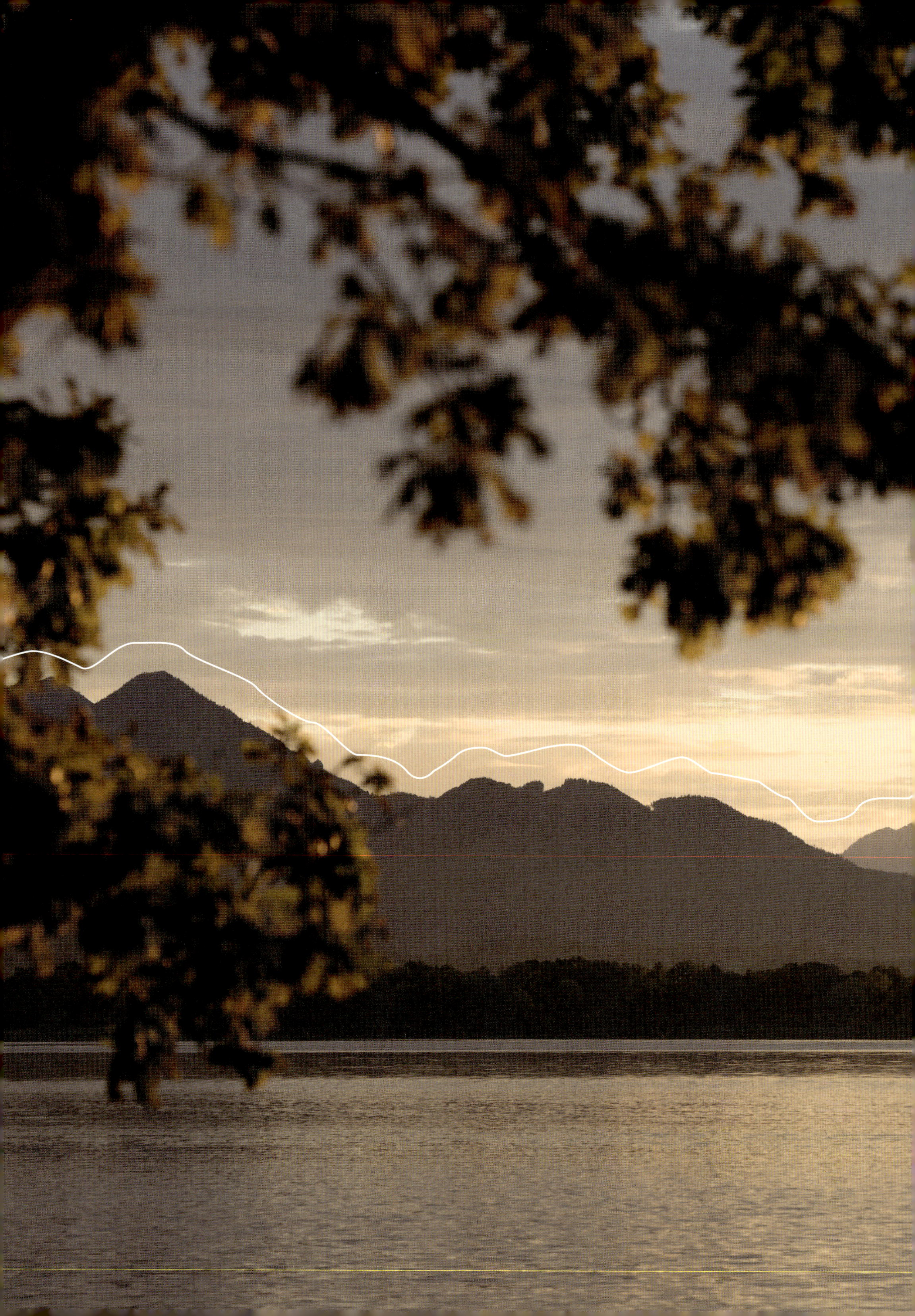

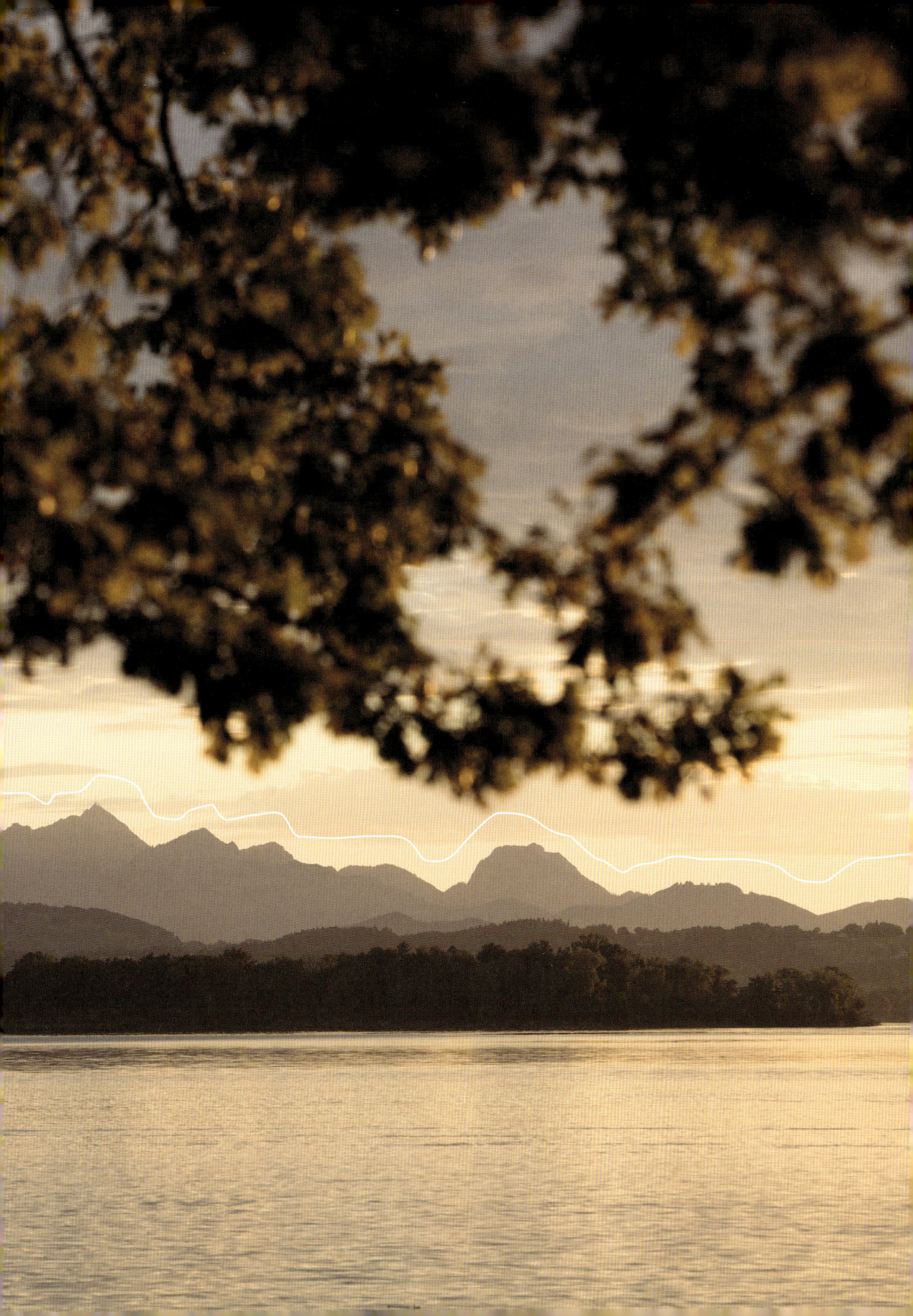

Sundowner

Das Bayerische Meer ist bekannt für seine traumhaften Sonnenuntergänge. Am Abend, wenn die Sonne langsam am Horizont verschwindet und den Himmel in die buntesten Farben taucht, ist es Zeit für einen entspannten Sundowner am Chiemsee. Jung und Alt, Einheimische und Touristen treffen sich rund um den See, um den Abend mit leckeren Drinks unter freiem Himmel und einem traumhaften Ausblick über das Bayerische Meer bis hin zu den Chiemgauer Alpen ausklingen zu lassen. Zu den beliebtesten Plätzen für einen Sundowner zählt wohl die Feldwieser Bucht mit ihrer Beach Bar. Aber auch die Boje 5 auf der Herreninsel und der Chiemsee-Strand am Sonnendeck in Chieming sind geschätzte Locations.

SUNDOWNER

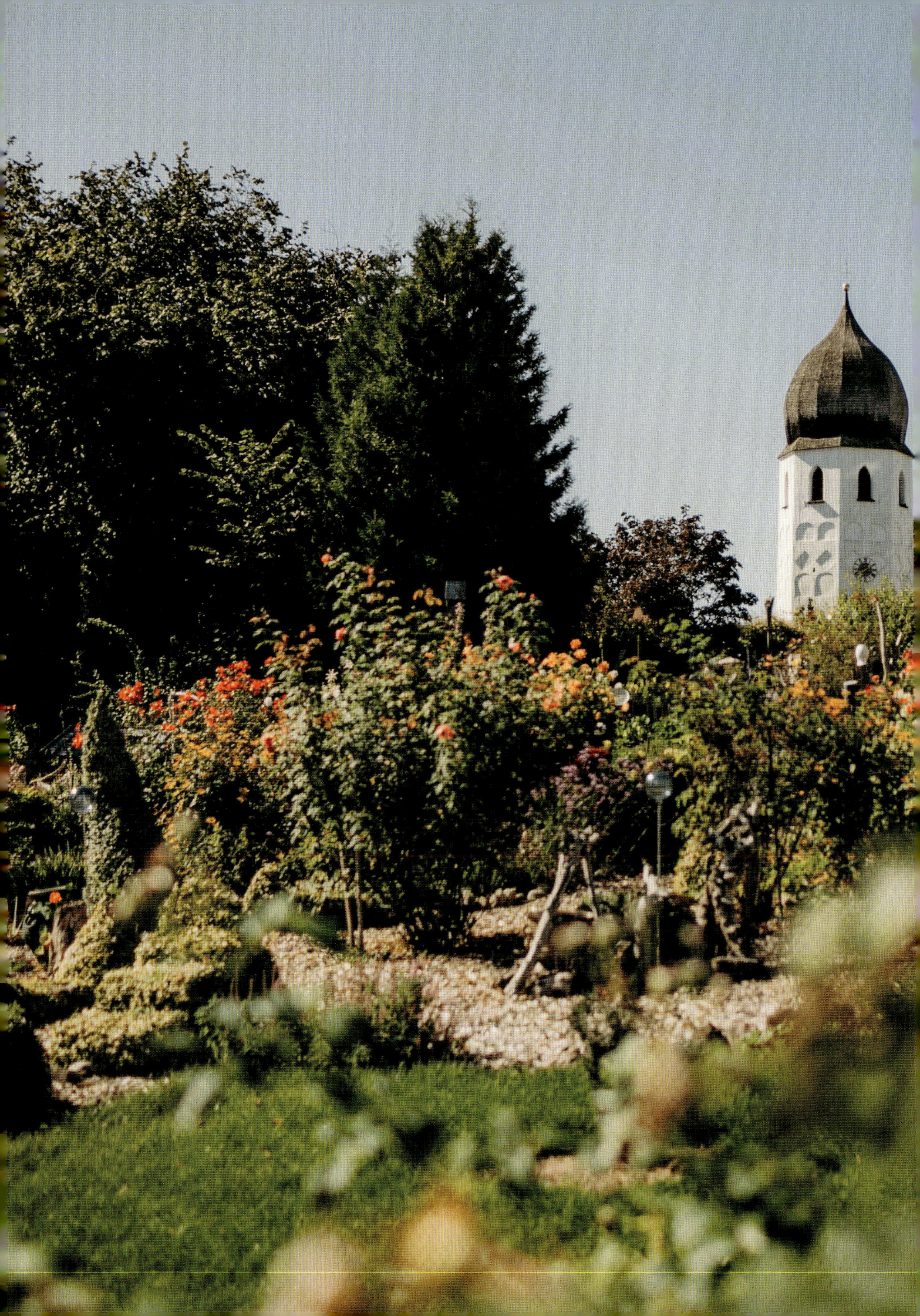

Der Geschichtenerzähler

KULTURFÜHRER GERHARD WASCHIN

Das Berufsgeheimnis von Gerhard Waschin ist eigentlich ganz einfach: Begeisterung. Der gebürtige Überseer ist Kulturführer mit Leib und Seele. „Die Begeisterung, die gehört einfach dazu. Das reine Wissen bringt dir nichts. Du musst es leben, du musst es lieben. Und das geht durch Begeisterung", erzählt er. „Das schönste Kompliment ist für mich, wenn die Leute am Ende des Tages zu mir kommen und sagen ‚Danke, dass du uns deine Heimat so schön nahegebracht hast. Wir hätten all das so nicht gesehen, wenn wir nicht deinen Geschichten hätten lauschen dürfen.' Denn es ist mir einfach wichtig, die Leute zu begeistern, mitzureißen. Sonst bräuchten sie ja keinen Reiseführer."

Den Grundstein seines enormen Wissensschatzes hat Gerhard im Studium gelegt: Europäische vergleichende Kulturgeschichte und Militärgeschichte prägten sein Studium Generale. Dort lernte er nicht nur, wo er seine Quellen findet, sondern auch, wie er richtig damit umzugehen hat. Stark beeinflusst hat ihn in dieser Zeit einer seiner Professoren. „Wenn ich Sie mal erwische, dass Sie irgendetwas über Ludwig sagen, das nicht historisch einwandfrei ist...", hatte er seinem Schützling damals gedroht. Noch heute, viele Jahrzehnte später, erinnert sich Gerhard daran. Doch noch viel wichtiger als das Studium sind sein schier unersättliches Interesse, seine Neugierde, seine Begeisterung für die große Geschichte und die kleinen Geschichten. „Irgendwann hab ich gedacht, mein Wissen, das muss ich irgendwo anbringen. Und so habe ich einen kleinen Reisedienst gegründet", erzählt er. Heute zeigt Gerhard Touristen aus nah und fern, aber auch immer wieder Einheimischen seine Heimat.

Stunden über Stunden könnte Gerhard erzählen. Und Stunden über Stunden könnte man ihm dabei lauschen. Denn er versteht es, seine Zuhörer zu unterhalten. „Es ist nicht nur die Geschichte, das Historische, was die Leute interessiert", verrät Gerhard. „Es sind auch die kleinen Geschichteln drumherum." Und davon hat er unzählige auf Lager – von alteingesessenen Familien und regionalen Persönlichkeiten, von Föhnstürmen und Hochwasser, von Ebbe und Flut, vom Weinbau auf der Fraueninsel, von griechischer Mythologie auf der Herreninsel, vom Schwarzfischen auf dem See, von der Stocker Kat, die Anfang des 20. Jahrhunderts im Chiemsee um die Ecke gebracht wurde, oder von den Unwettern zum Feldwieser Seefest, wenn jene Stocker Kat den See wieder umgerührt hat.

Wer mit Gerhard unterwegs ist, lernt den Chiemsee und seine Inseln aus ganz neuen Blickwinkeln kennen. Er kennt viele – Geschichten und Menschen. Da passiert es auch schon einmal, dass man bei einem gemeinsamen Spaziergang über Frauenchiemsee mit dem über 90-jährigen Fischer Peter Moser ins Gespräch kommt, noch mehr Spannendes aus

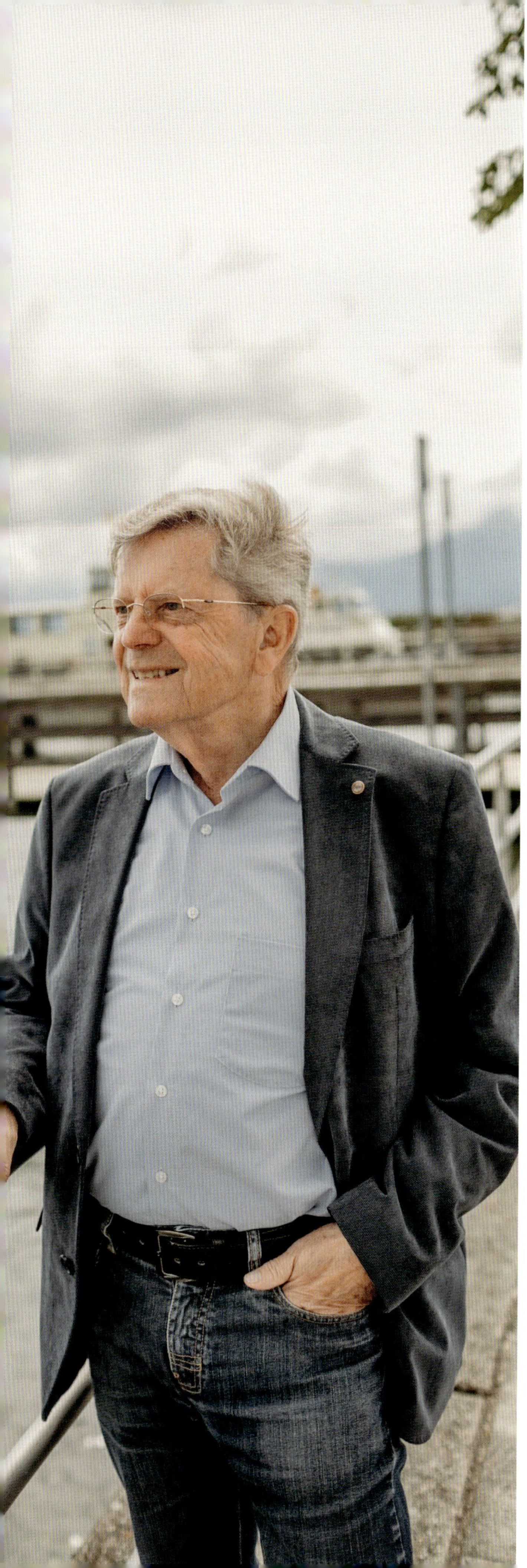

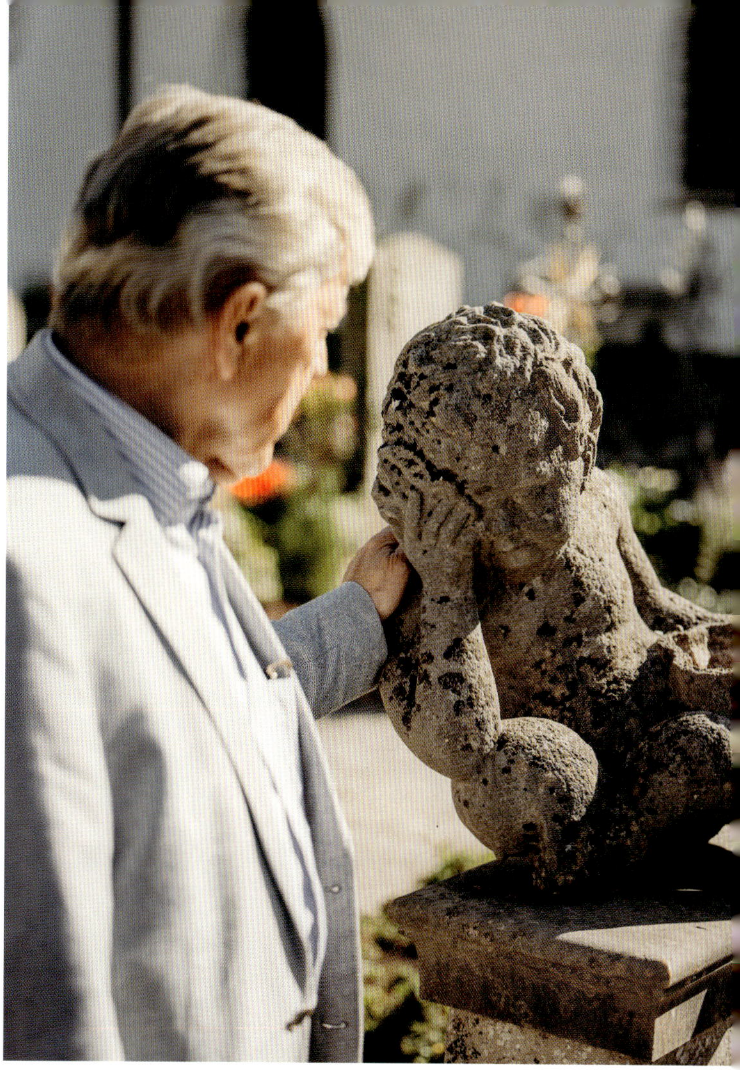

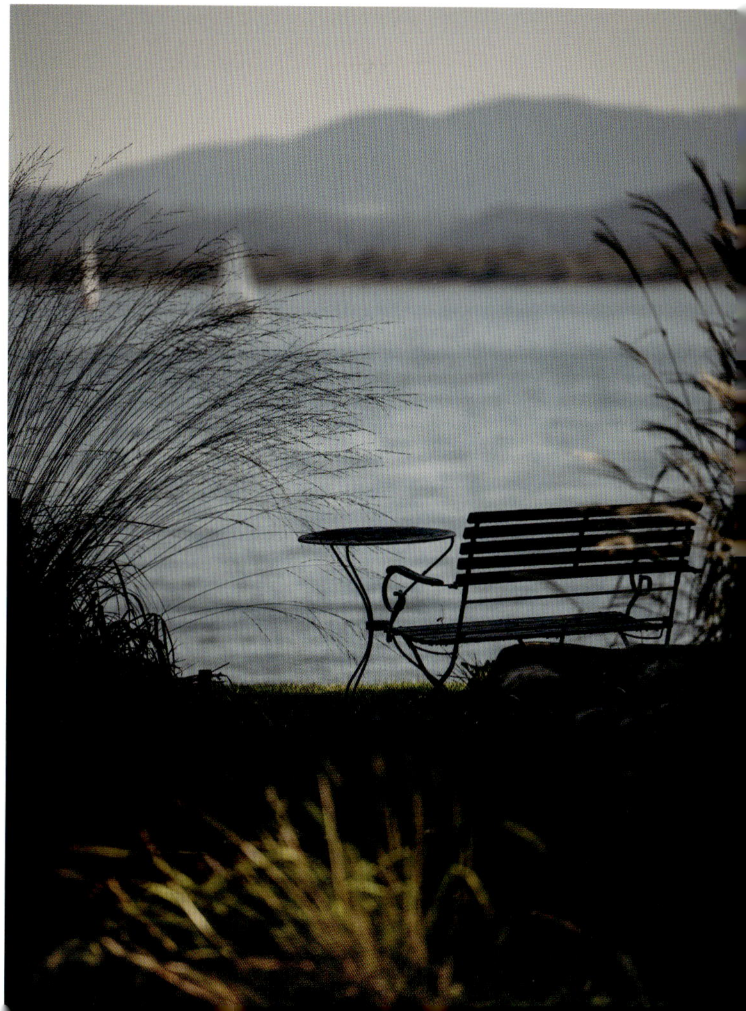

vergangenen Zeiten hört und sogar ein spontanes Klavierkonzert bekommt.

Sein Wissen verpackt Gerhard geschickt. „Und möglichst bitte keine Jahreszahlen", betont er. „Die Leute müssen ja am Abend keine Prüfung ablegen, wer wann geboren ist oder wann welcher Krieg stattgefunden hat. Viel wichtiger ist es, ihnen ein Zeitgefühl zu vermitteln. Wenn ich zum Beispiel anstatt ‚im 30-jährigen Krieg, 1618 bis 1648, vor 350 Jahren' sage, dann können die Zuhörer das viel besser einordnen." So schafft er es auch, historische Fakten in lockerer, verständlicher Art und Weise zu präsentieren. „Ich lese nichts ab, sondern erzähle alles geradeheraus, das ist mir auch sehr wichtig. Damit ich mein Wissen immer griffbereit habe, muss ich mich natürlich schon immer mal wieder einlesen und vorbereiten", verrät er. Das Wichtigste ist jedoch, dass seine Teilnehmer Fragen stellen, Stichworte geben. „Dann weiß ich, für was sie sich interessieren und kann genau darauf eingehen. Je nach Herkunft der Gäste unterscheidet sich oft ja auch der Wissensstand zu bestimmten Themen. Bei den einen kann ich tiefer in die Materie gehen, weil die schon ein gewisses Grundwissen haben, bei anderen muss ich es erst einmal in den Gesamtkontext einordnen", erzählt Gerhard. „Das Optimale, das ist einfach ein Dialog."

Wenn Gerhard anfängt, über König Ludwig zu erzählen, beginnen seine Augen zu leuchten. „Er ist einfach unheimlich spannend. Die Leute sollten viel mehr über ihn wissen", findet Gerhard. Deshalb führt er seine Teilnehmer auch gerne durch das König Ludwig II.-Museum, das sich im Südflügel des Neuen Schlosses Herrenchiemsee befindet. Es widmet sich den Lebensstationen Ludwigs von der Geburt bis zu seinem tragischen Tod, der noch heute Rätsel aufgibt. Daneben werden seine königlichen Bauvorhaben im Museum genauso beleuchtet wie seine Beziehung zum Komponisten Richard Wagner.

Viel spannender als das Neue Schloss jedoch findet Gerhard das Alte Schloss auf der Herreninsel. „Im Augustiner Chorherrenstift kann man in viele Facetten der Geschichte der Insel und des Sees eintauchen." Da ist der ehemalige Inseldom, der an das älteste Kloster Bayerns erinnert, da sind die einstigen Wohnräume König Ludwigs II., die er während des Schlossbaus immer wieder bewohnt hat, da ist die Galerie mit Kunstwerken der berühmten Chiemseemaler, da ist die neue Ausstellung zur Entstehung unseres Grundgesetzes. „Besonders die letzten 200 Jahre waren sehr bewegte Jahre auf der Herreninsel", weiß der Kulturführer. „Natürlich, zuvor war hier das älteste Kloster Bayerns, und auch das ist mehr als eindrucksvoll, doch in dieser Zeit war die Geschichte relativ konstant. Erst mit Ende des Klosters haben die wechselvollen Jahre begonnen. Während des Schlossbaus arbeiteten bis zu 3.000 Leute auf der Insel. Das muss man sich einmal vorstellen! Es gab eine Eisenbahn zum Materialtransport, Bäckerei, Metzgerei und so vieles mehr. Das Schloss war übrigens nie zur Repräsentation gedacht – im Gegenteil: In seinem Testament hatte Ludwig II. festgeschrieben, dass alle seine drei Schlösser nach seinem Tod gesprengt werden sollen, damit kein Unwürdiger seine heiligen Hallen betritt." Dass es schließlich anders kam, lag vor allem an seinem überraschenden Tod, mit dem sich ein großes Zitat erfüllte: ‚Ein ewig Geheimnis will ich bleiben, mir und den anderen.' Da der König enorme private Schulden hinterlassen hatte, entschied die Familie, die Schlösser für die Öffentlichkeit zu öffnen, und zahlte mit Hilfe der Eintrittsgelder Schulden zurück. „Das Schloss zu besuchen, kostete damals ein kleines Vermögen. Bahnfahrt, Schifffahrt, Eintritt – ich habe gehört, dass der Ausflug zwölf Goldmark gekostet haben soll. Zu einer Zeit, in der ein Fahrrad etwa 18 Goldmark kostete", berichtet Gerhard. Es war zu der Zeit, als die Engländer als erste Touristen mit dem Reisen begonnen hatten, wenig später folgten die ersten Gäste aus Frankreich.

Auch zur Fraueninsel, dem Ort, wo sich seit 782 durchgehend das älteste deutschsprachige Frauenkloster befindet, weiß Gerhard vieles zu erzählen. Doch nicht nur das Kloster, auch die Karolingische Torhalle oder das Inselleben im Allgemeinen und Speziellen nehmen Platz in seinen Erzählungen. Ein Ort auf Frauenchiemsee, der den Kulturführer immer wieder aufs Neue in seinen Bann zieht, ist die alte Tassilo-Linde. „Sie markiert den höchsten Punkt der Insel und ist ein außergewöhnlicher Kraftplatz", erzählt Gerhard und verliert sich in einer neuen Geschichte. Auch wenn es ihm mehr als schwerfällt, müsste Gerhard sich auf einen einzigen Lieblingsort am Chiemsee festlegen, so wäre es ein Platz auf Frauenchiemsee: die Epitaphe in der Klosterkirche. Die meist aus Rotmarmor gestalteten Grabmäler erinnern an Äbtissinnen, Klosterrichter und Adelsfamilien der Umgebung. „Diese Geschichten, die damit verwoben sind, finde ich unheimlich faszinierend", ist er begeistert. Noch heute kann man an den Grabplatten vieles ablesen. Und auch die Tumba der seligen Irmengard, der Urenkelin von Karl dem Großen und Schutzpatronin des Chiemgaus, steht hier.

Am Abend, wenn die Sonne langsam am Horizont versinkt, zieht es Gerhard schließlich in die Feldwies zum Durchatmen, zum Kraftschöpfen. „Da ist's einfach zu jeder Jahreszeit schön", weiß der Überseer. „Im Winter, wenn sich das Packeis stapelt, im Frühling, wenn so langsam alles grün wird, im Sommer, wenn man den Tag gemütlich am See ausklingen lassen kann, im Herbst, wenn die Natur in den buntesten Farben leuchtet. Ja, die Feldwies, die ist mir einfach sehr ans Herz gewachsen", schwärmt er. „Und ich kann mit dem Radl hinfahren", ergänzt er lachend.

134

KULTURFÜHRER GERHARD WASCHIN

135

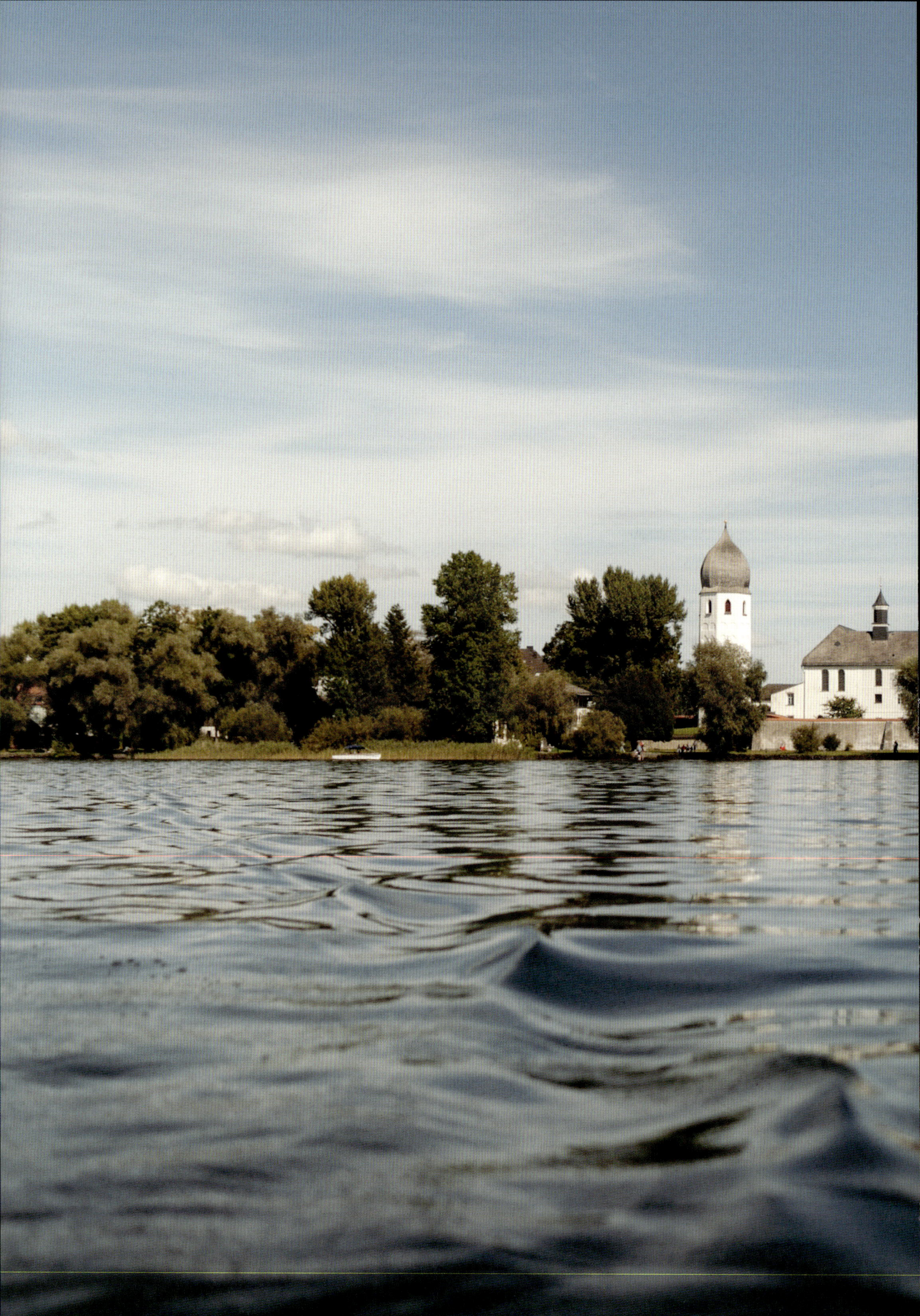

Fraueninsel

Gerade einmal 300 Meter breit und 600 Meter lang ist die Fraueninsel, die zweitgrößte der Chiemsee-Inseln. Das autofreie Eiland wird mehrmals am Tag von der Flotte der Chiemsee-Schifffahrt angelaufen. Bereits von Weitem leuchtet der weiße Glockenturm der Abtei Frauenwörth den Besuchern entgegen. Das 782 gegründete Kloster ist das älteste Nonnenkloster Deutschlands. Die geschichtsträchtige Münsterkirche, der frei stehende Campanile mit seiner barocken Zwiebelhaube, die karolingische Torhalle mit Gemälden der Chiemseemaler und der Kräutergarten mit seinem wildromantischen Blumenmeer prägen den südlichen Teil der Insel. Im Norden dominiert das kleine Fischerdorf. Verwinkelte Gassen führen vorbei an Bootshütten, Landungsstegen und pittoresken Ecken durch das schmucke Dörfchen. Einst wirkte hier die berühmte Künstlerkolonie Frauenchiemsee. Zwischen den dicht gedrängten Häusern hängen Netze zum Trocknen aus. Noch heute leben einige der rund 200 Insulaner vom Fischfang. Auf dem zentralen Dorfanger zieht die mehr als 1000 Jahre alte Tassilo-Linde die Blicke auf sich. Wer auf der Insel lebt, führt ein kontrastreiches Leben. Im Sommer strömen unzählige Touristen auf die kleine Insel, im Winter hingegen wird es meist sehr still auf dem Eiland.

HEIMAT

WELLEN

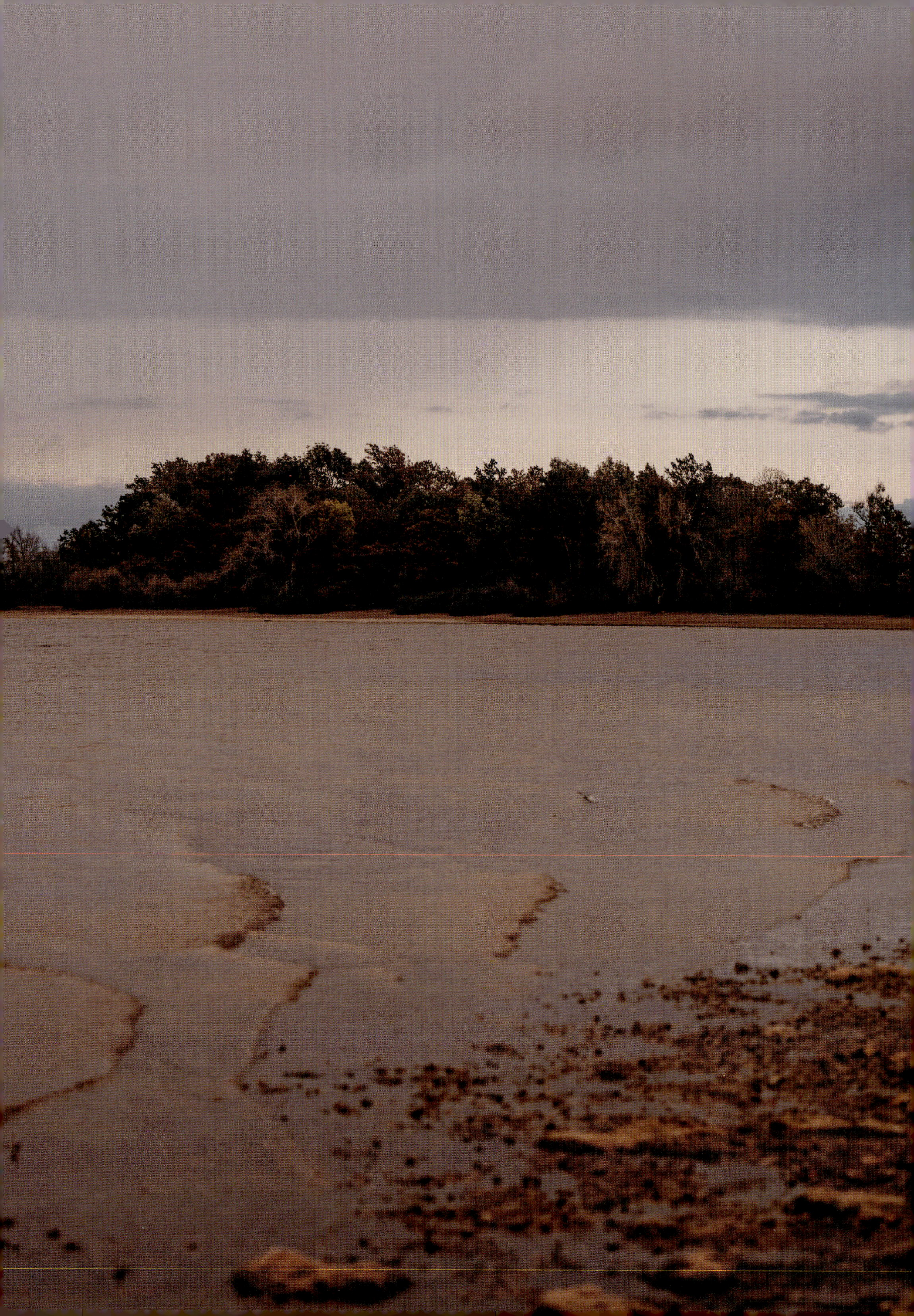

SEEFORELLE

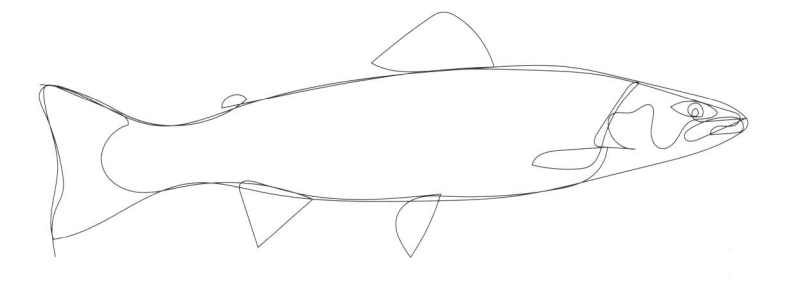

Die Seeforelle, auch Chiemsee-Lachs, Grundforelle, Blauforelle oder Goldlachse genannt, ist im Bayerischen Meer eine Rarität. Zwar lebt der Süßwasserfisch aus der Familie der Lachsfische bevorzugt in den Seen der Alpen und Voralpen, dennoch steht er in Bayern auf der Roten Liste und ist stark gefährdet. Die Seeforelle bevorzugt kaltes, sauerstoffreiches Wasser. Genetisch gleicht sie der Bachforelle oder Meerforelle. Typisch sind neben einem lang gestreckten Körper, einem großen, mit zahlreichen spitzen Zähnen besetzten Maul sowie einer relativ großen Fettflosse die schwarzen, unförmigen Tupfen auf ihrem silbernen Schuppenkleid. Der Rücken schimmert bläulich bis grüngrau. Ausgewachsene Seeforellen erreichen eine durchschnittliche Länge von 40 bis 80 Zentimetern und bringen mehrere Kilogramm auf die Waage. Wegen ihres ausgezeichneten, zartrosa Fleisches und dem kräftigen Eigengeschmack ist die Seeforelle ein beliebter Speisefisch. Sie lässt sich vielseitig zubereiten, eignet sich aber besonders gut fürs kurze Anbraten.

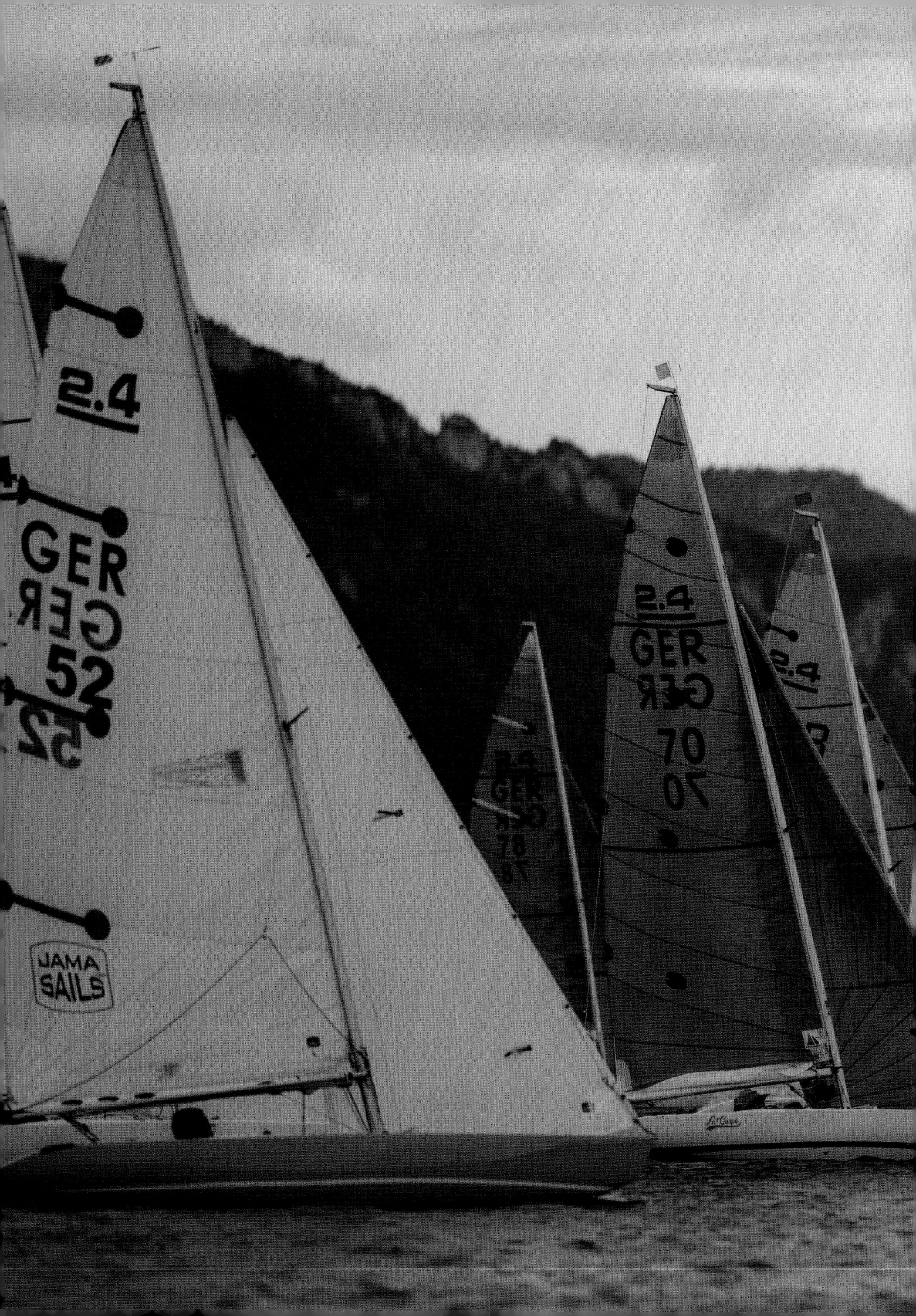
2.4
GER
52
JAMA SAILS
2.4
GER
70
2.4
GER
78
2.4

Der kleine Segler

SEGLER
SEBASTIAN MEIERDIERCKS

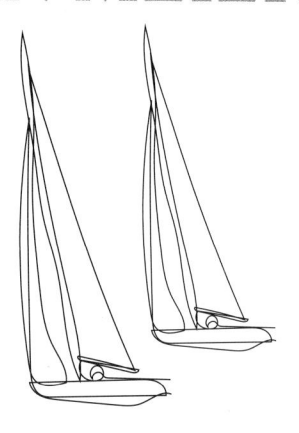

Sebastian Meierdiercks ist ein groß gewachsener junger Mann Anfang 20. Als „kleinen Segler" würde man ihn wohl kaum beschreiben. Und doch ist der Name seines Bootes auch fest mit ihm verbunden. „Als ich in die Bootsklasse eingestiegen bin, war ich relativ klein und auch mein Boot ist nicht das größte", lacht er. „So ist dann der Name entstanden – und bis heute geblieben."

Die Stippelwerft, wo der Segelclub Prien am Chiemsee sein Vereinsheim und seine Liegeplätze hat, ist für Sebastian zu einem zweiten Zuhause geworden. Seit mehr als zehn Jahren segelt er mittlerweile hier. Von April bis Oktober geht die aktive Segelsaison, im Winter gibt es meist ein bisschen Theorietraining. Doch was für viele Menschen rund um den See ein fast schon selbstverständliches Hobby ist, ist es für Sebastian keineswegs. Denn er ist von Geburt an behindert. Inklusion und Integration sind große Worte in unserer Gesellschaft. Im Segelclub in Prien am Chiemsee werden sie wie selbstverständlich gelebt. Der Verein existiert bereits seit 1969, seit 2008 hat er inklusives Segeln in seinem Programm. Mit speziell ausgebildeten Trainern und behindertengerecht konstruierten Booten ermöglicht er Kindern und Jugendlichen mit und ohne körperlichem Handicap gemeinsam das Segeln zu trainieren und darüber hinaus das Selbstvertrauen im Umgang miteinander zu stärken.

Dafür arbeitet der SC Prien eng mit regionalen Schulen zusammen, zum Beispiel dem Privaten Förderzentrum Aschau. Dort besuchte auch Sebastian die Schule. „Mein Sportlehrer hatte damals – das müsste gut zehn Jahre her sein – die Idee, dass ich an dem Segelprogramm teilnehmen könnte. Vorher habe ich keinen Wassersport, eigentlich gar keinen Sport gemacht", blickt Sebastian zurück. „Das Segeln, das war also reiner Zufall. Wir haben es dann einfach ausprobiert und es hat mich direkt gepackt. Seitdem bin ich voll dabei." Auch wenn es noch etwas gedauert hat, bis der Knoten wirklich geplatzt ist. „Am Anfang hatte ich regelrecht Angst vor dem Wasser. Ich hatte Panik, wollte nicht allein mit dem Optimisten rausfahren", erzählt er. „Doch nach und nach hat sich das durch das Training aufgelöst. Ich habe noch immer Respekt vor dem Element Wasser, aber es ist kein Vergleich zu früher. Und auch mein Selbstbewusstsein ist über die Jahre immer weiter gewachsen." Schwimmen geht Sebastian heute nach wie vor nicht gern, wenn er ehrlich ist. Das ist eher Mittel zum Zweck.

Was er aber wirklich richtig gerne macht, ist Segeln. Mit dem Wechsel des Bootes – vom Optimisten auf das Einmann-Kielboot 2.4mR – ging es auch sportlich weiter voran. „Das ging dann Schlag auf Schlag", erinnert sich Sebastian. „Ich bin mit etwa 16 Jahren auf das 2.4 umgestiegen und innerhalb von gerade einmal einer Woche habe ich mich direkt auf

SEGLER SEBASTIAN MEIERDIERCKS

145

meinen ersten Wettbewerb vorbereitet." Die erste Regatta für ‚den kleinen Segler' war der Prien City Cup – Heimspiel also für Sebastian. 2016 gewinnt er die SCPC-Hafentrophy, ein Jahr später den Chiemsee-Jugendpokal. 2018 sichert er sich die SCPC-Clubmeisterschaft. „Die Wettbewerbe machen mir tatsächlich am meisten Spaß", erzählt Sebastian. „Da trifft man viele Leute, die alle gleich sind. Wir haben alle das gleiche Hobby, die gleichen Interessen." Auch neue Freundschaften entstehen. „Und die sind auch außerhalb vom Segelsport bereichernd", weiß Sebastian.

Mittlerweile segelt Sebastian Wettkämpfe im In- und Ausland. Sein schönstes und bestes Jahr bisher: „Das war 2019, da folgten mehrere Höhepunkte direkt aufeinander: Europameisterschaft und Weltmeisterschaft. Auch wenn ich jeweils im Mittelfeld gelandet bin, waren das Riesenerfolge für mich. Vor allem die Weltmeisterschaft in Genua, denn da bin ich das erste Mal auf dem Meer gesegelt", berichtet Sebastian stolz. „Im selben Jahr bin ich bei den Österreichischen Staatsmeisterschaften dann noch sehr knapp Zweiter geworden. Das war wirklich ein super Jahr." Durch Corona hat es führ ihn im Segelsport einen großen Einschnitt gegeben, das Training und viele Wettbewerbe sind ausgefallen. „Natürlich möchte ich jetzt an die Zeit davor anknüpfen", zeigt sich der Segler motiviert. „Viele Ziele, die ich bisher hatte, konnte ich schon abhaken. Aber ich möchte natürlich weiter vorankommen und mich weiter verbessern. Als nächstes freue ich mich auf die Weltmeisterschaft in Kiel."

Die Regatten laufen für Sebastian eigentlich immer gleich ab. Am Tag vor dem Rennen bereitet er sein Boot auf den Wettbewerb vor. Einkranen, auftakeln, schauen, dass alles passt. Der Renntag selbst startet meist mit der Steuermannsbesprechung, bei der die Segelanweisungen noch einmal für alle Teilnehmer erläutert werden. Dann geht es aufs Wasser. Beim Einsegeln macht sich Sebastian mit den Wind- und Wetterbedingungen vertraut. Kurz vor dem Start reihen sich die Boote an der Startlinie, die durch ein Startboot und ein Pin-End festgelegt ist, auf. Und schon geht es los. Die Segler manövrieren Runde für Runde ihre Boote möglichst schnell und sicher durch den vorgegebenen Kurs und steuern anschließend zurück ins Ziel. Je Regatta gibt es über meist zwei bis drei Wettkampftage hinweg mehrere solche kleine Wettfahrten. Dass sich Wind und Wetter zwischendurch jederzeit ändern können, macht es besonders spannend. Flexibilität steht vor allem auch am Chiemsee, wo sich die Verhältnisse jederzeit schnell ändern können, an der Tagesordnung. Runde für Runde wird alles gegeben. Am Ende werden die Ergebnisse addiert und so der beste Segler der Regatta ermittelt.

„Heute bedeutet Segeln, bedeutet der Chiemsee für mich Sport, Herausforderung, gelebte Inklusion", fasst es Sebastian zusammen. „Auch wenn man letztlich allein im Boot sitzt, sind wir eine starke Gemeinschaft. Die gesamte Klasse hilft sich untereinander." Etwas, das es besonders ihm als Segler mit Handicap leichter macht. So muss Sebastian beispielsweise nie allein rausfahren, denn es gibt immer andere Segler, die ihn begleiten. „Es macht es für mich viel leichter zu wissen, dass man Teil eines Teams ist, das immer für einen da ist. Unser Trainer ist wirklich sehr engagiert und versucht, einem auch etwas fürs normale Leben mitzugeben. Er unterstützt mich und stößt da immer wieder was in mir an. Ich lerne hier so viele Dinge, die ich über den reinen Sport hinaus auch im Alltag gut gebrauchen kann – allem voran das gestärkte Selbstbewusstsein, das bedingt durch mein Handicap vorher quasi gar nicht da war."

Seine Handicaps, wie beispielsweise den idiopathischen Tremor, kann Sebastian beim Segeln nahezu komplett ausblenden. „Ich bin da so auf den Sport fokussiert, dass ich das gar nicht mehr bewusst wahrnehme. Ich merke es oft erst im Nachhinein, wenn ich meine Hände anschaue und sehe, oh ja, ich zittere." Je nach Anstrengung beeinflusst das Handicap Alltag und Segeln mal mehr mal weniger. Doch Sebastian hat durch den Sport gelernt, anders damit umzugehen. „Die Handicaps, die fallen beim Segeln einfach ein Stück weit weg. Das ist bei allen so, die

ich in unserer Bootsklasse sehe. Wir haben einen gemischten Kader, da starten auch Rollstuhlfahrer zum Beispiel, aber eben auch Menschen ohne Einschränkungen. Bei uns gibt es keine Unterschiede." Auch die Boote sind alle gleich konstruiert. „Wir können uns die 2.4 allerdings individuell anpassen lassen", erklärt Sebastian. So lässt sie sich beispielsweise mit den Füßen, aber auch mit der Hand steuern. „Die Bootsklasse, aber auch der Verein ermöglichen uns wirklich vieles. Auf dem Wasser, da sind wir alle gleich – und das ist das Schönste."

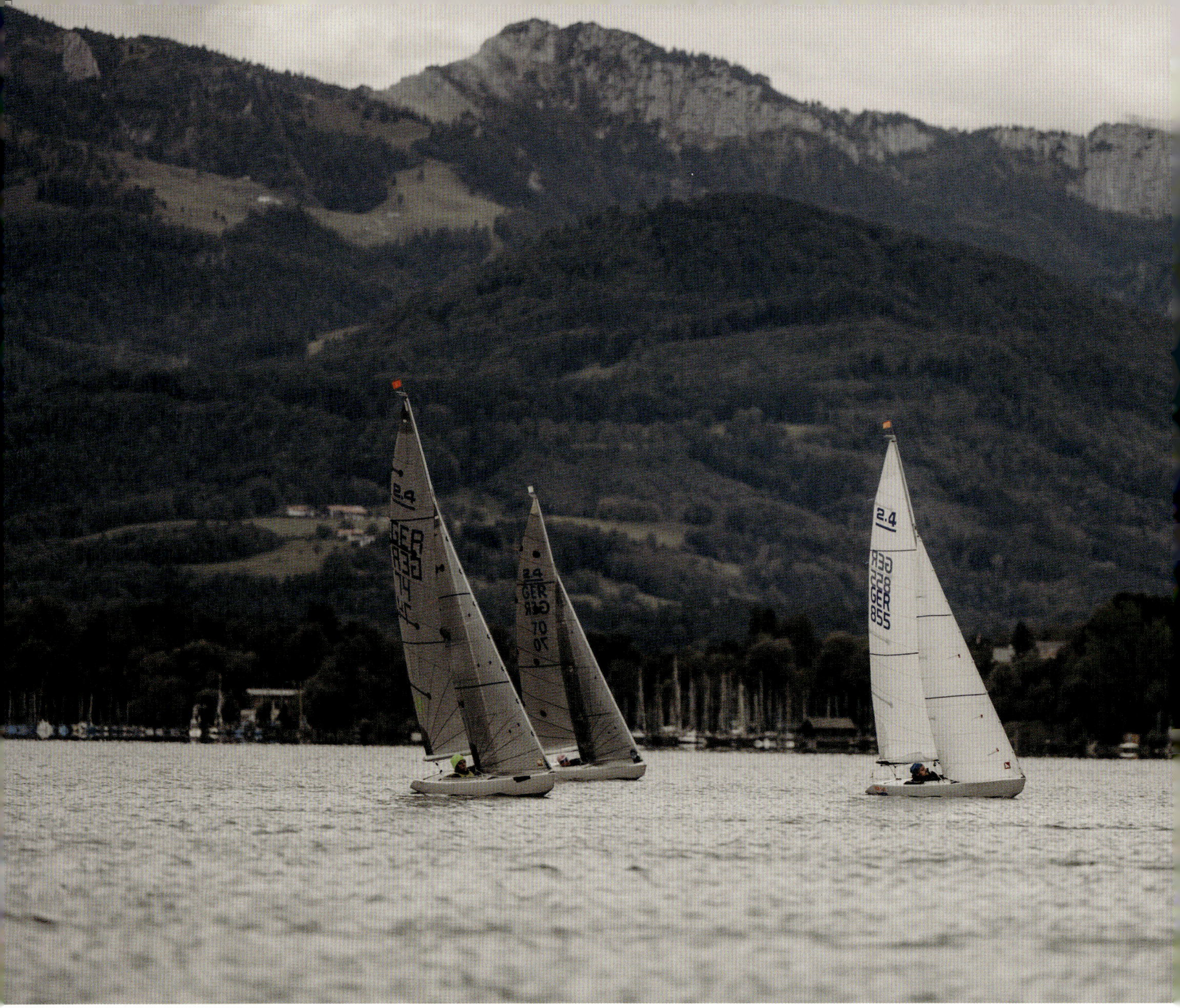
2.4
GER 855

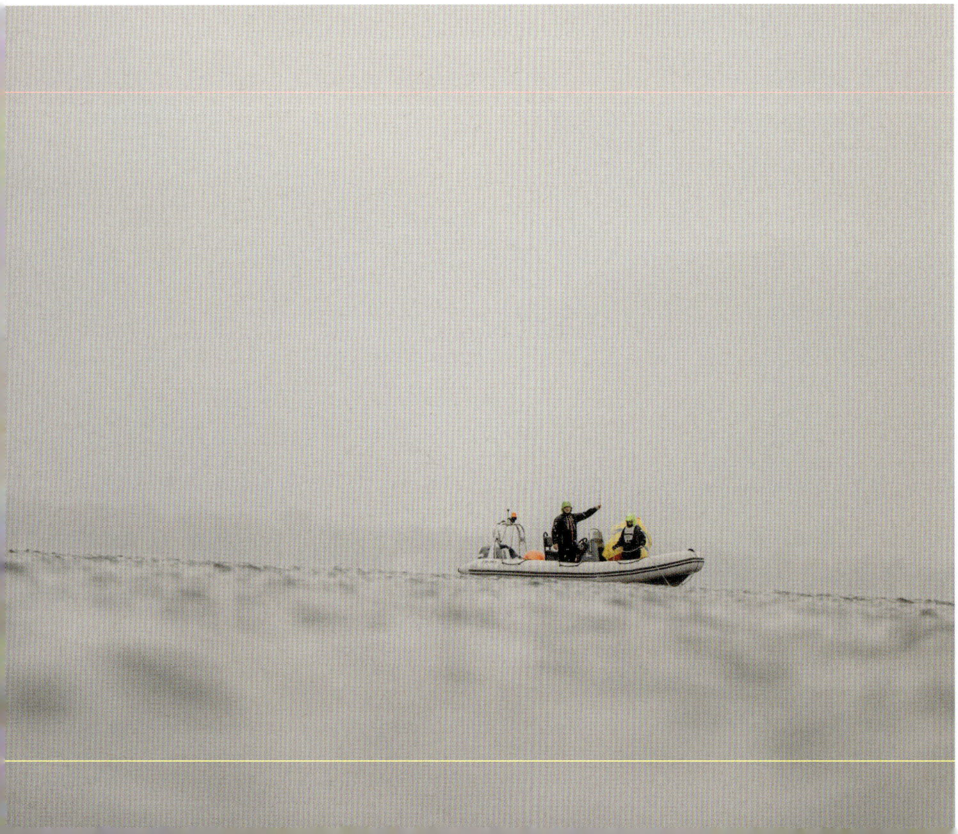

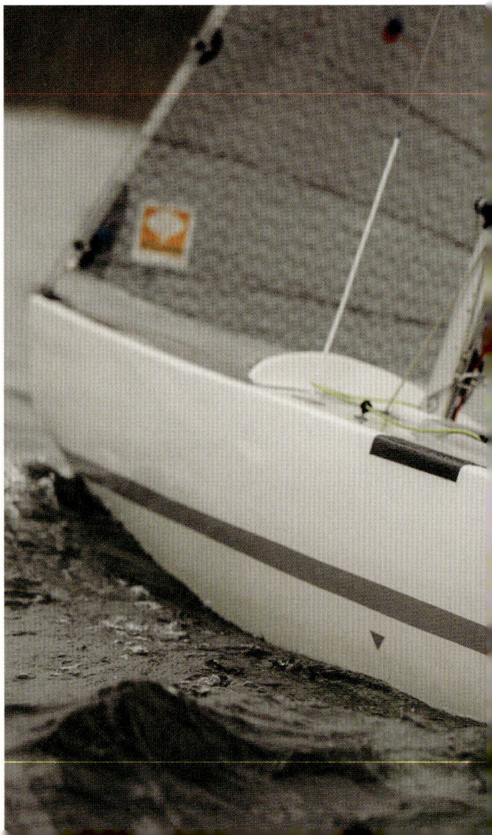

Der kleine Segler

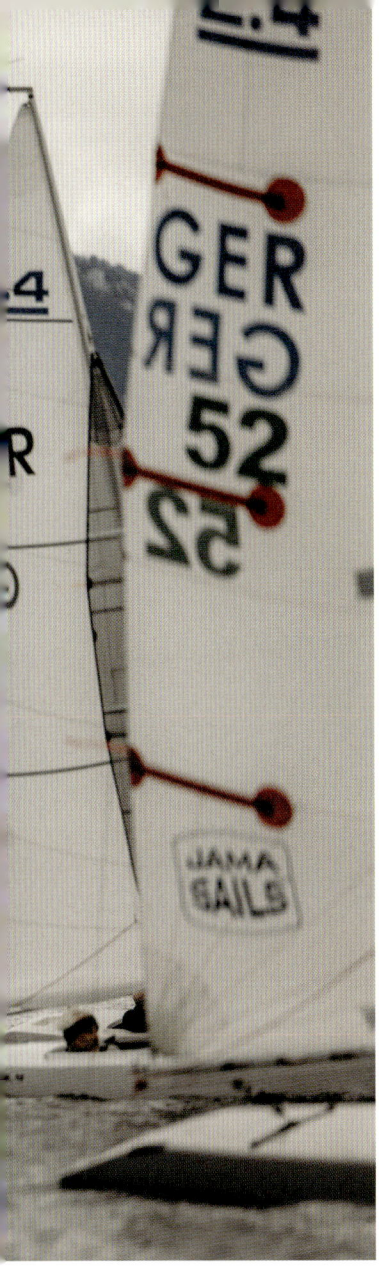

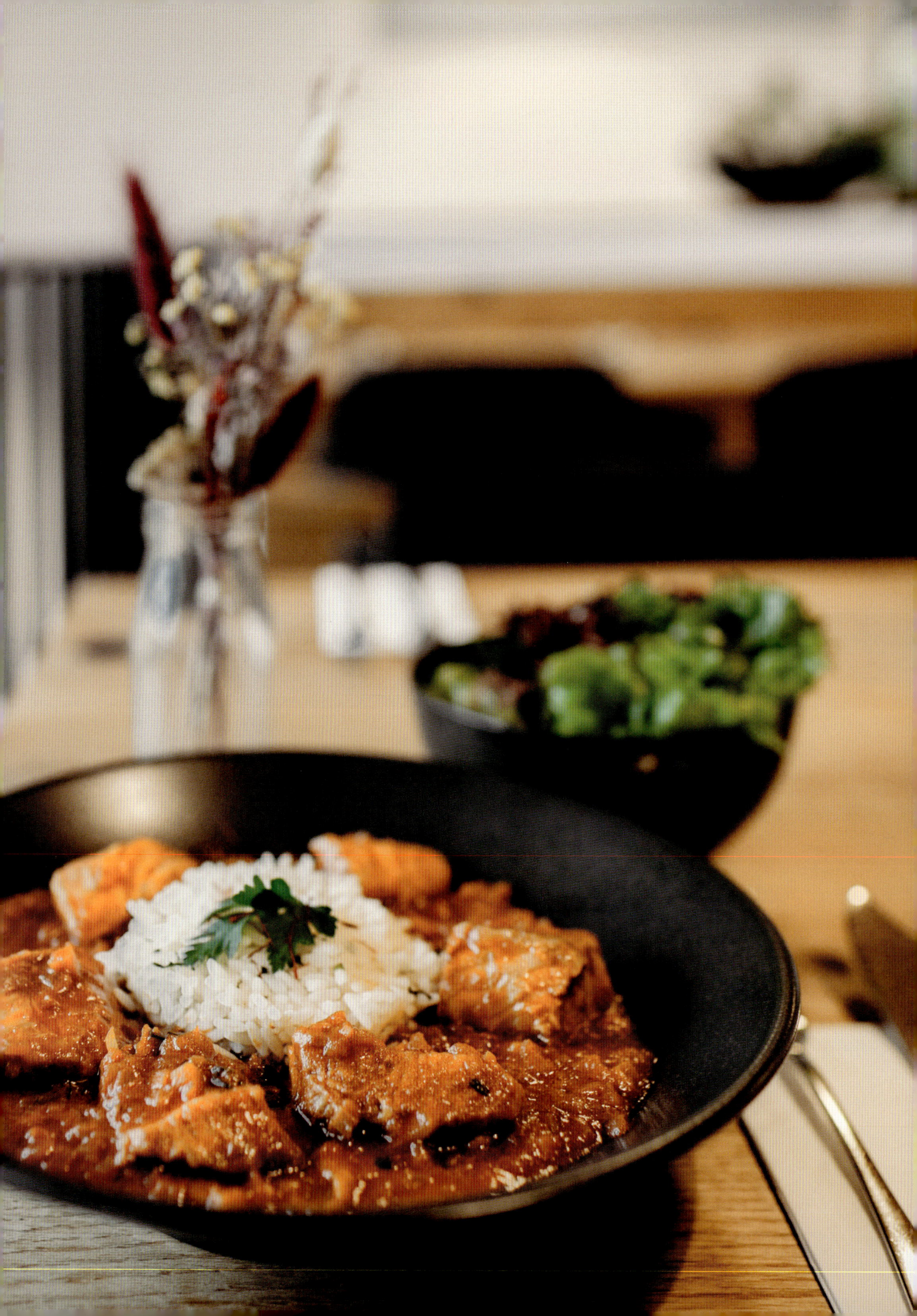

Fischgulasch vom Stör

ZUTATEN FÜR FÜNF PORTIONEN:

860 g Fisch (gewürfelter Stör aus dem Dry Ager, Wels, Lachsforelle)

Für die Marinade:
2 EL Paprikapulver edelsüß
Schale von 1,5 Zitronen
1 EL Ingwer gehackt
2 EL Pflanzenöl

Für die Beilage:
ca. 300 g Reis
frische Petersilie

Für das Gulasch:
450 g Zwiebeln
90 g Butter
1 großer Apfel
1 EL Tomatenmark
1 EL Paprikapulver
1 l Weißwein
1 l Fischfond
2 EL Kapern
1/2 TL Kümmel
Pfeffer, Salz, Chili, getrockneter Majoran

ZUBEREITUNG:

Am Vortag den Fisch mit Paprikapulver, Zitronenschale, gehacktem Ingwer und Pflanzenöl marinieren. Außerdem für das Gulasch Zwiebeln hacken und in Butter bei wenig Hitze und geschlossenem Deckel für etwa 1 Stunde schmoren. Äpfel hacken, zu den Zwiebeln geben und weiter schmoren. Tomatenmark und Paprikapulver hinzugeben. Mit Weißwein und Fischfond ablöschen. Bei Bedarf etwas Saucenbinder dazu geben. Das Gulasch mit Kapern, Kümmel, Chili, Pfeffer, Salz und getrocknetem Majoran abschmecken.

Am nächsten Tag den marinierten Fisch für etwa 20 Minuten im Gulasch ziehen lassen. Währenddessen den Reis nach Anleitung zubereiten und auf Wunsch mit frisch gehackter Petersilie vermengen. Anschließend das Gulasch mit dem Reis anrichten und servieren.

Chiemseemaler

Der Chiemsee und seine Inseln inspirieren seit jeher. Doch besonders ab dem späten 18. Jahrhundert lockte das Bayerische Meer zahlreiche Künstler an. Zu dieser Zeit haben sich die ersten Gruppierungen verschiedener Landschafts- und Genremaler gebildet, die heute weithin als die Chiemseemaler bekannt sind – so auch die berühmte Künstlerkolonie Frauenchiemsee, die auf den Münchner Kunstprofessor Max Haushofer zurück geht. Zu den bekanntesten Namen unter den Chiemseemalern zählen wohl die Künstler Karl Millner, Friedrich August Kessler, Friedrich Wilhelm Pfeiffer, Karl Raupp, Joseph Wopfner, Wilhelm Trübner, Julius Exter, Leo Putz, Walther Püttner, Paul Roloff und Erich Glette. Zahlreiche ihrer Werke lassen sich noch heute rund um den See bestaunen. Mit mehr als fünfzig Werken ist die wohl größte Sammlung im Augustiner-Chorherrenstift auf Herrenchiemsee zu sehen. Die dortige Ausstellung zeigt die Entwicklung der Malerei am Chiemsee von 1790 bis zum Zweiten Weltkrieg. Daneben werden im Heimatmuseum in Prien oder im Exter Kunsthaus in Übersee einige Meisterwerke der berühmten Chiemseemaler gezeigt.

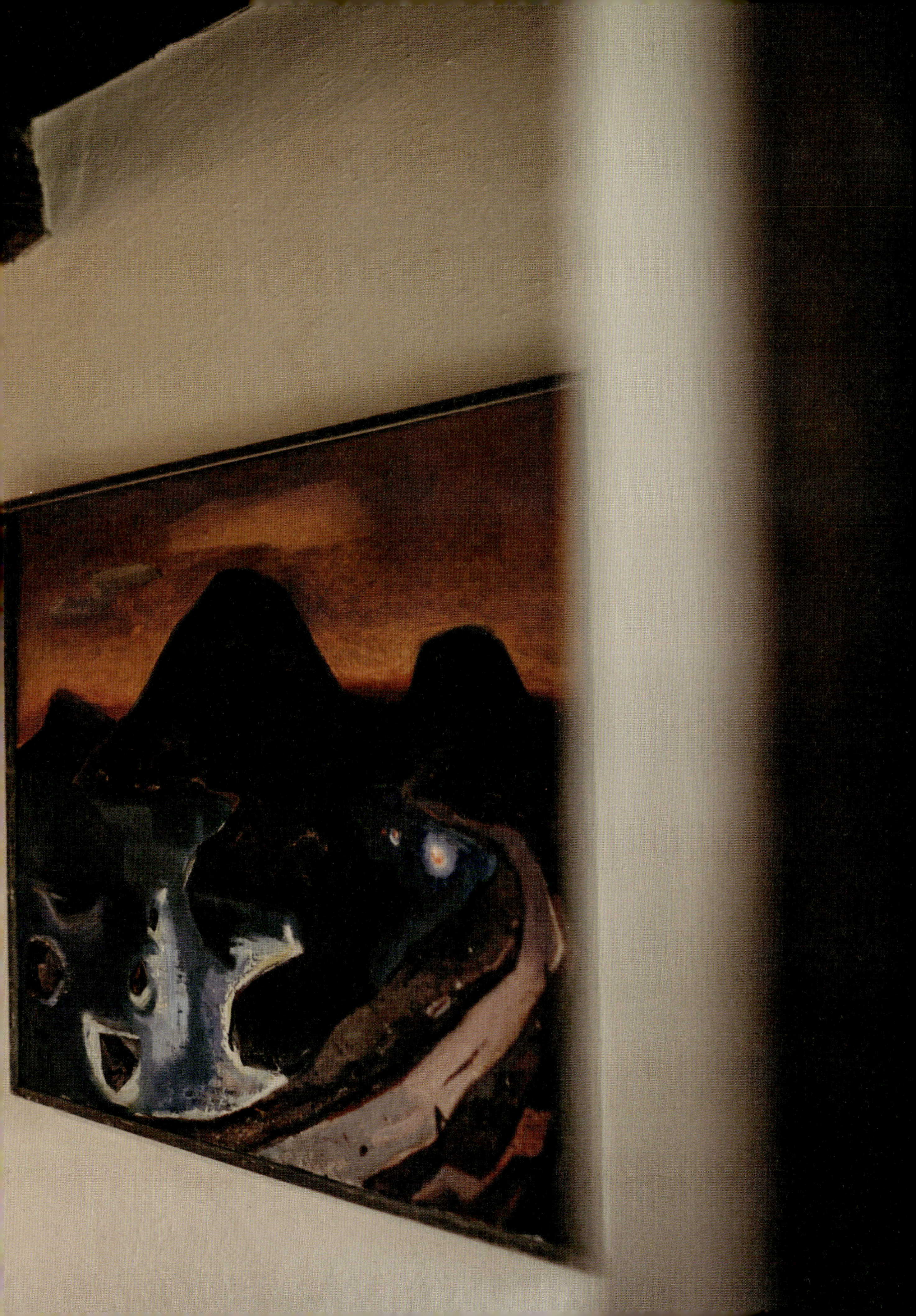

Das Künstlerhaus

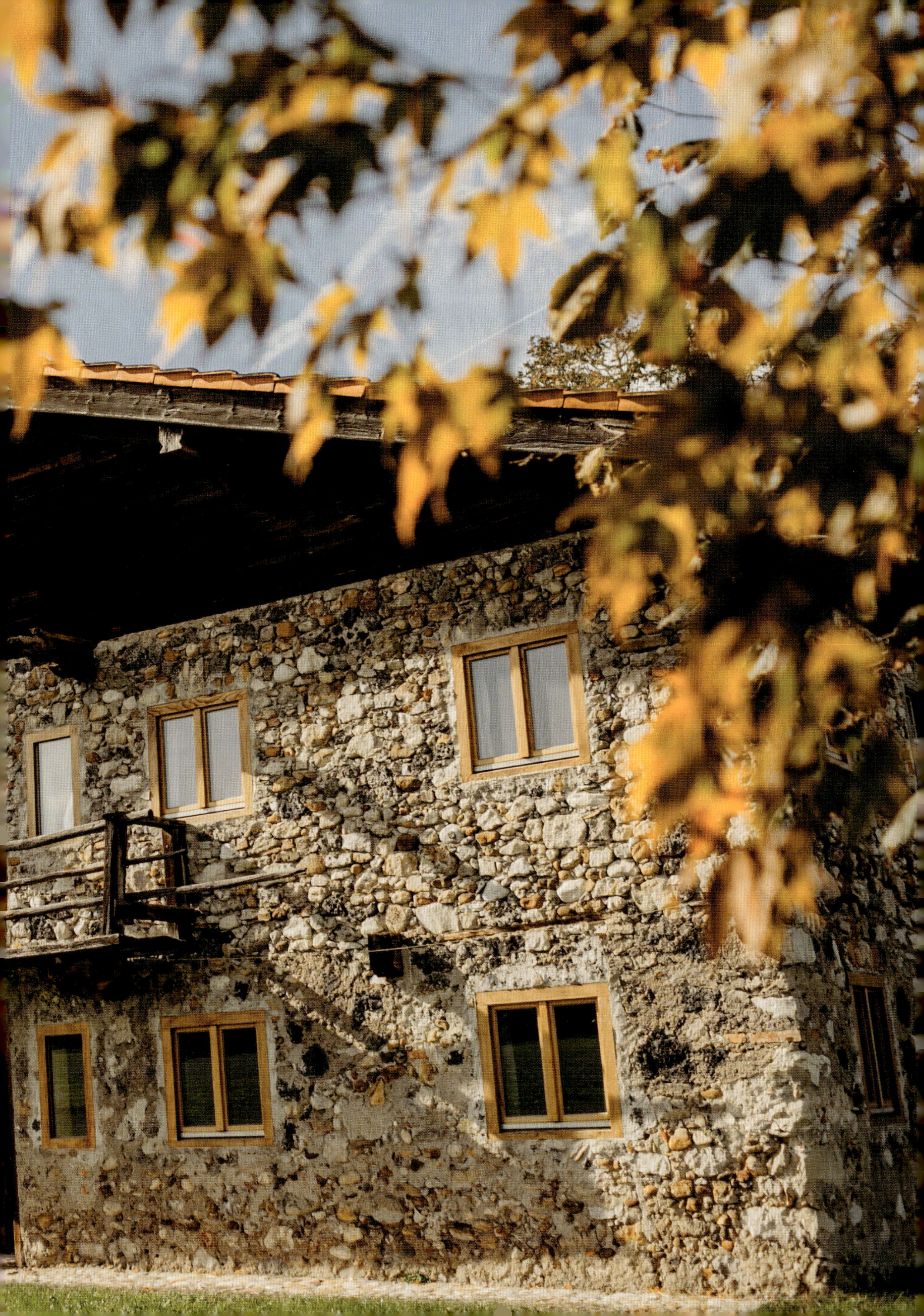

FAMILIE GEIGER
UND DIE BAX

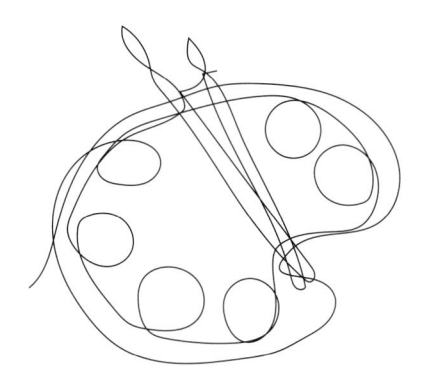

Eine schmale Straße führt von Übersee durch Seethal bis nach Baumgarten, Neuwies. Zunächst noch ganz dicht, werden die Häuser links und rechts immer weniger. Am Ende eines kleinen Feldweges schließlich, eingebettet in eine sanfte Wiesenlandschaft, steht sie: die Bax. Schon durch sein aus Bruchsteinen gefügtes Mauerwerk sticht das fast 450 Jahre alte Bauernhaus aus dem Reigen der umliegenden Bauernhöfe heraus. Fast unscheinbar fügt es sich in seine Umgebung ein und doch berührt es sofort mit seiner ruhigen Ausstrahlung.

Anfang der 1930er-Jahre entdeckt Willi Geiger das Haus als halb verfallene Ruine und erwirbt es in desolatem Zustand. Der Maler und Grafiker kam – wie viele Künstler und Malergruppen seit Mitte des 19. Jahrhunderts – mit seiner Frau Klara und Sohn Rupprecht immer wieder zur Sommerfrische an den Chiemsee. Zunächst nach Gstadt und Prien, später auch nach Baumgarten, wo sich erste Spuren des Malers entdecken lassen. „Einen seiner Aufenthalte in einem Bauernhaus in der Nähe hat er zum Beispiel mit Fresken bezahlt", erzählt Julia Geiger. Die Kunsthistorikerin ist die Urenkelin von Willi Geiger. In den darauffolgenden Jahren baut er die Bax gemeinsam mit seinem Sohn Rupprecht, der zu jener Zeit Architekturstudent ist und eine Maurerlehre absolviert hat, im alten Stil wieder auf. Beeinflusst von ihren Reisen und Erlebnissen fügen sie hier und da persönliche, individuelle Elemente hinzu, wie beispielsweise die flachen, auf den Putz aufgetragenen Säulenstellungen, die die Fenster in den Wohnstuben flankieren. So schaffen Vater und Sohn eine einzigartige Mischung aus Tradition, Regionalität und Individualität.

Schnell wurde das Haus unweit des Chiemsees – dessen Name wohl auf den früheren Hofbesitzer Georg Paxer zurückgeht – zu einem wichtigen Rückzugsort für Willi Geiger und seine Familie. „Als einer der ersten deutschen Künstler wurde Willi aus seiner Professur an der Staatlichen Akademie für Graphik und Buchkunst in Leipzig entlassen, nachdem er sich kritisch gegen das politische Regime geäußert hatte. In dieser Zeit war die Bax ein Segen." Der denunzierte Willi Geiger kehrt zurück nach München und zieht sich in seiner ‚inneren Emigration' immer mehr an den Chiemsee zurück. „In seiner Malerei hat er sich während dieser Zeit auf neue Thematiken konzentriert. Blumen und Landschaften vom Chiemsee und von den Bergen prägten von nun an seine Bilder. Man nennt sie auch Butter-Bilder, denn oft hat er sie mit Einheimischen gegen Lebensmittel getauscht", erzählt Julia. „Sie haben ihn also trotz seiner politischen Einstellung hier aufgenommen." Für viele wurde die Bax zu dieser Zeit eine ‚Menschlichkeitsoase', ein Ort des freien Ideenaustausches. Seine Kritik am Regime verarbeitet Willi Geiger in Zeichnungen. „Er hatte einfach diesen künstlerischen Drang, etwas anderes zu schaffen – auch auf

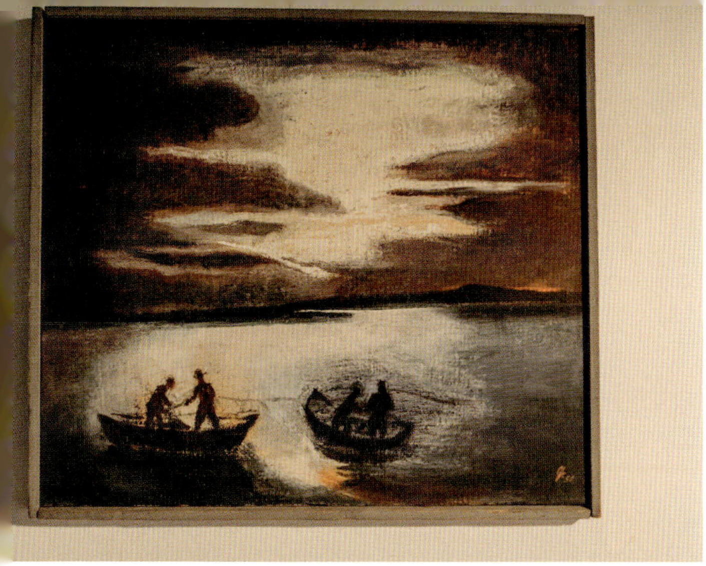
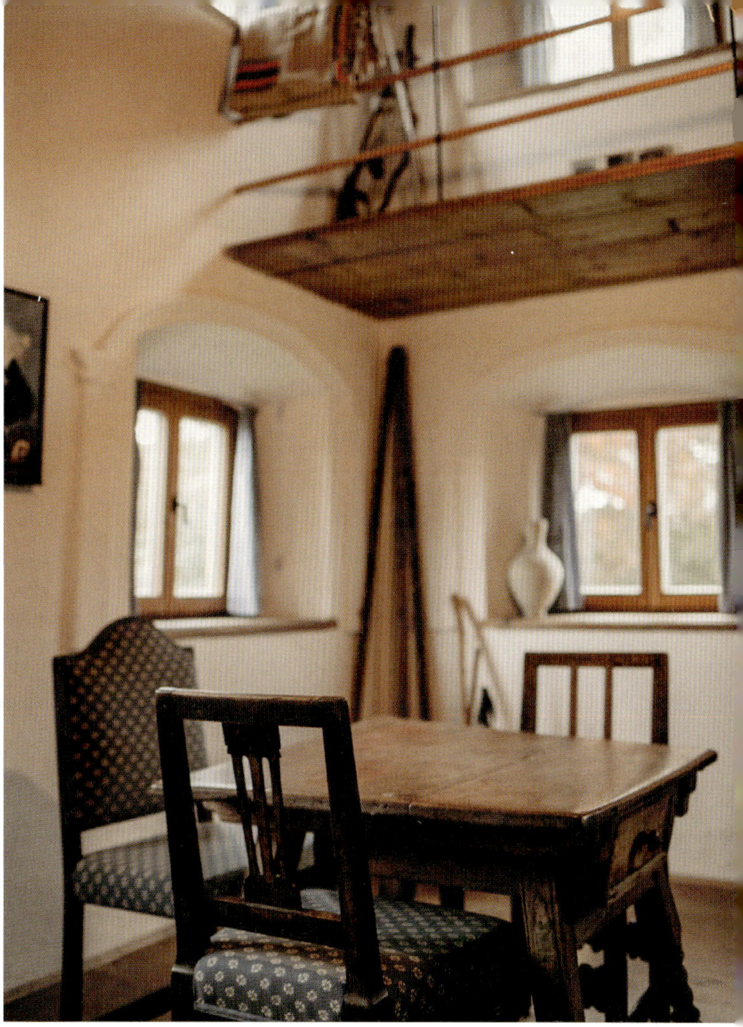
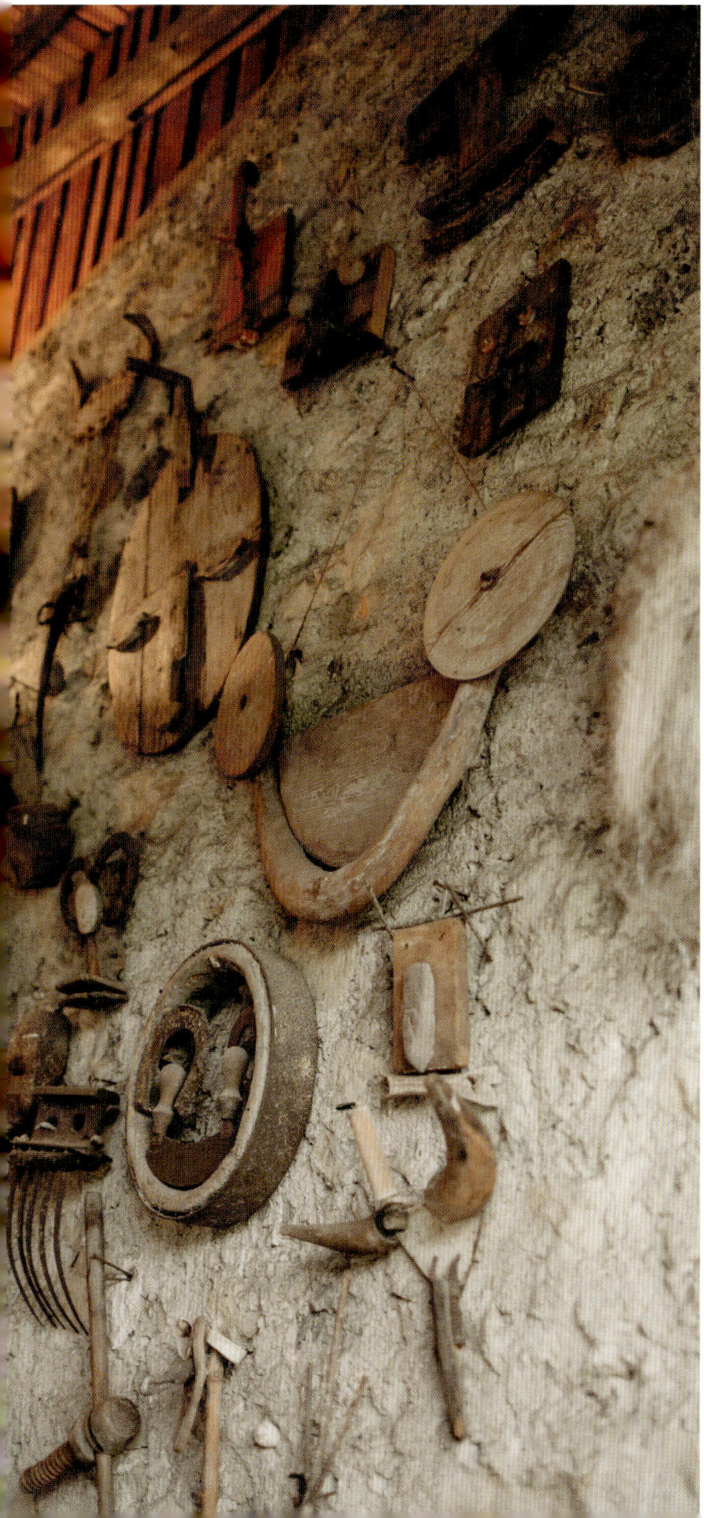
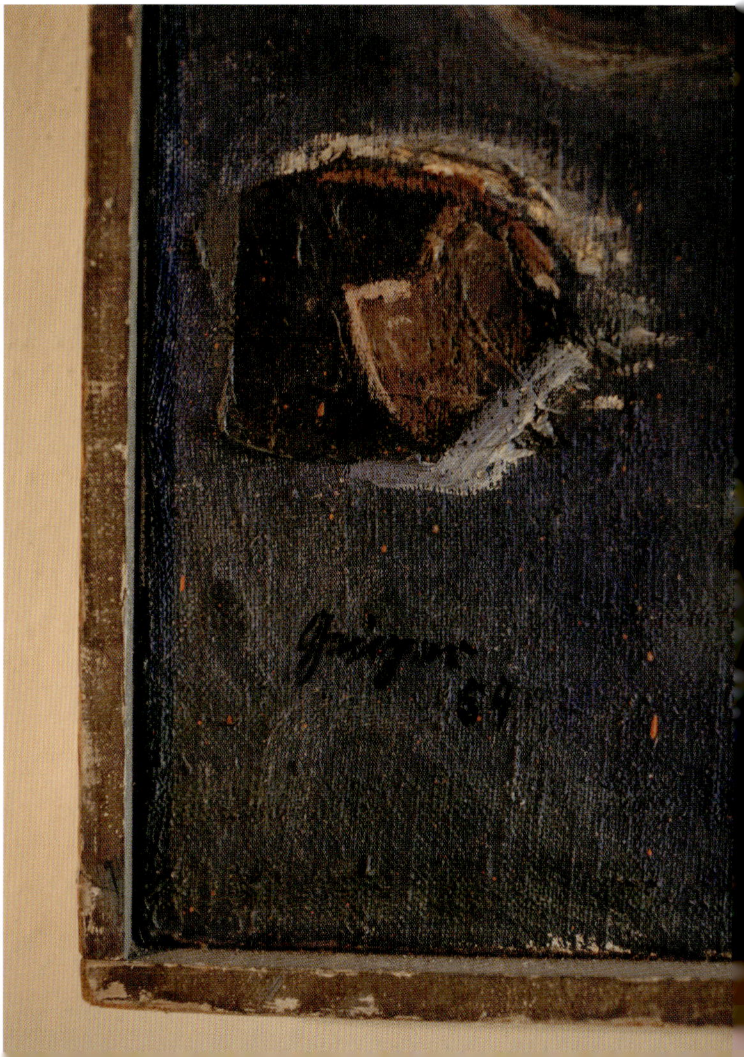

die Gefahr hin, erwischt zu werden. Deshalb nutzte er Zeichnungen. Die konnte man nicht nur gut verstecken, sie trockneten auch schneller als Gemälde und die Farbe roch nicht. Auch waren Zeichnungen schnell verbrannt", weiß Julia. „In seinen Memoiren beschreibt er davon, als zwei Spitzel ihn in der Bax aufgesucht haben – die Gefahr war immer präsent."

Nach dem Zweiten Weltkrieg kehrt die Familie nach München zurück. Willi Geiger wird rehabilitiert und bekommt bis 1951 eine Professur an der Akademie der bildenden Künste. Die Bax jedoch blieb weiterhin sehr präsent im Leben des Malers. Da die Akademie noch in Ruinen lag, kam er für die Sommerfrische eine Zeit lang auch mit seinen Studenten an den Chiemsee. Später wurde das Haus als Ferienhaus der Familie genutzt. Nach Willi und Klara kamen auch Sohn Rupprecht mit seiner Frau Monika und später die Enkel Lorenz und Florian hierher. „Und irgendwann auch ich", erzählt Julia. „Viele, viele Geschichten und Erinnerungen sind mit der Bax verbunden."

Noch heute atmet das alte Gemäuer den Geist ganzer Generationen. Im nahezu unveränderten Wohnhaus kann man die Atmosphäre jener Zeit, als Willi Geiger mit seinen Künstlerkollegen und Freunden um den Tisch saß, erspüren. Er hat dem Gebäude eine Seele gegeben, die die nachfolgenden Generationen der Geigers behutsam gepflegt und weiterentwickelt haben. Geschichten der Vergangenheit treffen hier auf die Gegenwart. Die Bindung zu diesem Ort ist sehr stark. Und so versucht man natürlich die Erinnerungen aufrecht zu erhalten. Allen in der Familie ist das wichtig", betont Julia. „Und doch ist es ein lebendiger Ort. In manchen Räumen hat sich mehr verändert, denn da leben wir – zumindest zeitweise – und wollen irgendwo auch mit der Zeit gehen. In anderen Räumen wiederum hat sich kaum etwas verändert. Es ist irgendwie auch dieses puristische, das den Charme der Bax ausmacht. Und in einem Ferienhaus brauche ich auch einfach nicht den Komfort, den ich in meiner Wohnung in der Stadt habe." Es ist ein schmaler Grat zwischen Verändern und Bewahren, der behutsam und mit Bedacht gegangen wird. „Es geht ja nicht darum, dass man in den Ursprungszustand zurückkommt, sondern dass man diesen Geist erhält. Das ist es, worauf es ankommt."

Etwa alle drei Jahre wird eine Sommerausstellung im Künstlerhaus am Chiemsee organisiert. Dann ist das Anwesen auch für die Öffentlichkeit zugänglich. „Nach seinem Tod 1971 ist Willi Geiger sehr schnell in Vergessenheit geraten", erklärt die Kunsthistorikerin. „Doch Willi Geiger ist eine sehr interessante Persönlichkeit. Er war ein Kind seiner Zeit." Die Auseinandersetzung mit ihm ist mehr als spannend, denn die Geschichte des Malers beschreibt auch nahezu 100 Jahre bewegter, deutscher Geschichte: Zwei Weltkriege und nicht zuletzt der Kalte Krieg waren Begleiter seines Lebens. Aber auch Reisen nach Spanien, auf denen er Juan Gris kennenlernt, oder Begegnungen mit Thomas und Heinrich Mann prägen ihn.

„2004 hatte mein Vater Florian die Idee, eine Ausstellung in der Bax zu machen, um sein Andenken zu bewahren und diesen besonderen Ort mit anderen Menschen zu teilen." Unter dem Titel ‚Willi Geiger in der Bax' zeigte die erste Ausstellung mit Gemälden, Grafiken und Aquarellen, Fotos, Schriftstücken und persönlichen Gegenständen wesentliche Aspekte des künstlerischen Schaffens von Willi Geiger. Sie stellte sowohl die Bindung des Malers zur Region dar als auch die magische Welt des Künstlers mit ihren phantastischen Visionen. Auch die zweite Ausstellung 2006 fokussierte sich allein auf Willi Geiger. „Wir mussten jedoch feststellen, dass es schwer war, Willi Geiger hier wieder zu etablieren. Er war einfach nicht so bekannt. Letztendlich haben wir uns dann 2009 dazu entschlossen, Rupprecht Geiger ins Boot zu holen." Julia betreut im Archiv Geiger in München das Werk von Rupprecht und Willi Geiger. Denn er, der berühmte Sohn, wird auch heute noch weltweit in Ausstellungen gezeigt. Seine Wurzeln jedoch hat er auch hier, im Chiemgau, in der Bax. „Für die Ausstellungen in der Bax war dieser Schritt sehr bedeutend, denn das Interesse nahm schlagartig zu." Vater und Sohn also. „Die beiden hatten eine sehr starke Beziehung. Sie haben sich gegenseitig immer wieder beeinflusst. Rupprecht hat die Kunst ein Stück weit in die Wiege gelegt bekommen, Willi wiederum hat sich irgendwann von seinem Sohn inspirieren lassen und sogar heimlich Farbpigmente aus dessen Atelier geklaut. Auch seine Malerei wurde im Spätwerk immer abstrakter." Eine spätere Ausstellung widmet sich schließlich sogar dem vielseitigen Werk der gesamten Künstlerfamilie Geiger. Denn auch Lorenz und Florian sind Künstler. Julias Schwester Nanda Lavaquerie arbeitete eine zeitlang als Kunstfotografin. „Wir ziehen die Ausstellungen sehr professionell auf. Da steht nicht nur die Familie, sondern mittlerweile das ganze Archivteam dahinter." Die Kunstwerke stammen normalerweise aus dem Bestand der Familie. Für die Besucher ist es ein besonders inspirierendes und seltenes Erlebnis, Kunstwerke dort zu erleben, wo sie entstanden sind oder wo die Künstler lange gelebt haben.

„Wir sind mit der Kunst aufgewachsen, es war immer ein wichtiges Thema, das uns von klein auf geprägt hat. Es ist ein gewisses Erbe, das wir mitbekommen haben. Heute sehe ich es als meine Lebensaufgabe, sowohl das Archiv Geiger zu leiten, als auch die Bax als Ort der Begegnung zu erhalten. Wir haben hier einen unglaublichen Schatz: die Werke, das Haus." Für Julia ist die Bax ein besonderer Ruhepol – und der Inbegriff der Familie Geiger. „Alle Generationen haben eine Zeit lang hier gelebt. Es ist das verbindende Element über mittlerweile fünf Generationen hinweg. Eine Konstante, wenn man so will." Ein Ort, der besonders die künstlerische Seite der Familie Geiger zeigt, wie kein anderer auf dieser Welt. „Viele sagen, die Bax ist ein kleines Paradies. Und das finde ich auch. Ein Paradies zwischen Bergen und See, das hoffentlich noch viele weitere Generationen lebendig halten."

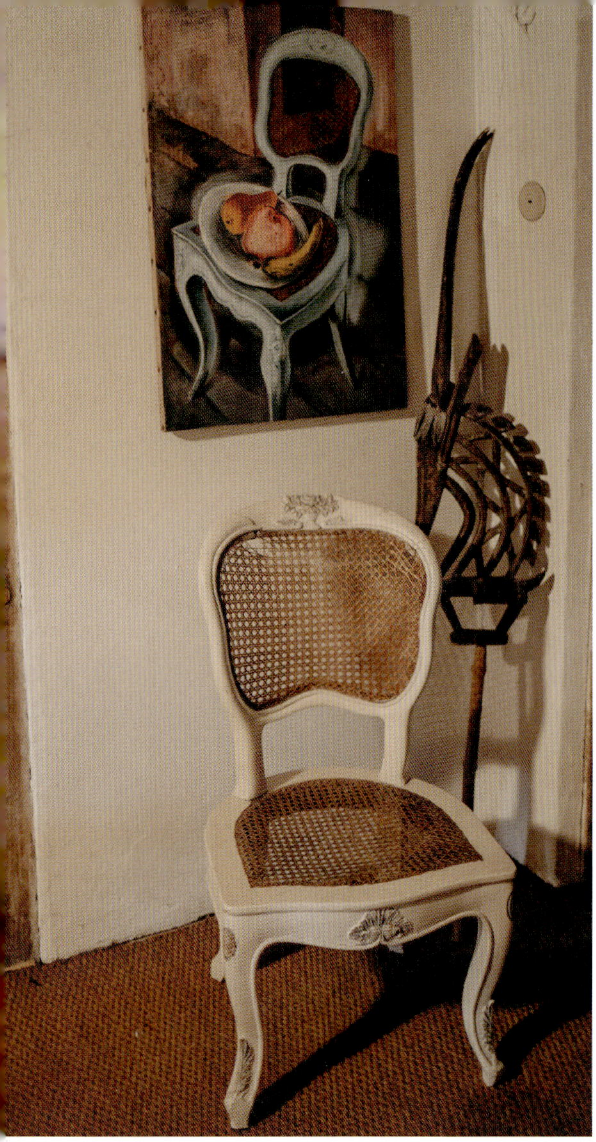
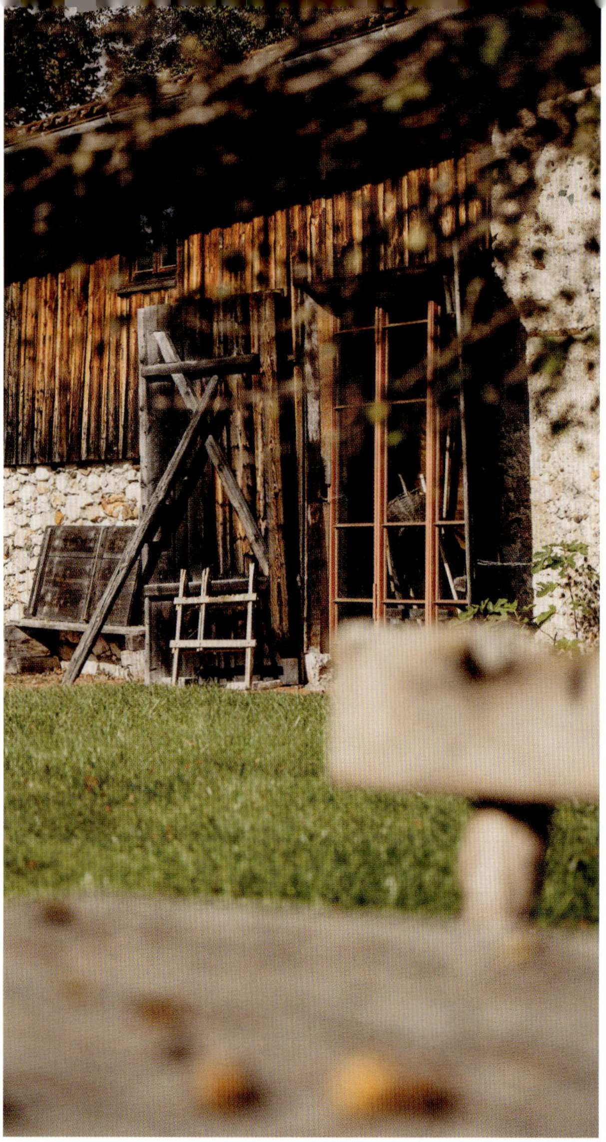
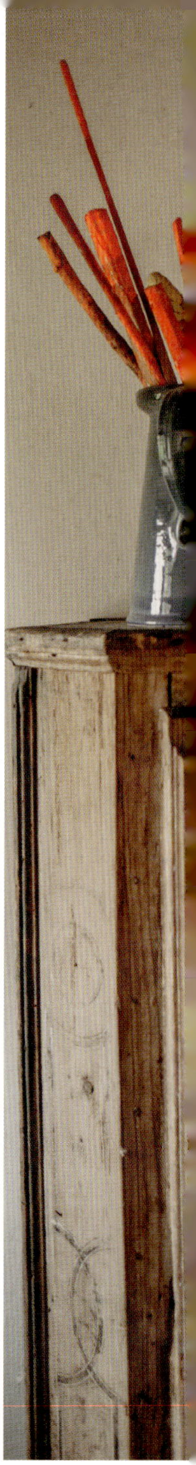
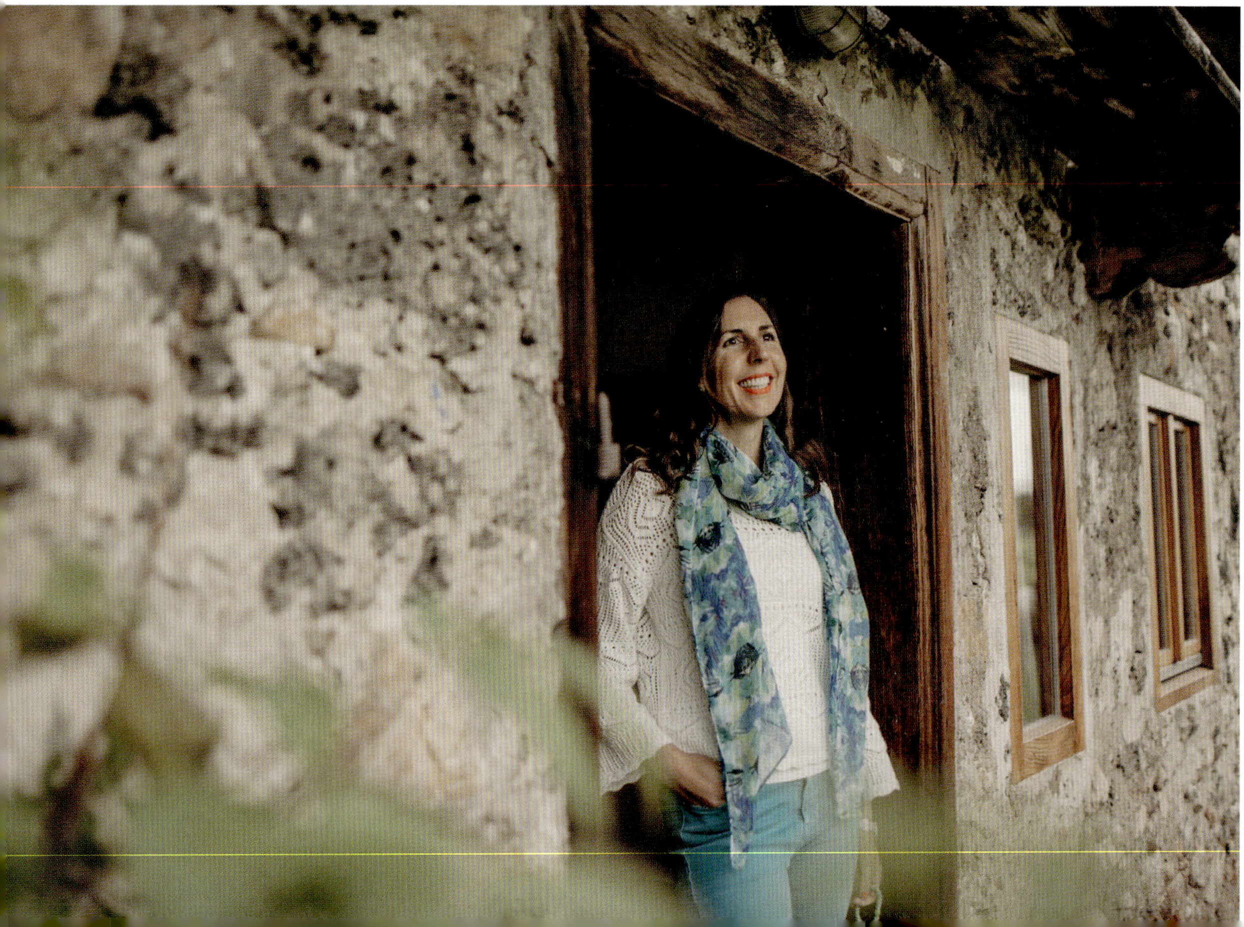
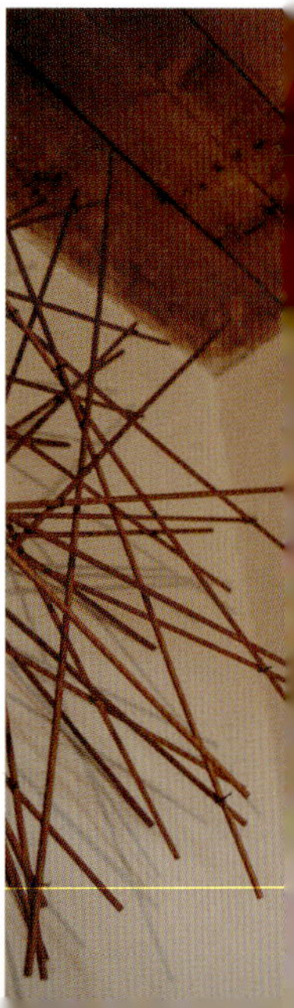

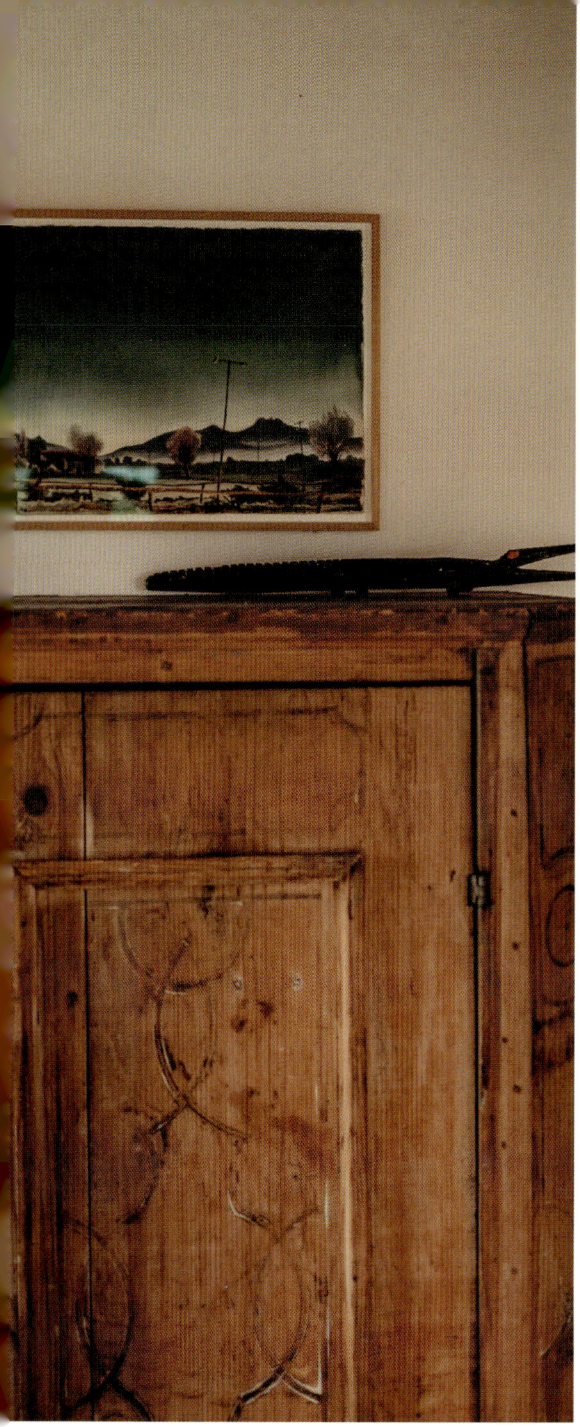
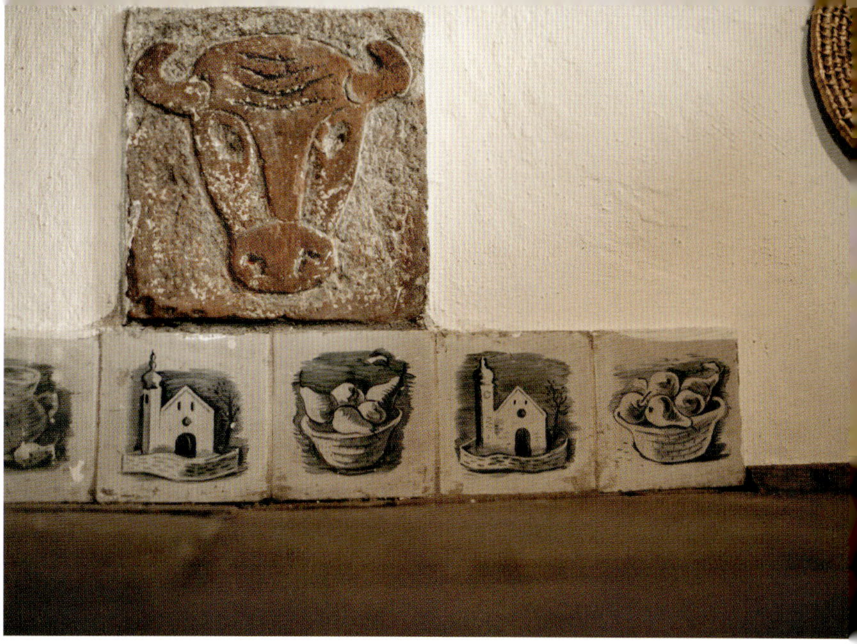
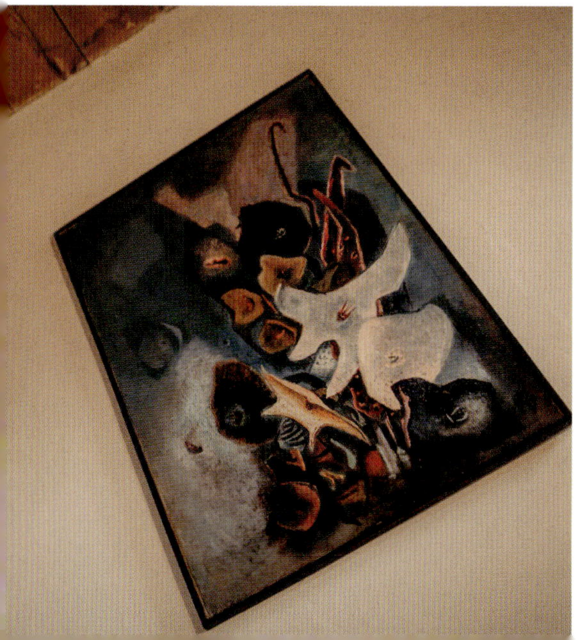
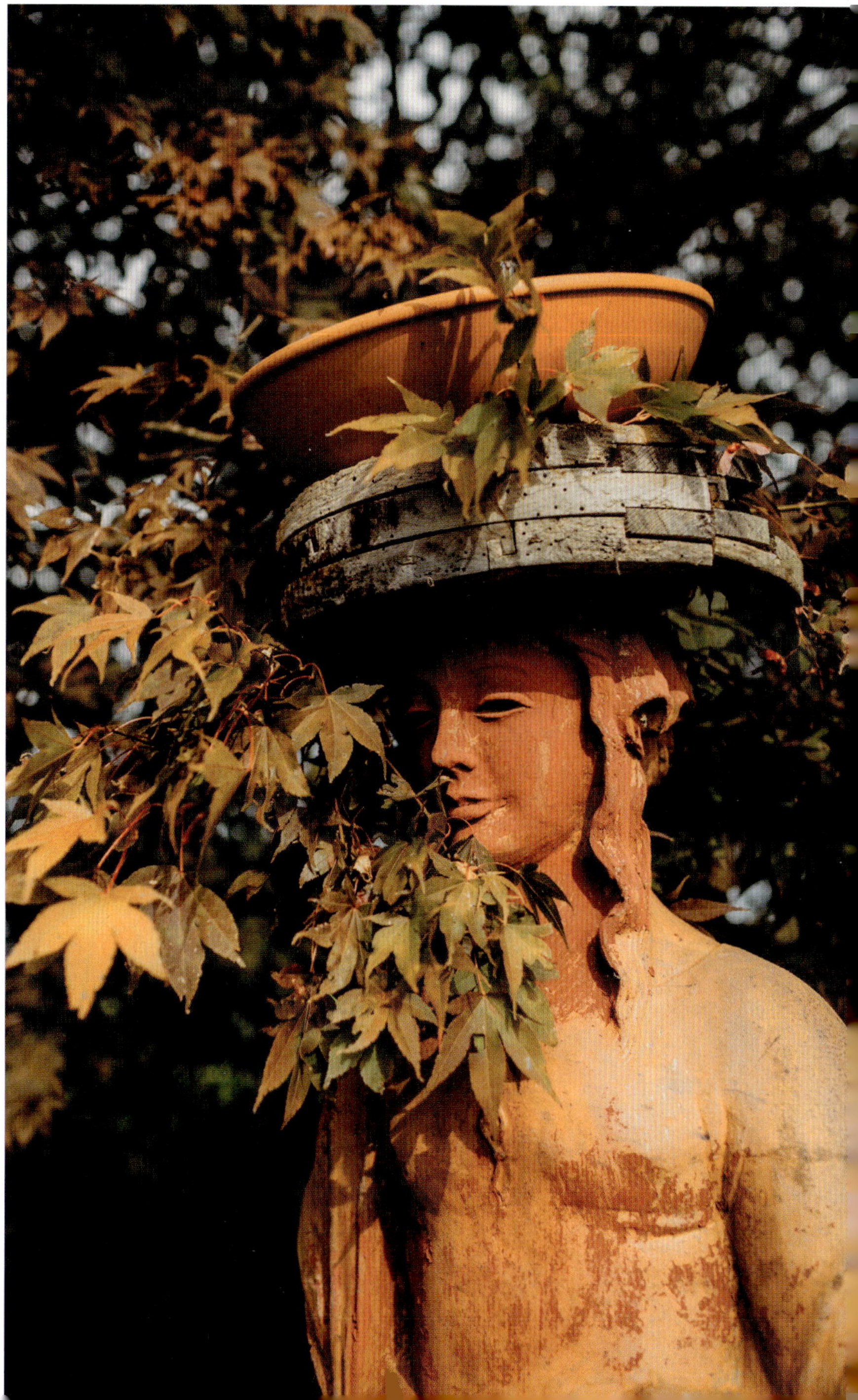

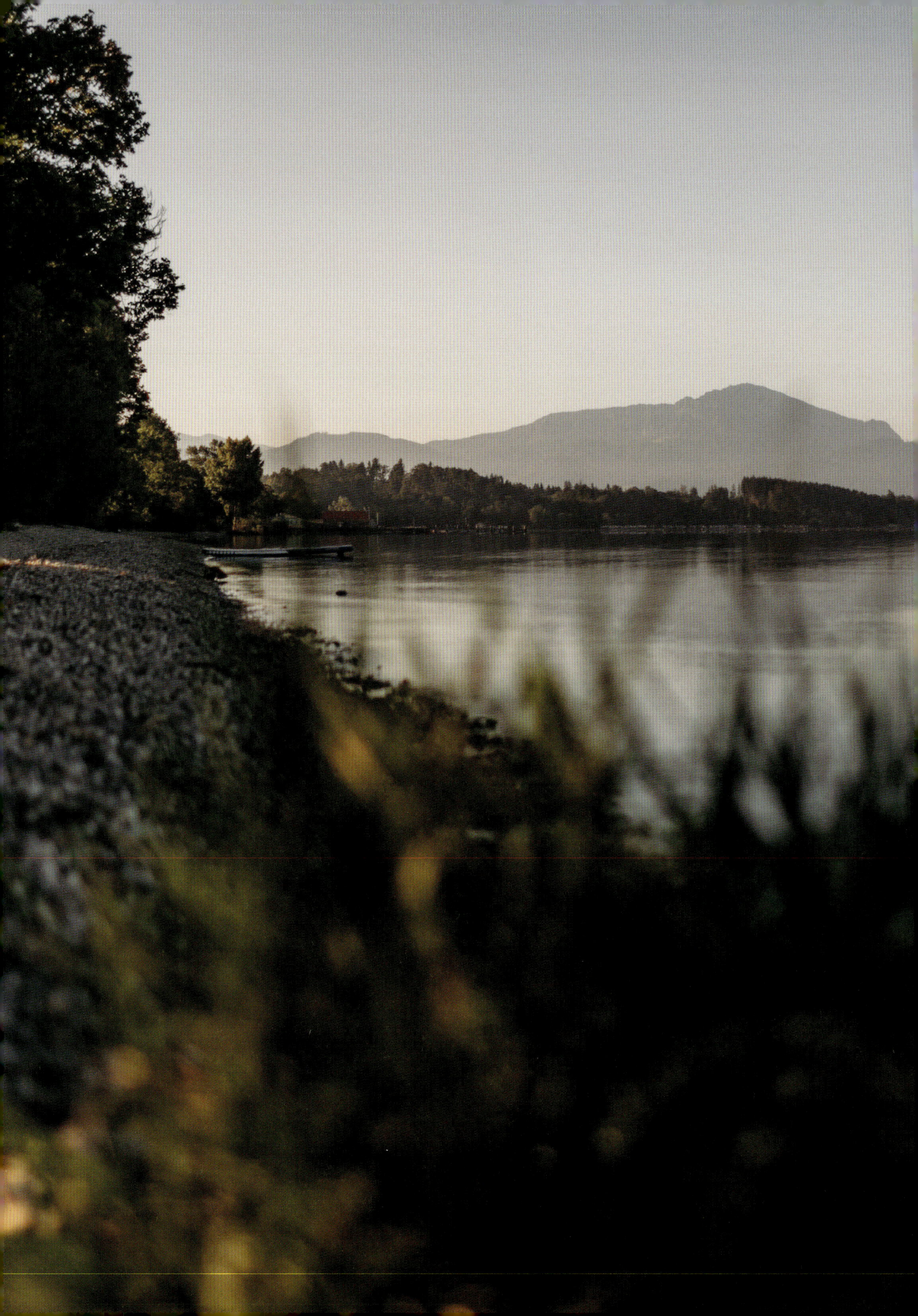

MAIRENKE

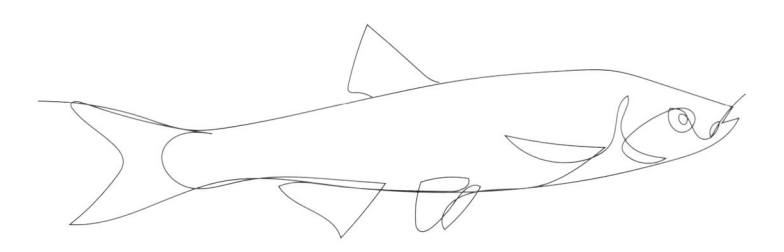

Schiedling – so nennt man die Mairenke oft am Chiemsee. Der kleine Schwarmfisch kommt deutschlandweit nur in Bayern vor, denn am liebsten tummelt er sich tief unten im Wasser der Voralpenseen. Anders als ihr Name vermuten lässt, ist die Mairenke keine Renke, sondern ein Karpfenfisch. Sie hat einen schlanken, lang gestreckten Körper und wird meist 15 bis 25 Zentimeter lang. Ihr Schuppenkleid ist an den Flanken silbern und oberhalb grünlich gefärbt. Im Mai und Juni, wenn die Fische zum Laichen Alz-abwärts schwimmen, kann man an der Seebrücke in Seebruck ganze Schwärme beobachten. Einst war die Mairenke ein geschätzter Speisefisch. Aufgrund ihrer vielen Gräten ist sie inzwischen jedoch nicht mehr ganz so beliebt. Dabei lässt sie sich bestens als Brathering, Fleischpflanzerl oder nach Matjes-Art zubereiten. Zwar hat die Mairenke auch viele tierische Feinde, dennoch ist nach wie vor der Mensch an den schrumpfenden Beständen schuld – durch seine Eingriffe in die Gewässer, zum Beispiel durch Stauwehre und Uferverbauungen, beschränkt er den Lebensraum des kleinen Fisches.

Insel Schalch

Er ist der unbekannte Vierte im Bunde der Chiemsee-Inseln: der Schalch. Die winzige Binnenseeinsel unweit von Frauenchiemsee ist gerade einmal 22 Quadratmeter groß. Viele Geschichten ranken sich um die kleine Insel. Fest steht: Sie ist quadratisch, hat eine Seitenlänge von je 4,7 Meter, ihr Ufer ist mit gemauerten Steinreihen befestigt und ihre Ecken zeigen in die vier Himmelsrichtungen. Der Schalch, der im Volksmund auch als Saharainsel bekannt ist, wurde einst vermutlich künstlich angelegt, um eine größere Untiefe in der Nähe zu markieren. Heute schmückt die kleine Insel eine Weide. So ist sie für Bootsfahrer besser sichtbar. Anders als die anderen drei Chiemsee-Inseln gehört die Insel Schalch nicht zur Gemeinde Chiemsee des Landkreises Rosenheim, sondern wie der See zum gemeindefreien Gebiet Chiemsee des Landkreises Traunstein. Eigentümer ist daher der Freistaat Bayern.

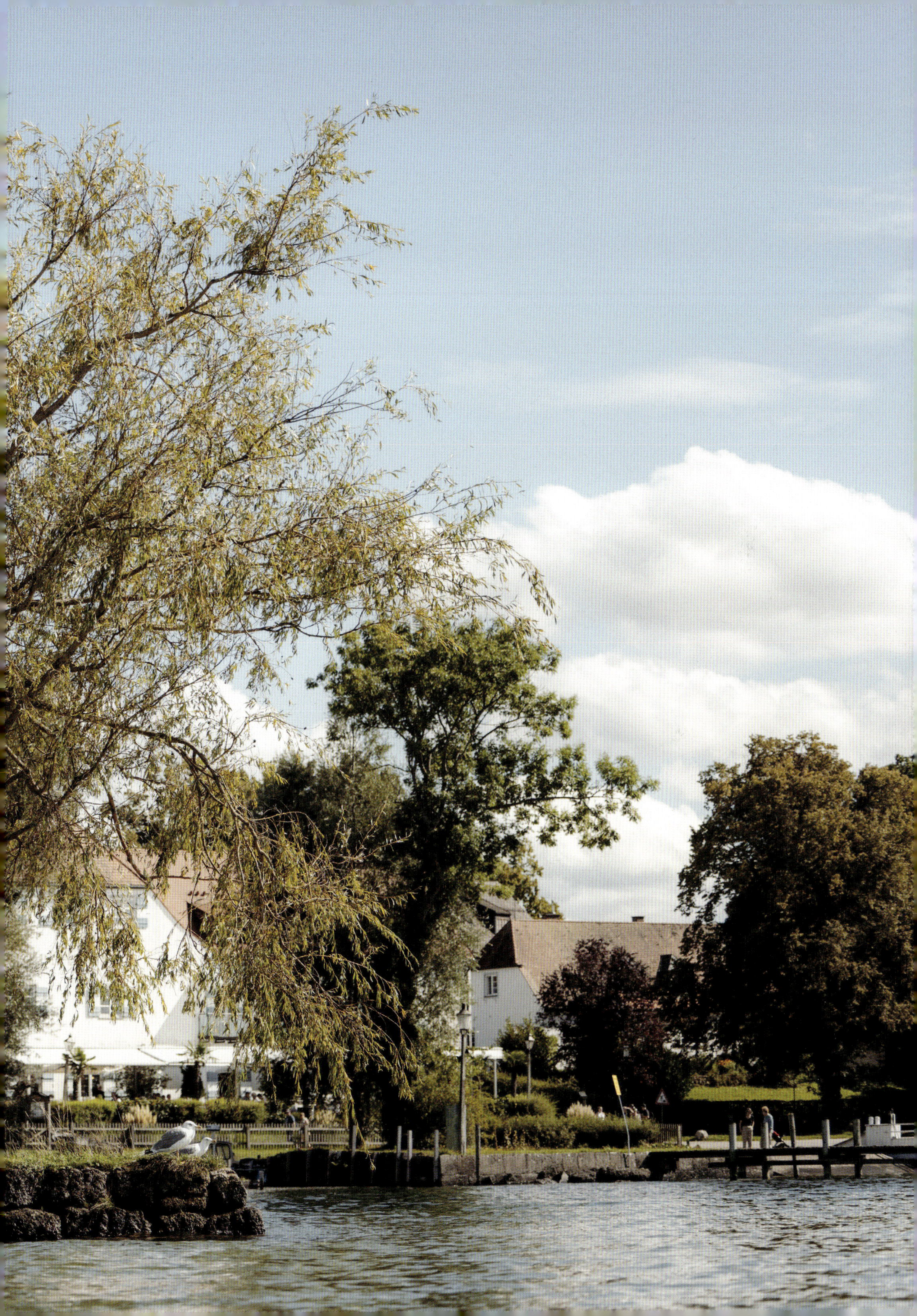

Kleine Insel, großes Bier

Inselbräu

BRAUMEISTER DANIEL HAGEN

Etwa 300 Jahre muss man im Archiv des Klosters Frauenwörth zurückgehen. Dann kann man von der ersten Brauerei auf der Fraueninsel lesen. Daniel Hagen hat diese Tradition ins 21. Jahrhundert geholt und mit seinem Inselbräu einen Ort der Gastlichkeit und des Genuss geschaffen. 2006 gründete der gebürtige Chiemseer eine Brauerei auf der Fraueninsel – samt Ausschank im direkt darüberliegenden Bräustüberl. So dauert es nicht lange, bis das Bier seinen Weg über Sudkessel, Gär- und Lagertank bis ins Glas der Gäste findet.

Dass er Brauer werden möchte, hatte Daniel schon recht früh entschieden. Nach der Lehre im Hofbräuhaus in Traunstein folgte das Studium in Weihenstephan. Und weil er schon ganz gern auf seiner Heimatinsel lebt, kam kurzerhand der Entschluss, eine Brauerei auf Frauenchiemsee zu gründen. „Wir haben uns gedacht, dass das bestimmt ganz gut bei den Leuten ankommen würde, denn gibt es etwas Schöneres, als mit Blick auf den See oder hinauf zu den historischen Linden ein herrlich kühles Bier zu trinken? Mit diesem Panorama, der Seeluft, dem Urlaubsfeeling hier auf der Insel, da passt das einfach perfekt." Doch nicht nur das Umfeld, auch der Geschmack macht das Inselbier besonders.

BRAUMEISTER DANIEL HAGEN

„Unser Bier ist handwerklich hergestellt und naturbelassen. Das heißt, die Hefe und andere Stoffe, die für die Haltbarkeit normalerweise herausgefiltert werden, können wir im Bier lassen, denn es wird direkt vor Ort ausgeschenkt", erklärt der Brauer. Wer also in den Genuss eines Inselbräu kommen möchte, muss auf die Insel. Denn das Bier gibt es wirklich nur hier. Als kleine Brauerei kann es das Inselbräu mit den Sorten allerdings nicht übertreiben. So stehen den durstigen Gästen zwei Inselbiere zur Wahl: ein untergäriges, altbairisches Zwickel sowie ein süffigfruchtiges Weißbier.

Am meisten liebt Daniel an seinem Beruf tatsächlich, dass er alles komplett allein macht. „Vom Brauvorgang bis zum fertigen Bier war nur ich dran. Wenn es gut ist, bin zu 100 Prozent ich verantwortlich – und wenn es schlecht ist, auch. Das ist das Schöne. Beim Brauen hast du ja auch einen gewissen Handlungsspielraum und allein kann ich das Bier genau so machen, wie es mir selbst am besten schmeckt. Und zum Glück kommt das auch gut bei den Gästen an", freut sich der Brauer. „Besonders unser Weißbier ist wahnsinnig fruchtig und riecht leicht nach Banane. Also genau so, wie große Brauereien das gerne haben wollen. Das liegt daran, dass ich beim kompletten Sud dabei bin und das viel besser steuern kann. So kommt man schöner in diese obergärige Fruchtigkeit rein."

Gebraut wird auf der Fraueninsel nach Bedarf. „Da spielen viele verschiedene Faktoren mit: Wie ist das Wetter, was hat man für Gäste? Wenn ich die Woche fünf Junggesellenabschiede habe, ist der Bierumsatz natürlich deutlich höher als bei drei Kaffeekränzchen." Da der Platz in der kleinen Brauerei nicht unendlich ist, wird gut geplant. Ist ein Tank frei, wird dieser möglichst schnell wieder aufgefüllt. Bei den Rohstoffen für sein handwerklich gebrautes Bier achtet Daniel auf Qualität. Auch wenn sein Bier nicht biozertifiziert ist, so sind es zumindest Hopfen und Malz. Bis diese jedoch auf der Insel sind, ist es manchmal abenteuerlich spannend. „Malz sollte nicht nass werden", erklärt Daniel. „Deshalb hofft man immer, dass das Wetter in dieser Kalenderwoche stabil ist, wenn die Spedition das Malz in Gstadt ablädt. Sonst muss man sich etwas einfallen lassen und schauen, wie man es hinbekommt." Der Transport auf die Insel ist umständlicher und auch mit höheren Kosten verbunden. Viele Speditionen wollen auch aus Zeitgründen nicht auf die Insel liefern, denn mit der Lastenfähre dauert es nun einmal länger. Sind Malz und Hopfen heil angekommen, ist der Beruf des Brauers auf der Insel genauso wie anderswo.

Am Abend, wenn das letzte Schiff in Richtung Festland abgelegt hat und die meisten Leute weg sind, dann zieht es viele Insulaner nach draußen. „Wenn man dann im Sommer mit einem selbst gebrauten Bier unten am See sitzen und die Ruhe genießen kann, dann ist das herrlich. Da bin ich jetzt mittlerweile in einem Alter, in dem man so etwas sehr schätzt", gibt Daniel zu. Auf der Insel gibt es viele schöne Flecken, an denen er gern verweilt. Und es ist auch ein wichtiger Kontrast zu den vielen Menschen, die Tag für Tag über die Insel strömen. „Tagsüber, wenn die Gäste da sind, ist sehr viel los. Vor allem – wie bei uns – in der Gastronomie. Das ist auch schön. Aber irgendwann, so im September, Oktober, da reicht es dann auch mal wieder. Dann freut man sich auf den Winter, wenn es ruhiger wird." Früher wollte Daniel oft noch reisen, Ausflüge machen, andere Orte erleben. „Heute bin ich froh, wenn ich mit meiner Frau in Ruhe am See sitzen kann."

Das war natürlich nicht immer so. In seinen jungen Jahren hat es Daniel schon oft weggezogen, von der Insel. „Für mich war die Kindheit und Jugend hier nicht so dramatisch, denn wir waren so vier, fünf in meinem Alter. Da hat man das meiste zusammen gemacht, gemeinsam geschaut, dass man mal ans Festland kommt und auch noch ein bissl weiter. Mein Bruder hingegen war in seinem Alter fast der einzige. Da kann das Inselleben recht schnell fad werden." Eines lässt sich nicht abstreiten: Wer auf der Insel aufwächst, sammelt andere Erinnerungen als viele auf dem Festland. So lernt man als Inselkind wahnsinnig schnell schwimmen, denn die Gefahr, ins Wasser zu fallen ist jederzeit präsent. „Ich denke, jeder Insulaner hat so seine Geschichten…

Sei es in der Jugend, wenn der See zufriert, während du irgendwo auf dem Festland in der Disco tanzt, oder ein Hochwasser, bei dem du ausprobierst, ob das Boot auch durchs Gartentürl passt. Und ich glaube – ich bin felsenfest davon überzeugt –, es gibt keinen Insulaner, der sich noch nie bei Nebel verfahren hat", lacht Daniel.

Das Leben auf Frauenchiemsee ist mit gewissen Umständen verbunden, aber man macht eben das Beste daraus. Wo andere schnell mal mit dem Auto zum Supermarkt fahren und zurück, da nehmen die Insulaner ihr kleines Wagerl, laufen zum Steg, fahren mit ihrem Boot aufs Festland, gehen zum Auto und fahren dann zum Supermarkt. Rückwärts das gleiche Spiel, nur dass man dabei auch seine Einkäufe ein paarmal mehr umladen muss. Und das bei jedem Wetter. „Natürlich ist es eine Gewohnheitssache, man wächst damit auf. Für uns ist das Normalität. Auch die Kälte macht einem irgendwann nichts mehr aus. Die Strecke von der Insel nach Gstadt rüber ist ja überschaubar und dann friert man halt mal zehn Minuten. Außerdem gibt es dafür gescheites Gewand", erzählt Daniel. „Das Inselleben hat auf der anderen Seite natürlich auch viele schöne Seiten. Es ist einfach eine ganz eigene Thematik."

Für Daniel sind die Insel, der See schlichtweg Heimat. „Der Chiemsee ist schon ein bisschen das Herz von Bayern, finde ich." Dem Brauer war klar, dass er nach dem Studium zurückkommen wird. „Natürlich, den Gedanken, dass man der Insel einmal komplett den Rücken kehren möchte, den hat glaube ich jeder ab und an. Der ist immer da. Wobei sich sicher jeder im Leben mal fragt: War es das jetzt oder möchte ich noch mal etwas anderes machen?" Doch auf der Insel prägt einen einfach eine tiefe Verbundenheit zum See. „Ich mag auch wirklich alle seine Schönheiten und Unschönheiten. Auch Nebel kann hier wahnsinnig toll sein." Doch am liebsten beobachtet er das Wetterleuchten in den nahen Bergen. „Wenn du auf Nacht unten am Kloster am Steg sitzt und dem Schauspiel der Natur zuschaust, das ist einzigartig. Das könnte ich stundenlang machen. Da kannst du wirklich auftanken. Am See spürst du einfach diese Naturgewalten. Durch die freie Fläche hat der Wind die Möglichkeit, sich aufzubauen, und kommt dann so kraftvoll auf der Insel an. Das zu erleben, das hat schon was. Selbst wenn man es dann sogar vielleicht ein bisschen übertreibt, zu lange beobachtet, zu lange bleibt und richtig durchgeweicht nach Hause kommt, dann hat man trotzdem dieses Gefühl, dass man jetzt etwas Einmaliges erlebt hat", erzählt Daniel.

Das Inselleben ist einfach besonders. „Wir Insulaner, wir sind schon ein bisschen eine Klasse für sich. Du lebst hier extrem eng aufeinander und jeder bekommt alles mit. Das hat seine Vor- und Nachteile. Man versteht sich auch nicht immer gut untereinander, das ist ja anderswo auch nicht anders. Aber das Schöne ist, wenn wirklich mal etwas passiert und einer Hilfe braucht, dann ist trotzdem jeder da. Wenn es drauf ankommt, halten alle zusammen. Es ist nicht das Paradies, aber auch nicht die Hölle. Man muss sich einfach das Beste rauspicken und darauf sein Leben aufbauen." Eigentlich wie überall auf der Welt.

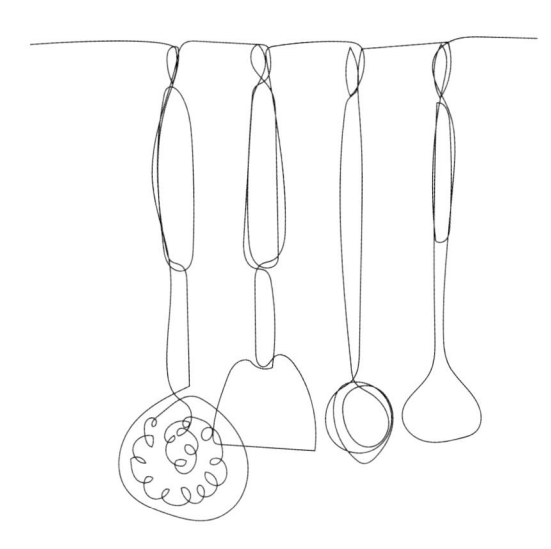

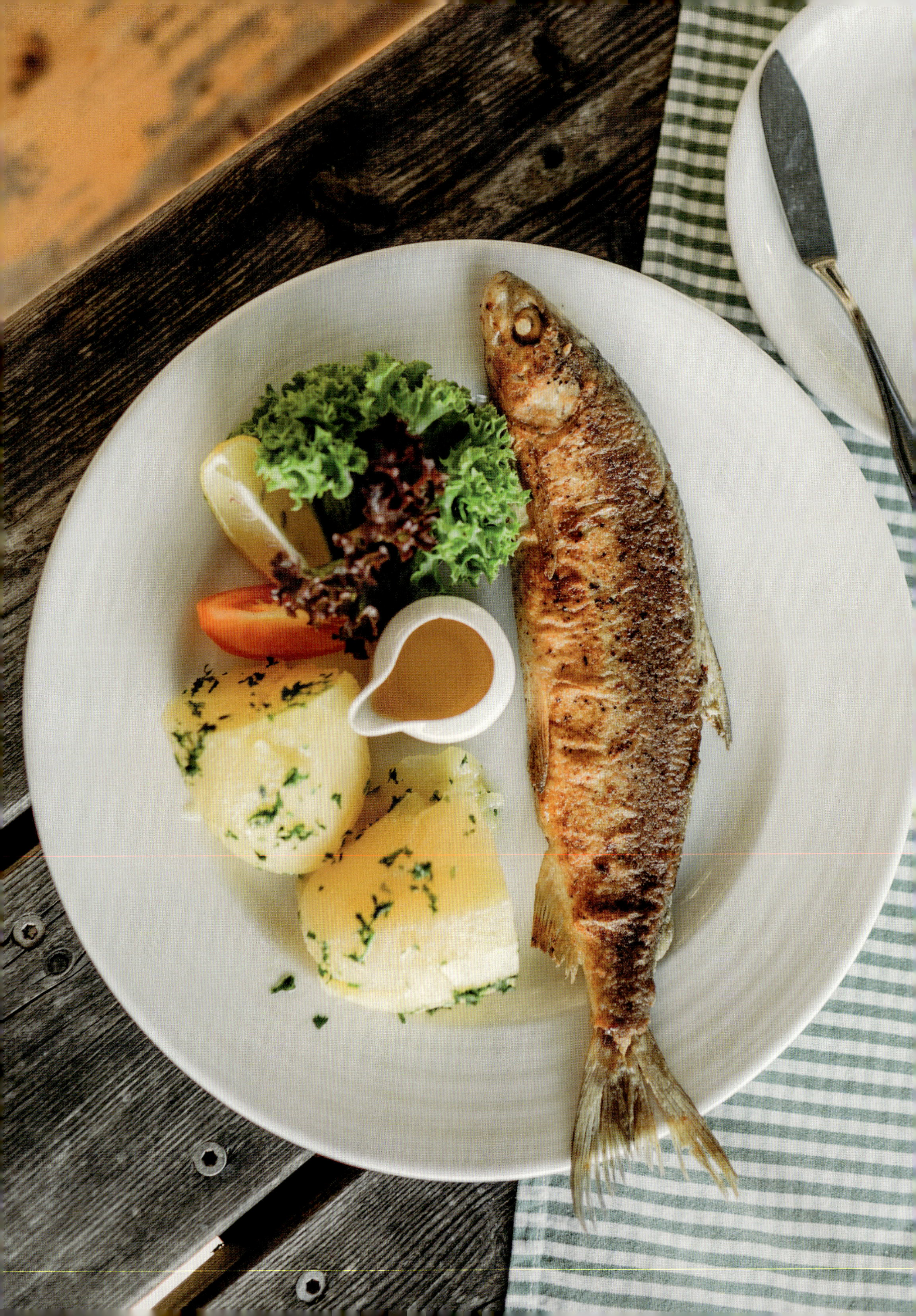

Chiemseerenke
im Ganzen gebraten

ZUTATEN FÜR EINE PORTION:

1 ausgenommene Chiemseerenke
Salz, Pfeffer
Fischgewürz
3–5 EL Mehl
2–3 EL Butterschmalz
Zitronenspalte
Petersilie

ZUBEREITUNG:

Die Chiemseerenke mit Wasser abwaschen und trocken tupfen. Den Fisch mit etwas Salz, Pfeffer und Fischgewürz von außen und innen würzen. Anschließend gut melieren. Butterschmalz in einer Pfanne stark erhitzen und den Fisch von beiden Seiten gut anbraten. Die Hitze etwas zurücknehmen und den Fisch durchgaren lassen. Lösen sich die Bauchflossen leicht vom Körper, ist es ein gutes Zeichen, dass der Fisch durch ist. Mit einer Zitronenspalte und frischer Petersilie servieren.

Als Beilage eigenen sich Salzkartoffeln oder Grillgemüse und zerlassene Butter.

TIPP:
Am besten gelingt die im Ganzen gebratene Renke, wenn sie nicht fangfrisch ist, sondern einen Tag im Kühlschrank gelagert wurde.

SCHLEIE

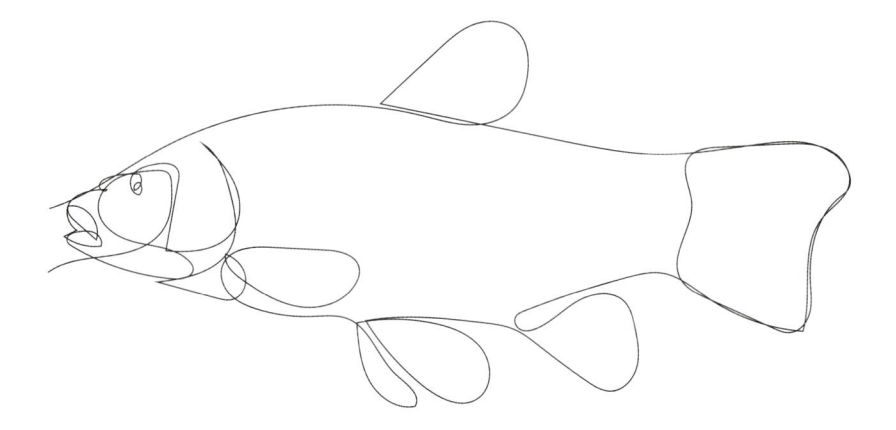

Die enorm widerstandsfähige Schleie hält sich gern im schlammigen Grund des Chiemsees auf. Besonders auffällig ist ihre sehr dicke Schleimschicht, die den gesamten Körper überzieht. Daneben sticht auch der extrem hohe Schwanzstil des Fisches ins Auge. Schleien sind meist grünlich-braun bis olivfarben gefärbt und schimmern leicht golden. Die Flanken sind etwas heller und haben ebenfalls einen metallenen Glanz. Der Bauch ist meist gelblich bis weiß. Schleien werden etwa 20 bis 40 Zentimeter groß und können ein Gewicht von bis zu 7,5 Kilogramm erreichen. Um Nahrung vom Boden aufzunehmen, kann die Schleie ihr Maul, an dessen Mundwinkeln sich zwei kurze Barteln befinden, vorstülpen. Die karpfenartigen Fische gelten dank ihres festen, fettarmen Fleisches und des herrlich nussigen Geschmackes als hervorragende Speisefische.

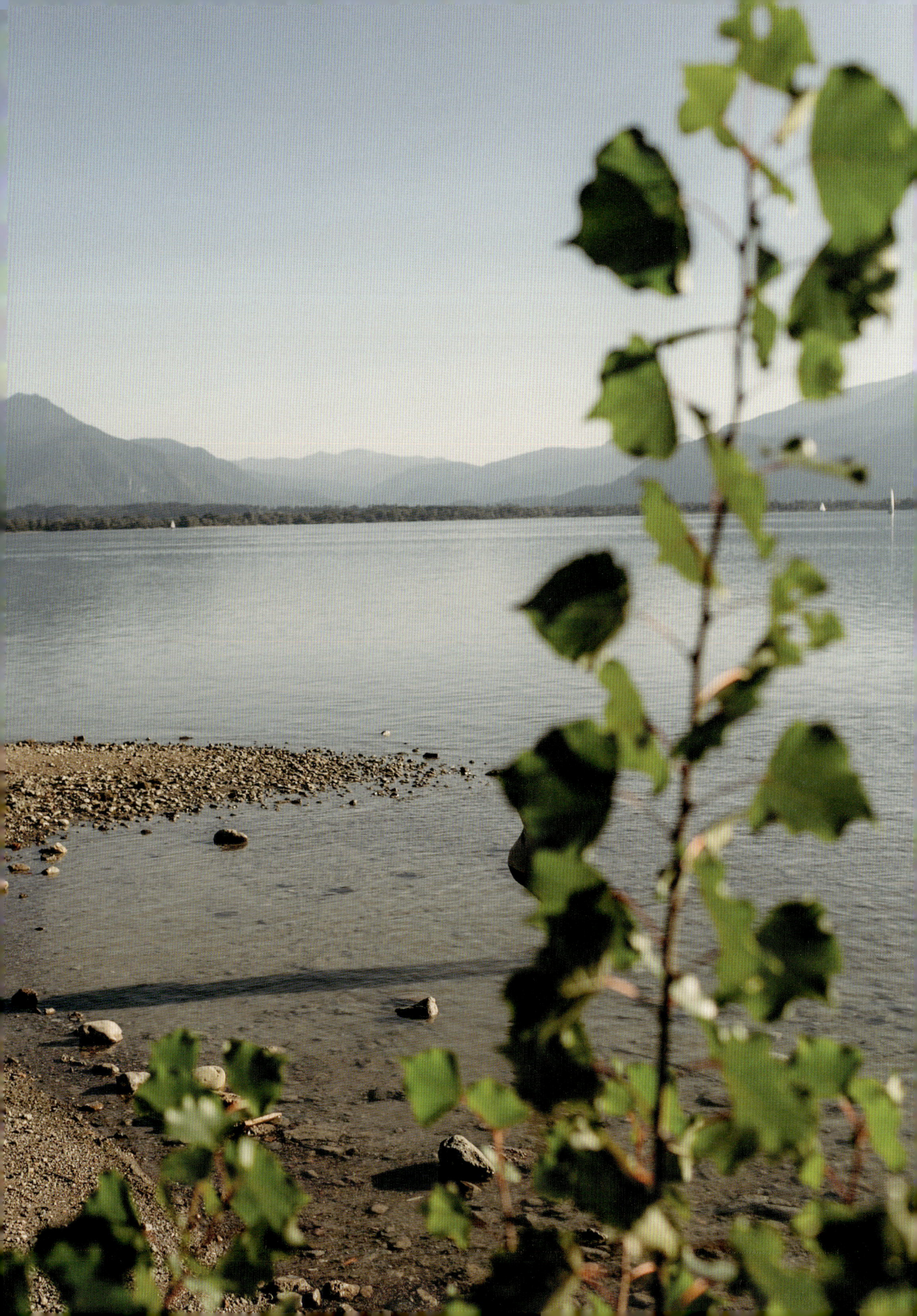

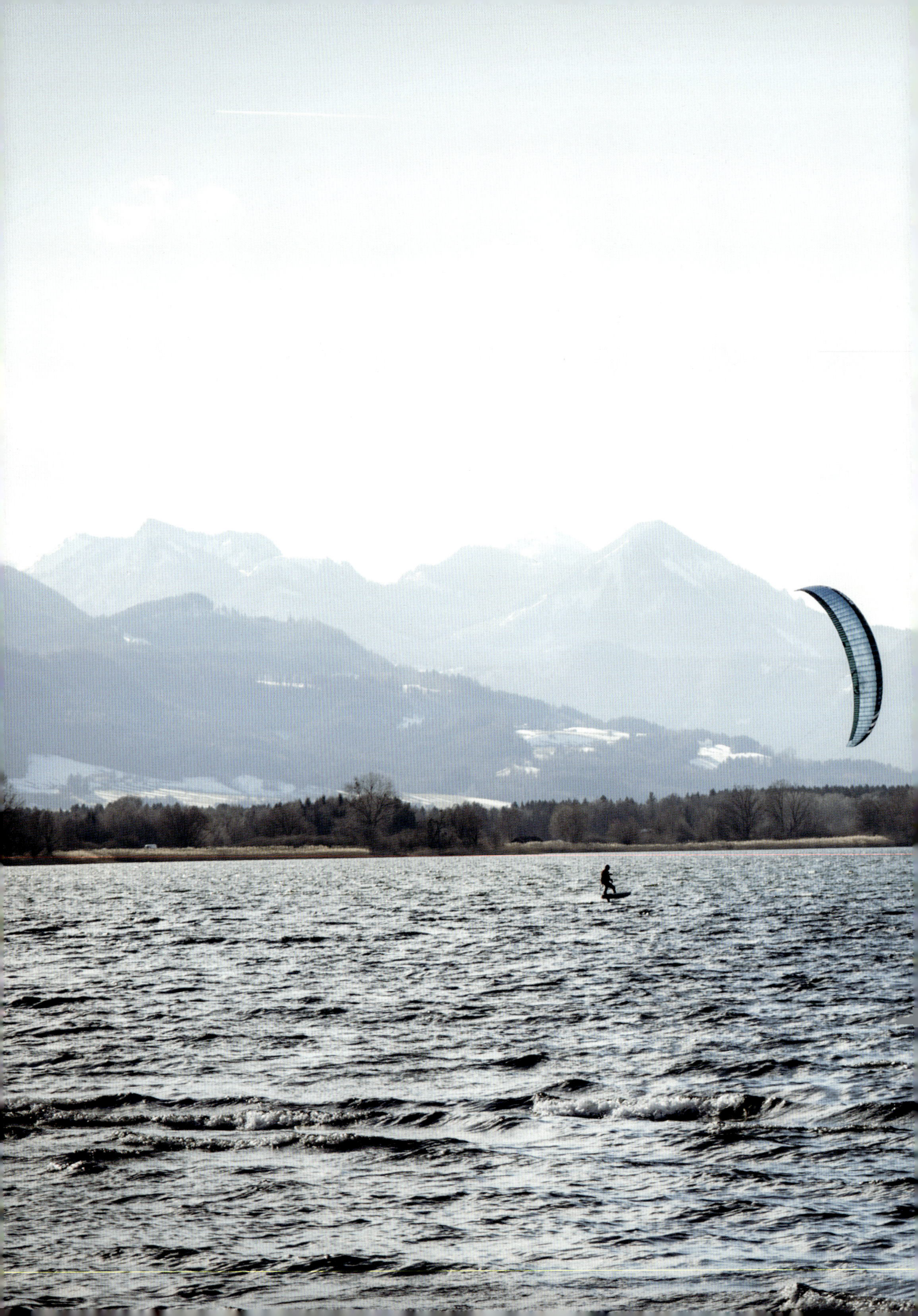

Spiel mit dem Wind

KITEBOARDER BERND VILSMAIER

Wenn einem der Wind aus West oder Ost ordentlich um die Nase weht und man sich hinaustraut an den See, wird man meist von einem bunt gesprenkelten Bayerischen Meer begrüßt. Denn dann wagen sich die Windsurfer und Kiteboarder mit ihren in den verschiedensten Farben leuchtenden Boards, Segel und Drachen in die Wellen. Zugegeben, das beste Revier für diese Sportarten ist der Chiemsee nun wirklich nicht. Doch hin und wieder, da gibt es sie, die perfekten Bedingungen. Einer, der sich dann ebenfalls gerne ins Wasser stürzt, ist Bernd Vilsmaier. Der passionierte Kiteboarder ist zugleich Mitglied des Kiteboarding Chiemsee e. V. – einer Interessenvertretung rund um das Thema Kiteboarding am Bayerischen Meer.

„Der Chiemsee ist leider gänzlich ungeeignet für Anfänger. Der Verein bekommt wahnsinnig viele Kursanfragen, aber die Windsituation hier am Chiemsee ist einfach zu unvorhersehbar. Hinzu kommt, dass am Ufer überall Hindernisse wie Stege, Bänke oder Bäume stehen, die beim Kiten schnell gefährlich werden können", erklärt Bernd und betont: „Wer hier am Chiemsee Kiten möchte, muss sich seiner Sache wirklich sicher sein und schon einiges an Erfahrung mitbringen." Die räumlichen Gegebenheiten, aber auch das Wetter machen das Revier sehr anspruchsvoll und schwierig. Der Chiemsee ist geprägt von zwei Hautwindrichtungen: Westen und Osten. Während früher oft nur der meist stärkere Westwind für Windsportarten auf dem Wasser genutzt werden konnte, kann man dank neuer technischer Entwicklungen nun auch beim sanfteren, gleichmäßigeren Ostwind gut kiten. Ein weiterer Pluspunkt des Ostwindes: Er ist im Gegensatz zum Westwind mit angenehmerem Wetter verbunden.

Der Kite-Sport wird immer beliebter und hat sich seit Anfang der 2000er-Jahre stark entwickelt. Das große Interesse zeigt sich auch in den Mitgliederzahlen des Kiteboarding Chiemsee e. V. – mittlerweile sind es gut 100. „Natürlich sind nicht immer alle aktiv", erzählt Bernd, „aber man trifft schon immer wieder den ein oder anderen am See. Wir haben auch nahezu jede Altersgruppe zwischen 16 und über 70 im Verein. Lediglich Frauen sind nicht so viele dabei. Schade eigentlich, denn der Sport ist absolut für alle geeignet." Gegründet wurde der KBC 2001. „Er ist hauptsächlich als Zusammenschluss, als Interessenvertretung zu sehen, denn der Freizeitdruck auf den See wird immer höher und es ist wichtig, zwischen den verschiedenen Interessen zu vermitteln. Ziel des Vereins ist es, den Kite-Sport am Chiemsee weiterhin zu ermöglichen. Er fungiert als Ansprechpartner für Behörden, Anrainerkommunen oder die Schifffahrt beispielsweise. Es ist wichtig, dass einfach jemand da ist, wenn es Probleme gibt, jemand, mit dem man sprechen kann, der vermitteln kann. Der KBC ist hier in der Region die erste Anlaufstelle, wenn man sich für das Thema in irgendeiner Art und Weise interessiert."

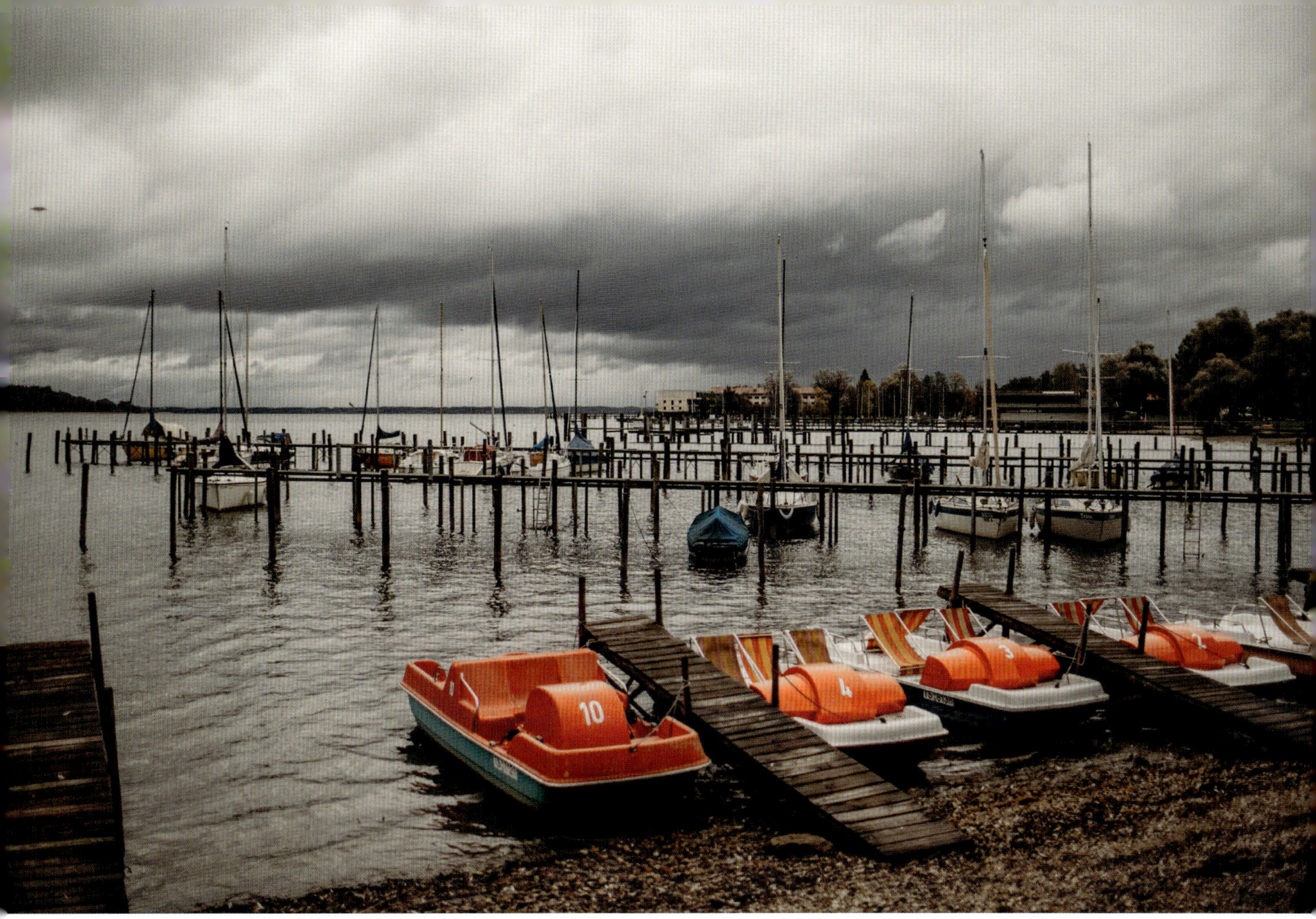

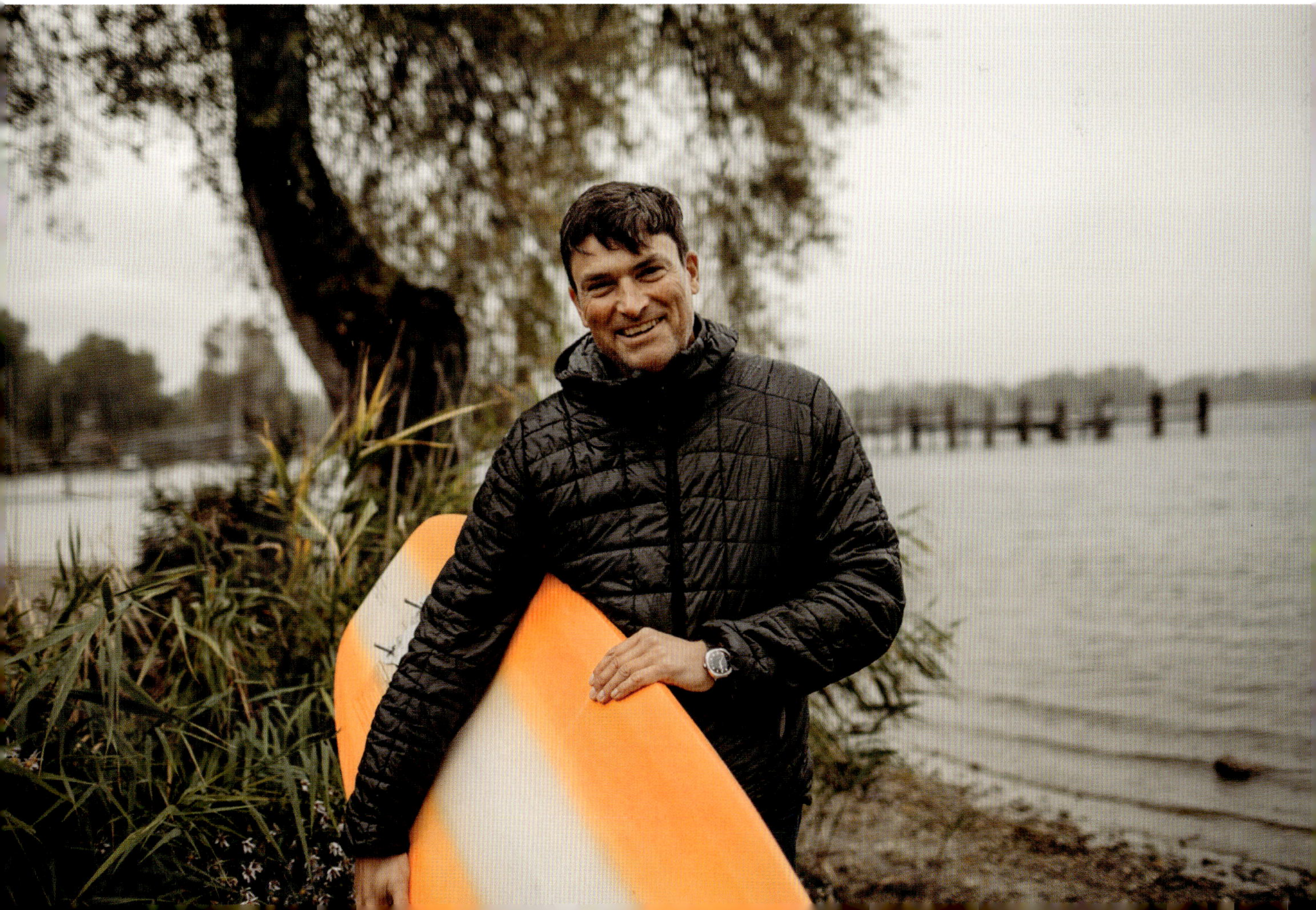

Aktuell gibt es vier verschiedene Plätze in Felden, Chieming, Seebruck sowie in der Feldwies, an denen das Kiten geduldet ist. „Man muss immer wieder aufeinander zugehen, aufeinander achten und sein Möglichstes tun, um Unfälle zu vermeiden – das ist ganz klar." Auch wenn der Kite-Sport kein sonderlich sozialer Sport ist, denn auf dem Wasser ist man eben allein, so ist es doch eine sehr offene, hilfsbereite und positive Community. „Man trifft sich natürlich, trinkt vielleicht auch mal ein Bier zusammen am Strand. Aber das Wichtigste: Man hilft sich gegenseitig. Das ist fast schon so eine Art Kodex. Das Starten und Landen sind die gefährlichsten Momente, und da schaut man einfach aufeinander. Auf dem Wasser, wo man ein bisschen mehr Raum hat, da ist dann alles entspannter."

Bernd ist seit 2005 aktiver Kiter. Angefangen hat es schon einige Jahre zuvor, als er zum Geburtstag einen großen Lenkdrachen geschenkt bekommen hat. „Das hat sich dann Stück für Stück immer weiter entwickelt. Die Drachen wurden immer größer und irgendwann habe ich im Fernsehen eine Berichterstattung übers Kiten in Frankreich gesehen. Ich war ja vorher überhaupt nicht im Wassersport aktiv, aber da habe ich gedacht, das muss ich ausprobieren", blickt er zurück. Seinen ersten Kurs absolviert Bernd im spanischen Tarifa. Neben einer halbwegs sportlichen Grundkondition braucht es zum Kiten eigentlich nicht viel. „Ich finde, die wichtigste Eigenschaft ist Respekt vor den Gegebenheiten der Natur", erzählt Bernd. „Du bist eben nur ein Gast in der Natur, und die macht, was sie will – das sollte man immer im Kopf behalten. Du kannst schon nett mit ihr spielen, du bekommst aber auch richtig was drauf, wenn du es übertreibst." Das Spannende am Kite-Sport ist nicht nur die sportliche Herausforderung, sondern vor allem der Kontakt mit den Elementen. „Mit Wind und Wasser zu spielen, sich das zunutze zu machen, das hat schon eine absolut faszinierende Wirkung", schwärmt Bernd – auch, wenn man sich anfangs durch ziemlich viele Frustphasen kämpfen muss. „Man muss eben mehrere Sachen gleichzeitig machen. Diese Koordination, die hat es schon in

sich." Ein bisschen lässt es sich vielleicht mit dem Autofahren vergleichen, irgendwie aber auch nicht.

„Ich würde jemanden, der sich dafür interessiert, empfehlen, bei einem Urlaub am Meer eine zertifizierte Schule zu besuchen. Dort bekommt man nicht nur alles sehr gut erklärt, auch die Ausrüstung wird gestellt, denn Kiten ist ein sehr ausrüstungsintensiver Sport. Wenn man weiß, dass man beim Wassersport bleibt, lohnt sich ein eigener Neoprenanzug. Und dann muss man erst einmal jede Menge Erfahrung sammeln." Eine Schlüsseleigenschaft, um irgendwann auf dem Chiemsee kiten zu können, ist beispielsweise, dass man die Höhe halten kann – also 90 Grad zum Wind fahren und den Kurs halten. Auch das Beherrschen der Selbstrettung ist elementar. „Der Chiemsee gibt keinen Raum für Experimente", betont Bernd. „Wir wollen das auch nicht und versuchen Leute, die einfach noch nicht soweit sind, zur Einsicht zu bringen. Wenn etwas passiert, fällt das sonst allen auf die Füße." Bedingt durch die Länge der Leinen und der Größe der Drachen braucht der Kite-Sport viel Platz. „Von der Physik her entwickelt das Ganze schon enorme Kräfte", weiß Bernd. „Je mehr Pufferraum du da hast, desto besser." Und der ist eben einer der Knackpunkte am Bayerischen Meer.

Am liebsten geht Bernd im Spätsommer aufs Wasser. „Wenn die Schulferien zu Ende sind und es wieder ruhiger wird, aber das Wetter noch traumhaft warm ist – dann ist es am schönsten am See. Das ist immer wieder eine ganz tolle Atmosphäre." Man versucht die letzten Sommertage voll auszukosten, denn man weiß, dass bald schon der Herbst und schließlich auch der Winter kommt. „Wenn ich auf dem Wasser bin, bekomme ich den Kopf frei. Ich denke da an nichts anderes mehr. Du musst ständig reagieren, dich immer wieder neu auf die Verhältnisse einstellen, und das fordert auch geistig." Der Chiemsee kann unberechenbar sein. Beim Kiten versucht Bernd, die Wasseroberfläche zu lesen. Wenn diese sich kräuselt, ist eine Böe in der Luft. Schlägt der See schaumige Wellen, ist der Wind besonders stark. „Wenn du dann aus dem Wasser kommst, bist du richtig happy – egal, was davor war. Oft ist dir kalt, aber du bist auch unheimlich zufrieden, erfüllt. Und dann streifst du dir die Neopren-Klamotten ab, setzt dich in ein Café, trinkst einen warmen Kaffee, isst einen Kuchen und der Tag ist perfekt." Besonders schön sind für Bernd auch immer wieder die unterschiedlichen Wetterstimmungen beim Kiten. „Bei Westwindlage, da kann der See schon unglaublich beeindruckend sein. Wenn es stürmisch ist, dann färbt sich das Wasser oft intensiv grün. Der Wahnsinn. Oder wenn es ganz finster ist und sich plötzlich ein Wolkenfenster öffnet und die Sonne hindurchstrahlt – das sind schon einzigartige Momente, die einen berühren."

„Schade ist, dass man hier am Chiemsee wirklich nicht so oft zum Kiten kommt. Man muss zeitlich sehr flexibel sein, um spontan auf die Wettersituation reagieren zu können. Das hat dann fast schon etwas Zwanghaftes – wenn richtig guter Wind ist, dann treibt es einen einfach zum See, egal, was man eigentlich für Pläne hatte. Denn wenn er schon mal da ist, möchte man ihn auch einfach nutzen. Eigentlich ist das Kiten eher als Sport für die Küstenregionen geeignet. Da kommt man sicherlich öfters dazu. Aber der Chiemsee, der ist einfach meine Heimat. Ich habe schon an den unterschiedlichsten Orten gelebt, auch für längere Zeit. Aber wenn mich jemand fragen würde, wo ich meine Heimat verorten würde, dann würde ich den Chiemsee nennen. Und ich sehe es als Privileg an, hier in der Gegend leben zu dürfen."

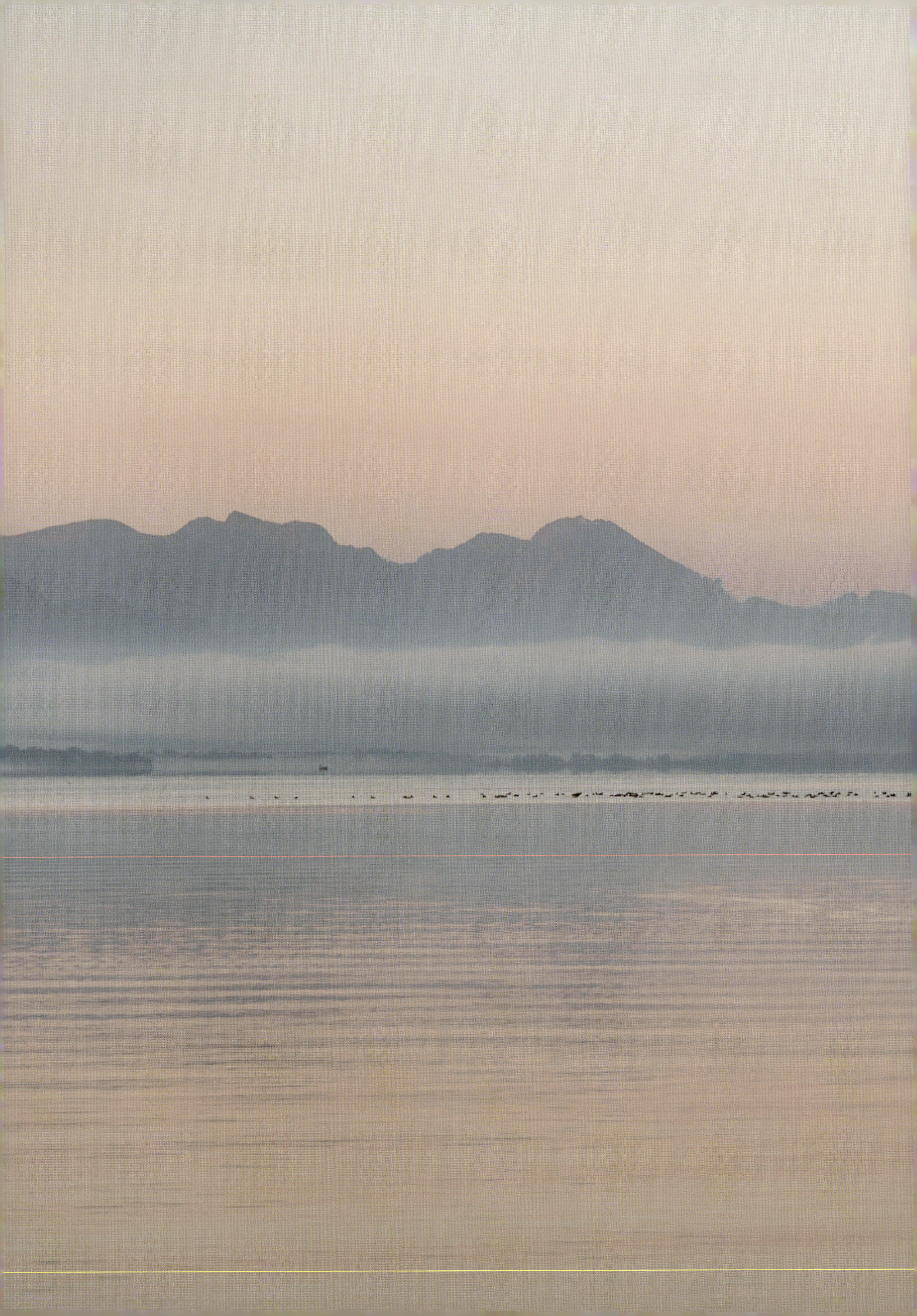

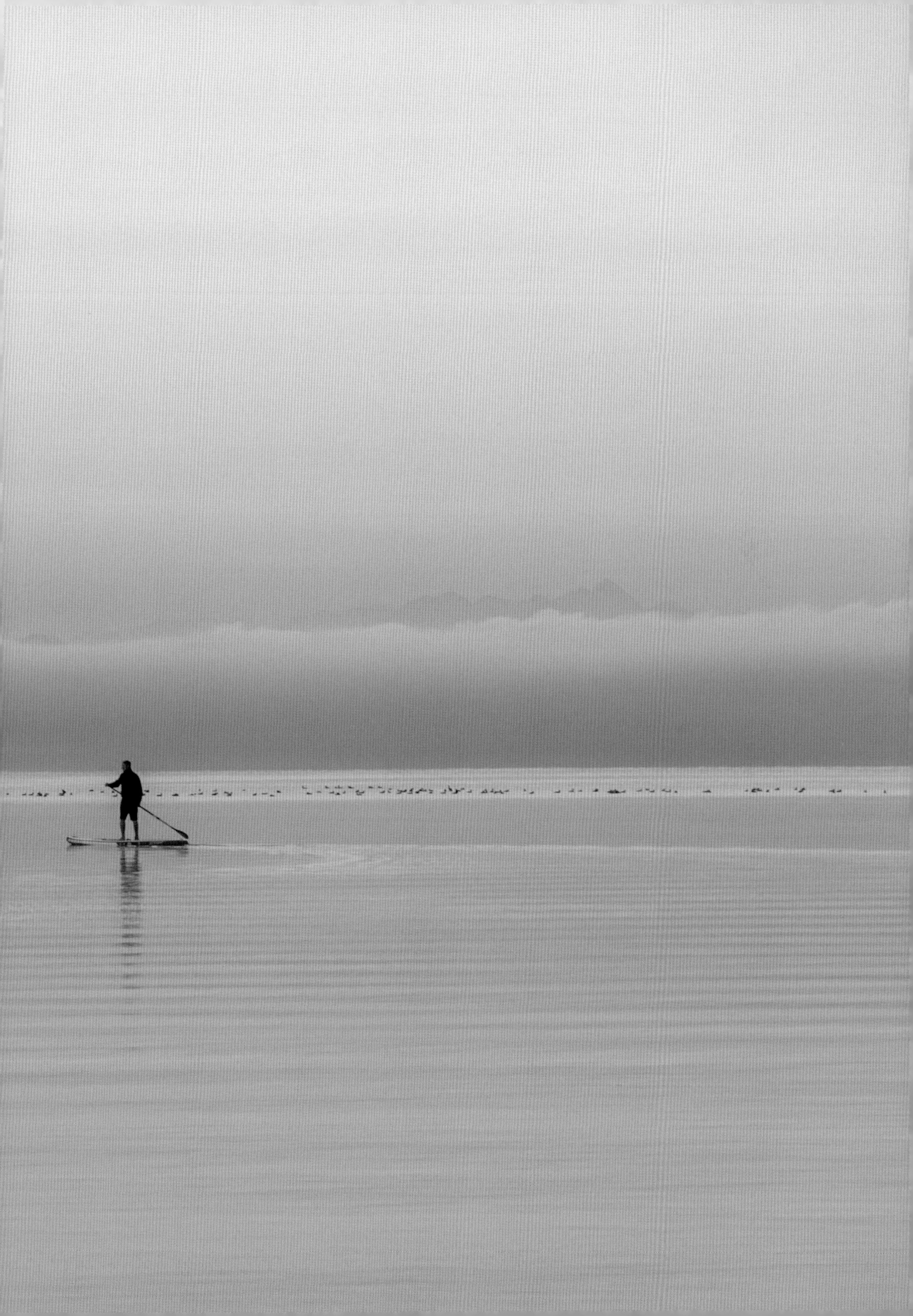

Wassersport

Wind, Wasser, Wellen: Der Chiemsee ist ein beliebtes Wassersport-Revier. Der Vielfalt sind dabei kaum Grenzen gesetzt. Ob Segeln, Surfen oder Kiten, Schwimmen, Stand-up-Paddeln, Kajak oder Kanu – am Bayerischen Meer lässt sich nahezu jede Wassersportart ausprobieren. Im Sommer laden rund um den See mehr als zehn offizielle Strandbäder zum entspannten Baden ein. Zeigt sich der See hingegen von seiner stürmischen Seite, freuen sich ambitionierte Segler, Windsurfer und Kiteboarder auf ein Spiel mit den Wellen.

WASSERSPORT

185

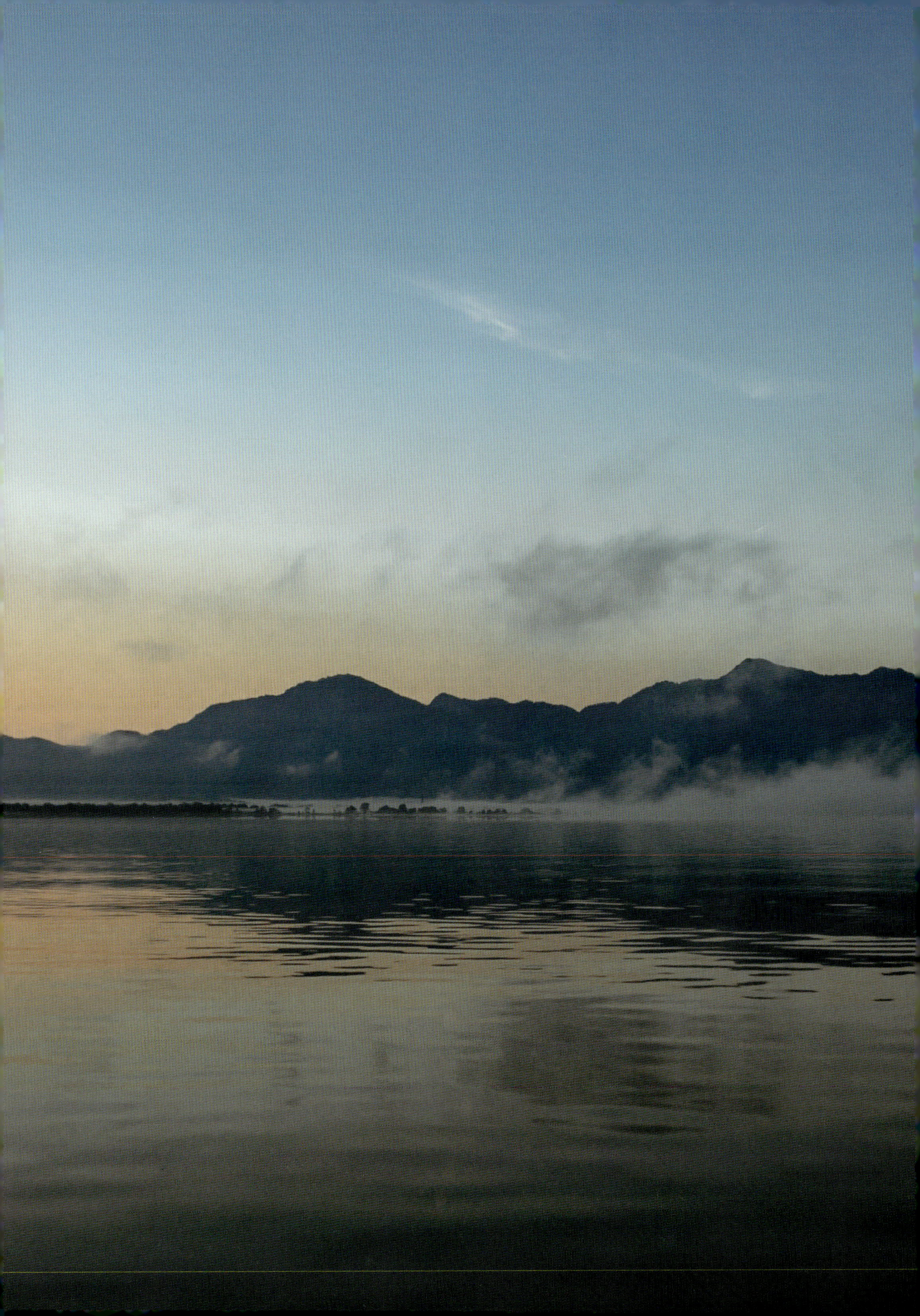

AAL

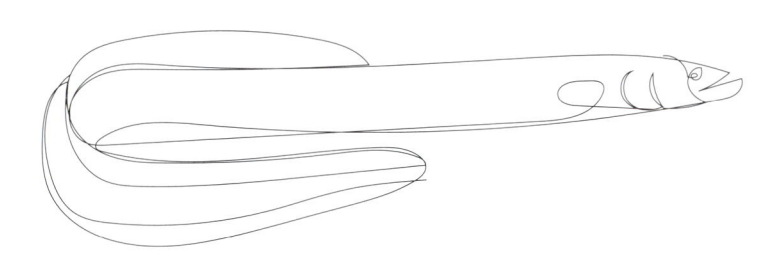

Schon allein durch sein schlangenähnliches Erscheinungsbild ist der Aal wohl einer der faszinierendsten Fische. Doch auch seine Fähigkeit, längere Zeiträume an Land zu überleben, sein toxisches Blut oder sein in der Tierwelt einzigartiger Lebenszyklus machen den Aal außergewöhnlich. Besonders seine Laichwanderung vom Binnengewässer ins Meer wird ihm allerdings nicht selten zum Verhängnis. So wird der Europäische Aal seit 1998 auf der Roten Liste als vom Aussterben bedroht geführt. Im Chiemsee war der Aal ursprünglich nicht heimisch, durch Besatzmaßnahmen hatte er jedoch eine langjährige Tradition im Bayerischen Meer. Mittlerweile darf der Aal nicht mehr besetzt und auch nicht mehr gefangen werden. Zwar leben noch einige Exemplare im See – nach und nach wird er jedoch aus dem Bayerischen Meer verschwinden.

Fischsuppe

ZUTATEN:

Für den Fond

- 1 kg gemischte Fischkarkasse (erhältlich beim Fischer, z.B. Lachsforelle, Hecht, Brachse)
- 600 g Suppengemüse (z.B. Knollensellerie, Staudensellerie, Porree, Fenchel, Karotte)
- 1 große Fleischtomate
- 1 Knoblauchzehe
- 1 kleine Zwiebel
- 3 l Gemüsebrühe
- 150 ml Vermouth oder Pernot
- 300 ml Weißwein (z. B. Sauvignon Blanc)
- Meersalz, Pfeffer
- Zucker
- Wacholderbeeren
- Chiliringe
- Safranfäden

ZUBEREITUNG:

Zwiebel sowie Knoblauch schälen, hacken und in etwas Öl düsten. Suppengemüse putzen und in kleine Würfel schneiden. Zusammen mit der Karkasse in den Topf geben und für etwa 5 Minuten dünsten. Mit Wein und Vermouth ablöschen und mit Gemüsebrühe auffüllen. Die Gewürze zugeben und abschmecken. Den Fond kurz aufkochen lassen und dann bei niedriger Temperatur etwa 1,5 bis 3 Stunden köcheln lassen. Zwischendurch den grauen Schaum abschöpfen. Nach dem Einkochen den klaren Fond abgießen und die Fischreste aussieben. Der Fond ist sehr intensiv und kann vor dem Servieren gestreckt werden. Für 300 ml Suppe werden etwa 150 ml Fond sowie 150 ml kochendes Wasser benötigt.

TIPP:
Der Fischfond lässt sich prima in einer größeren Menge vorbereiten und portionsweise einfrieren.

ZUTATEN:

Für die Sauce Rouille
  2 Eigelb (Zimmertemperatur)
  5 EL Olivenöl
  Pflanzenöl
  1 TL Senf
  Safran, Zitronensaft, Chili, Sambal Oelek, Knoblauchpulver

ZUBEREITUNG:

Eigelb in eine Schüssel geben und kräftig aufschlagen. Langsam das Olivenöl zugeben. Wenn die Masse zu klumpen beginnt, mit Pflanzenöl aufgießen, bis die gewünschte Menge erreicht ist. Mit Safran, Zitronensaft, Chili, Sambal Oelek und Knoblauchpulver abschmecken. Wenn die Fischsuppe angerichtet wird, etwas Crème Fraîche unterheben.

ZUTATEN:

Für die Suppe
  ca. 400–500 g Julienne-Gemüse (z. B. Fenchel, Karotte, Lauch, Stangensellerie)
  600 g grätenfreier Fisch (erhältlich beim Fischer, z. B. Garnele, fetthaltiger Fisch wie Lachsforelle, Waller, Hecht, Zander)
  Petersilie glatt
  1 Baguette

ZUBEREITUNG:

Gemüse putzen und in feine Streifen schneiden. Fond aufkochen. Fisch leicht in Öl anbraten. Die rohen Gemüsestreifen sowie den Fisch im Teller anrichten. Mit Fond übergießen und mit Petersilie garnieren. Mit Baguette sowie Rouille anrichten und servieren.

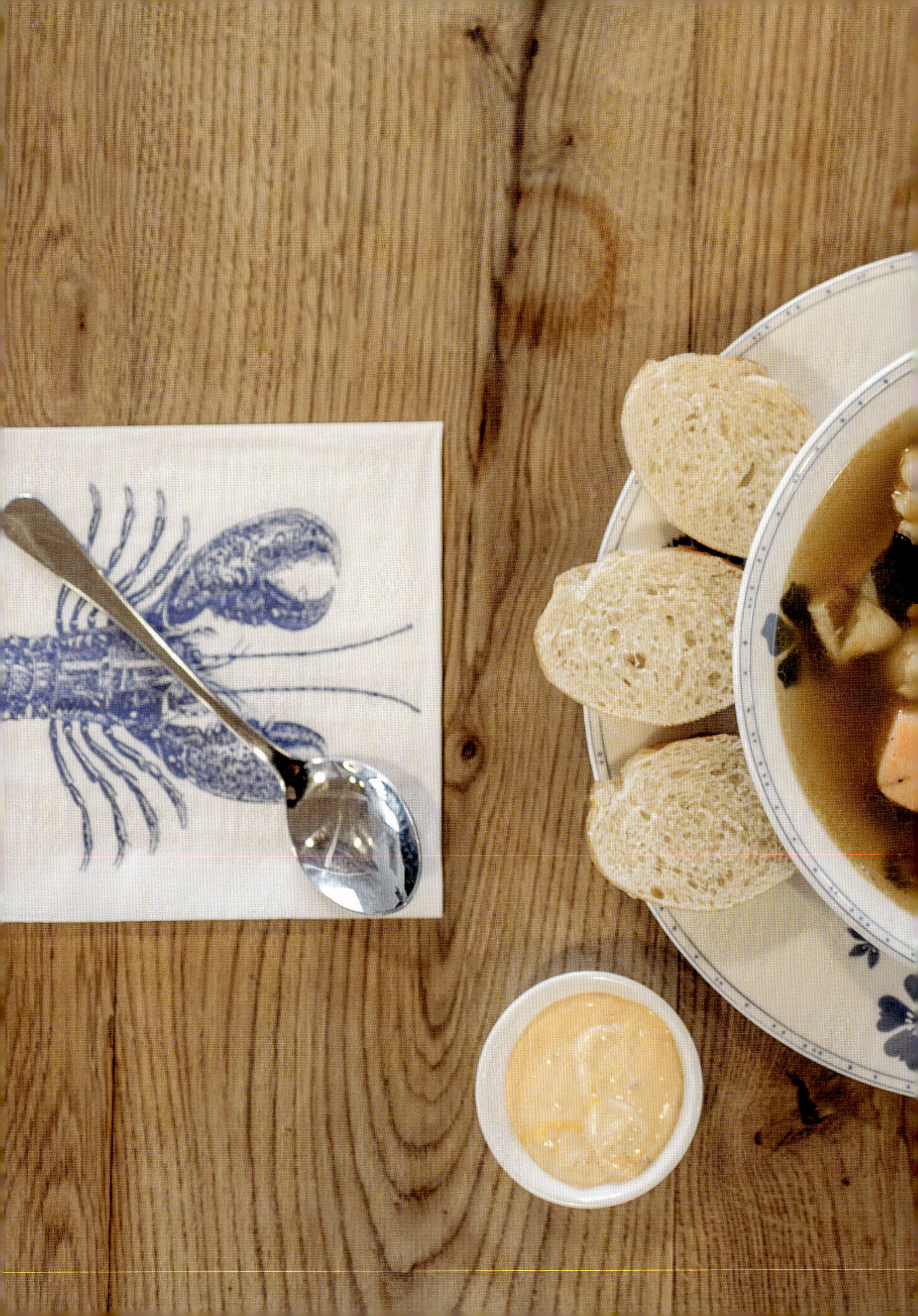

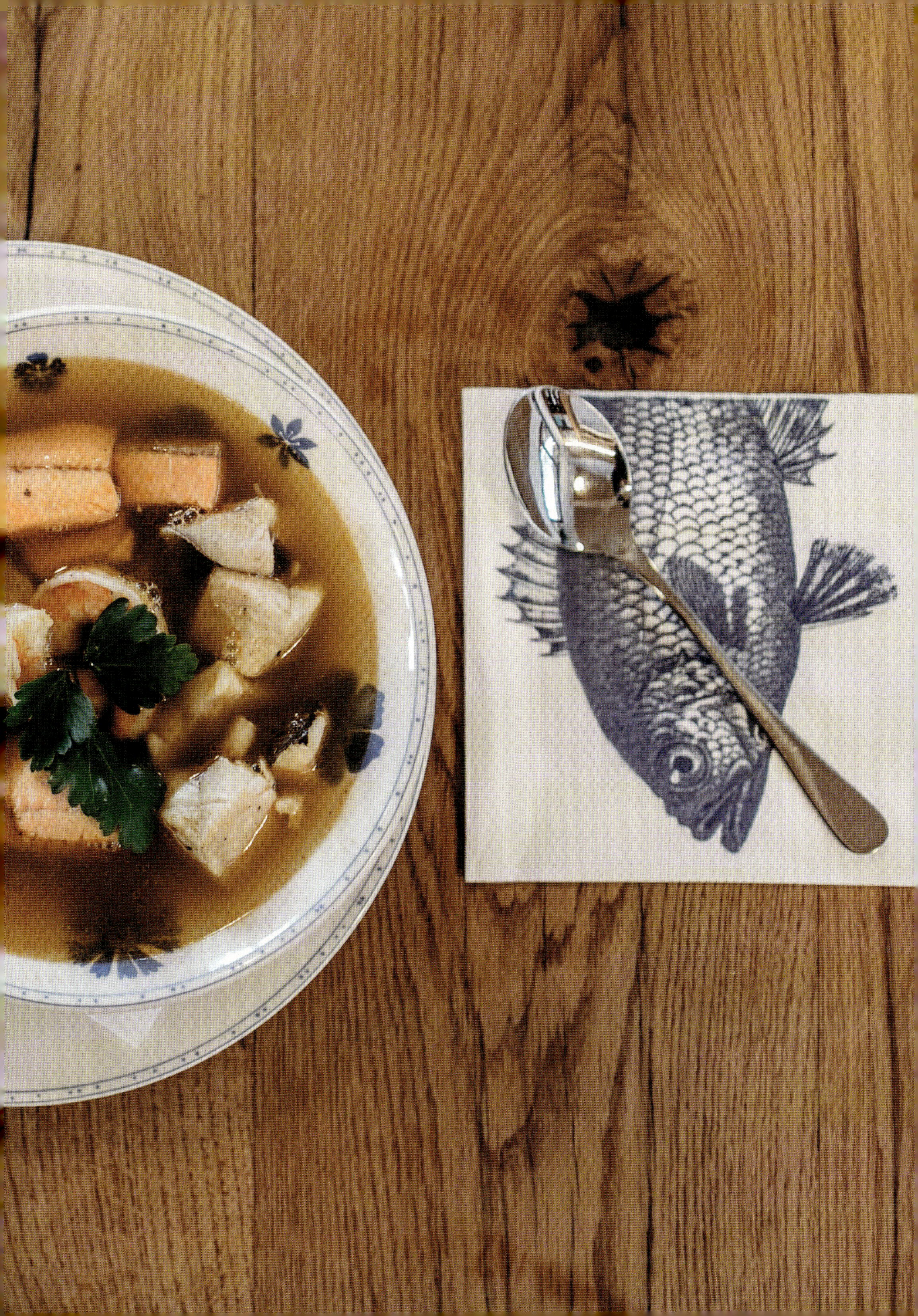

Naturschönheiten

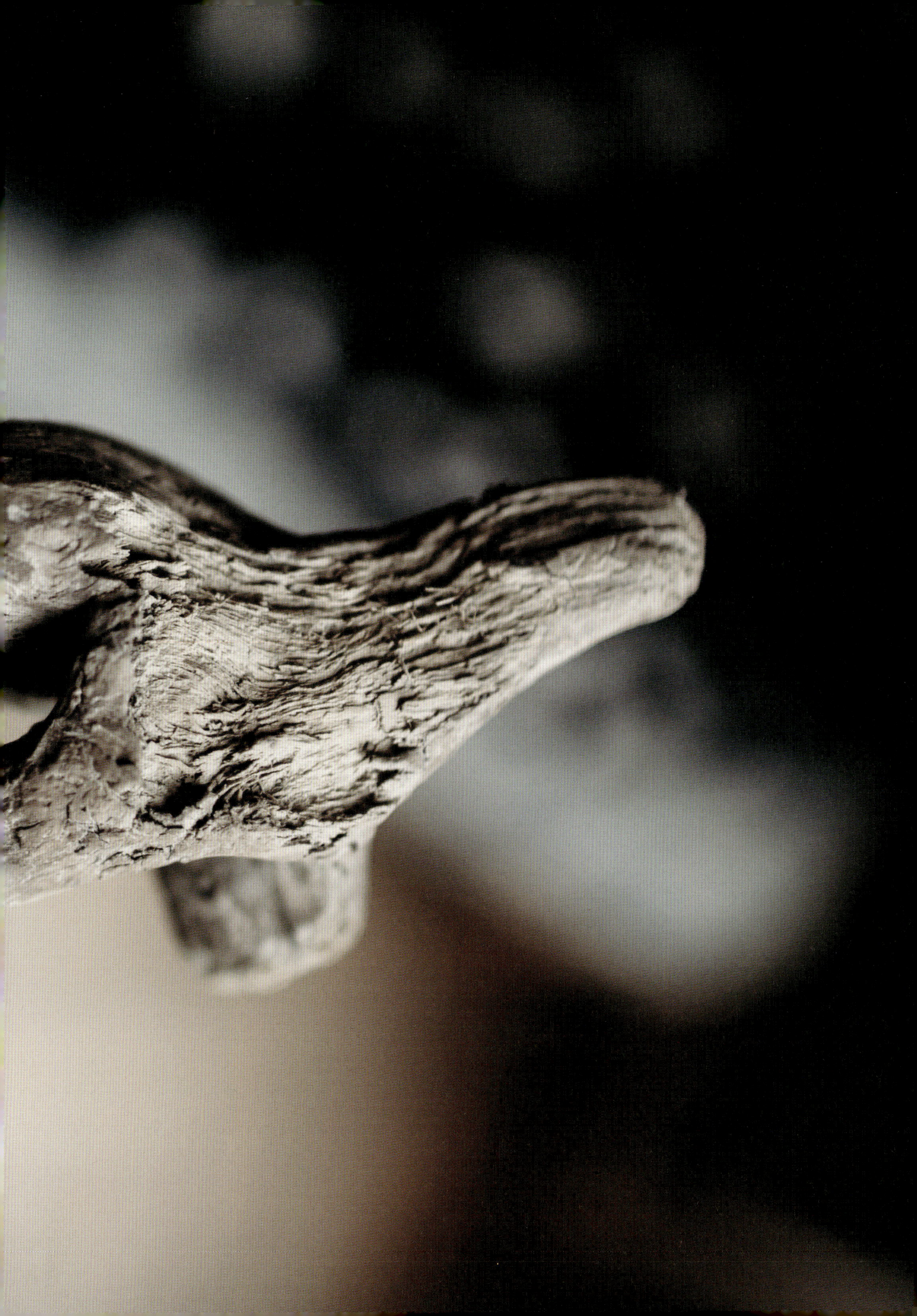

TREIBHOLZKÜNSTLERIN SUSANNE KETT

Susanne Kett streift mit ihrer Beagle-Hündin Akina über die Kiesbänke der Tiroler Ache, dem größten Zufluss des Chiemsees. Begleitet vom sanften Rauschen des Wassers, einem Geräusch, das sie schon immer entspannt, ist sie wieder auf der Jagd – der Jagd nach wunderschönen Treibholzstücken. Mit seinem verwitterten Aussehen und den einzigartigen Formen fasziniert und inspiriert Treibholz seit jeher. Auch Susanne begeistert sich für die Schätze der Natur. Seit ein paar Jahren gestaltet sie Kunst aus ihrem selbst gesammeltem Treibholz. „Irgendwie habe ich schon immer gern zuhause mit Naturmaterialien dekoriert und gestaltet", blickt Susanne zurück. „Aber so richtig angefangen hat es mit meinen Kindern, Adrian und Anna Chiara. Meine Tochter hat mir immer lauter Steckerl gesammelt und ich konnte die einfach nicht wegschmeißen. Also haben wir sie angemalt. Und so ist nach und nach die Treibholzkunst entstanden."

Am Anfang jedes neuen Kunstwerks steht die Suche nach dem perfekten Stück Treibholz. Lange schauen muss Susanne meist nicht. Die Kiesbänke der Ache, aber auch die Strände am Chiemsee liegen oft voller wunderschöner, einzigartiger Hölzer. „Treibholz hat einfach einen ganz besonderen Charme, der mich schon immer fasziniert hat", erzählt die Künstlerin. „Da es Wind, Sonne und Wasser lange ausgesetzt war, ist die Oberfläche besonders sanft geschliffen, es fühlt sich so schön weich an." Die Hölzer sind wahre Handschmeichler. Bei ihrer Treibholzjagd, wie sie es selbst gern nennt, hält Susanne Ausschau nach interessanten Formen, außergewöhnliche Texturen oder faszinierenden Mustern.

Die Suche nach den Schätzen der Natur ist eine Mischung aus Abenteuer und Erholung. „Wenn ich Treibholz sammeln gehe, dann kann ich voll eintauchen in die Natur, die Ruhe der Umgebung. Das erdet mich total." Am liebsten geht sie allein mit ihrem Hund, denn bei ihrer Arbeit in der Gastronomie hat sie Tag für Tag mit unzähligen Menschen zu tun. „Meine Hündin ist die perfekte Begleitung. Sie bringt mich immer wieder so zum Lachen", erzählt Susanne. „Einmal habe ich die Hölzer aufgehoben und in die Tüte gesteckt und plötzlich hat sie immer wenn ich ein Treibholz hochgenommen habe, auch ein Steckerl gesammelt und mir gebracht", schmunzelt sie.

Erblickt sie ein interessantes Stück, weiß Susanne meist direkt, was sie daraus gestalten möchte. „Das ist so eine kleine Macke von mir. Ich sehe das Treibholz und kann mir vor meinem inneren Auge schon vorstellen, was ich daraus gestalten werde. Manchmal lasse ich mich von Sachen inspirieren, die ich irgendwo im Alltag entdeckt habe und schön fand. Oder die Form des Treibholzes erweckt eine bestimmte Idee in mir." Einen guten Blick hatte Susanne schon immer. Unscheinbare Dinge, an denen die

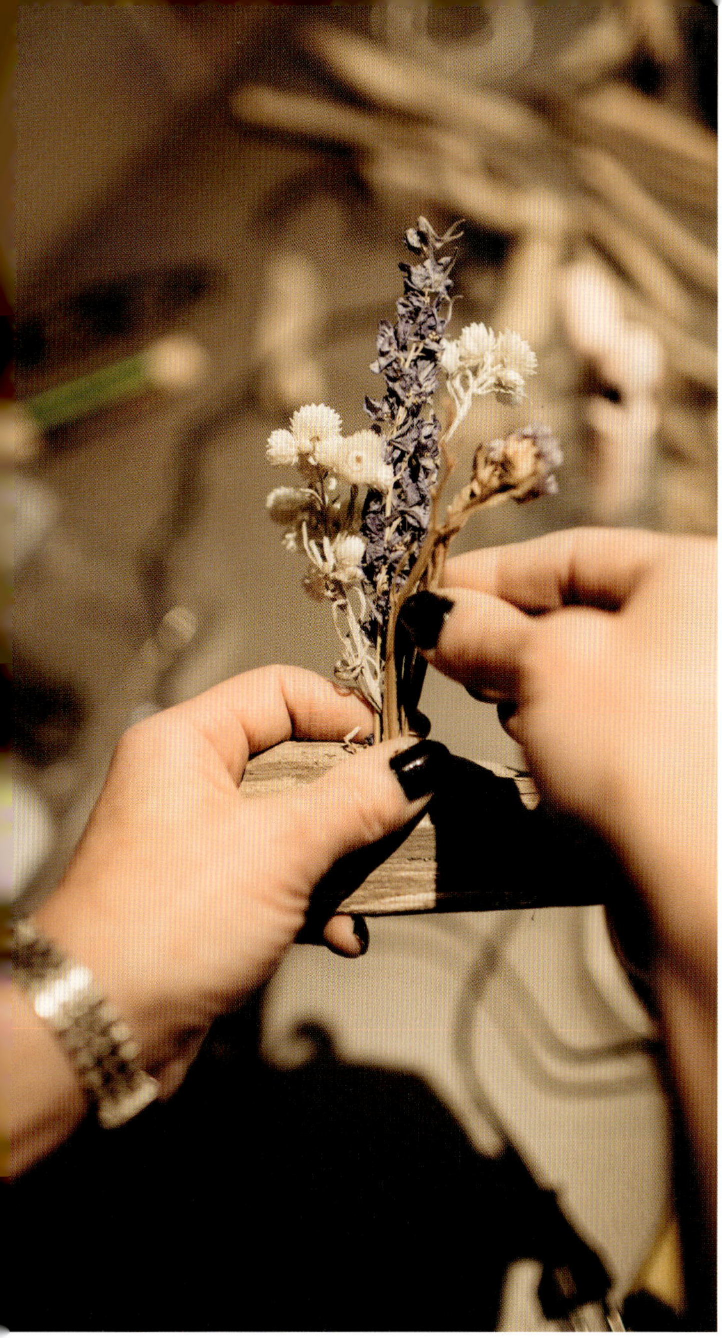
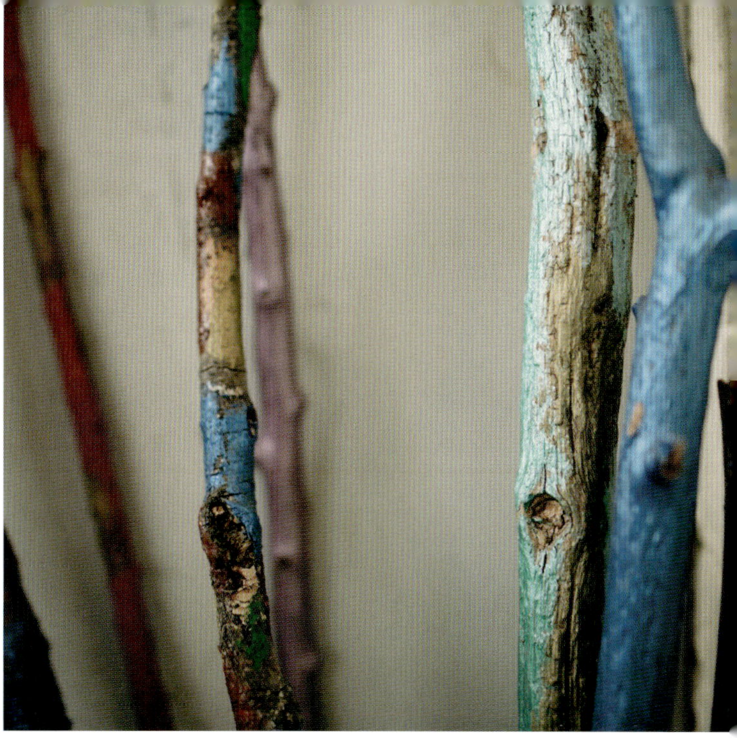
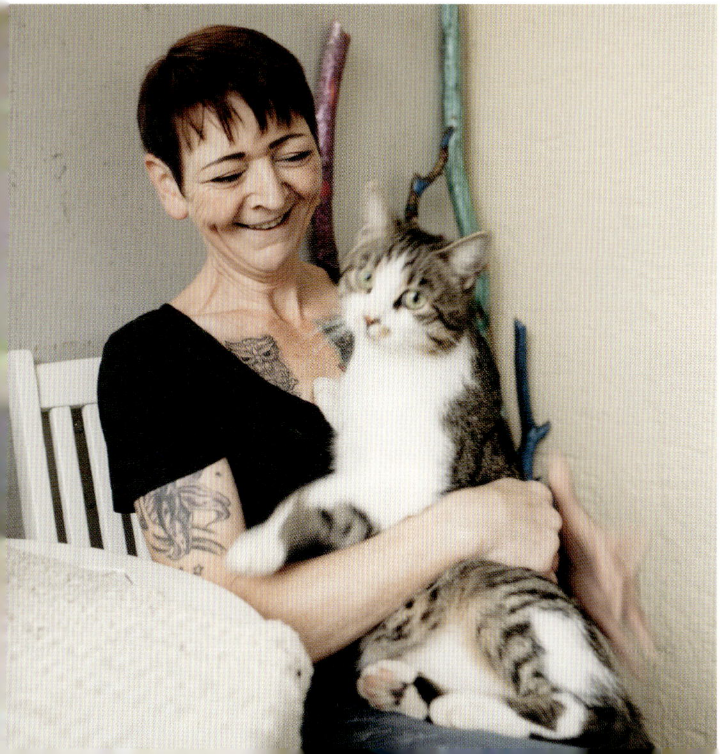
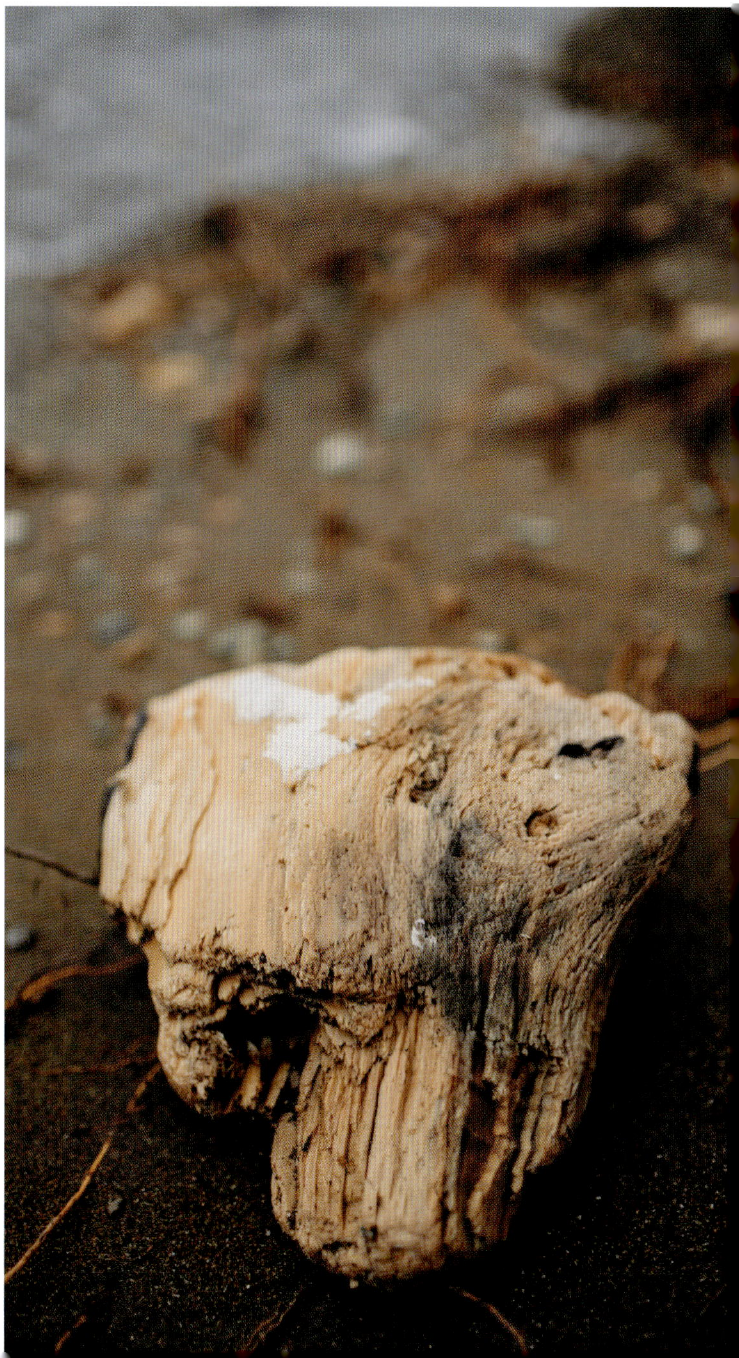

Allermeisten achtlos vorbei gehen, fallen ihr direkt ins Auge. „Die Natur ist wie ein großes Wimmelbild für mich, bei dem ich die kleinen Details suche." Wer gemeinsam mit Susanne nach vierblättrigen Kleeblättern sucht, braucht jedenfalls kaum Geduld. „Meine Tochter fand das immer besonders gemein, dass ich immer so schnell eins gefunden habe", lacht sie. „Ich stelle mir oft vor, welche Reise dieses Stück Holz hinter sich hat. Wo der Baum wohl einst gestanden sein mag, wie lange er im Wasser getrieben ist." Jedes Kunstwerk erzählt ein Stück weit auch die Geschichte des Treibholzes, fängt die Essenz seiner Reise ein. Und jedes Objekt ist ein einmaliges Unikat.

Zuhause reinigt Susanne ihre Fundstücke falls nötig von Schmutz, Sand oder Ablagerungen. „Das Treibholz bietet mit seinen unterschiedlichen Formen und Größen, seiner verwitterten Textur und den sanften Farbtönen so unendlich viele Gestaltungsmöglichkeiten. Es ist unheimlich vielseitig", erzählt sie. „Ich kombiniere es gern auch mit anderen Naturmaterialien, wie Trockenblumen oder Federn." In ihren Kunstwerken verbindet sich Susannes Kreativität mit der natürlichen, zeitlosen Schönheit ihrer Materialien, verbindet sich künstlerisches Können mit einer tiefen Wertschätzung für die Natur. Wenn sie den vergessenen Holzstücken neues Leben einhaucht, taucht Susanne voll und ganz in den Prozess ein. „Es ist oft ein bisschen wie ein Puzzle. Ich fange an und lege es Stück für Stück, Teil für Teil zusammen, und das Kunstwerk entwickelt sich im Tun. Ich schaue, wie es von Form und Farbe am besten zusammenpasst und lasse die Objekte aus sich heraus entstehen." Es ist eine Kombination aus Kreativität Geduld und Geschick. Susanne gestaltet ihre Kunstwerke mit Heißkleber und Bohrmaschine, Draht und Farbe. „Bei manchen Hölzern, die auch als einzelner Solitär auf einem Sockel wirken, versuche ich die Maserungen oder eine bestimmte Form herauszuarbeiten, andere wiederum sind einfach ein kleiner Teil eines größeren Kunstwerks."

Mit der Gestaltung von Treibholzskulpturen hat Susanne in einer für sie schwierigen Lebensphase begonnen. „Es hat mich, glaube ich, zu der Zeit gut abgelenkt. Ich konnte beim Gestalten einfach wieder ich sein, etwas nur für mich allein machen." Anstatt abends auf der Couch vor dem Fernseher zu hocken, setzt sich Susanne lieber an ihren Tisch und lässt ihrer Kreativität freien Lauf. Während sie die gesammelten Stücke sorgfältig arrangiert und zusammensetzt, kann sie ihre Sorgen loslassen, runterkommen, entspannen. „Es ist fast schon ein bisschen meditativ." Die Überreste der Natur, Vergessenes in etwas Kunstvolles zu verwandeln, ist eine Metapher fürs Leben. Wachstum und Heilung – auch Susanne durchlebt mit ihrer Kunst diese Transformation, stellt sich Herausforderungen und macht etwas Schönes daraus. Macht das, was sie möchte, und findet zurück zu einem neuen Selbstbewusstsein. „Ich hauche diesen Dingen, die andere Leute achtlos liegen lassen, noch einmal Leben ein. Ich möchte in ihnen die Schönheit der Natur wieder wecken, ihnen neue Aufmerksamkeit schenken."

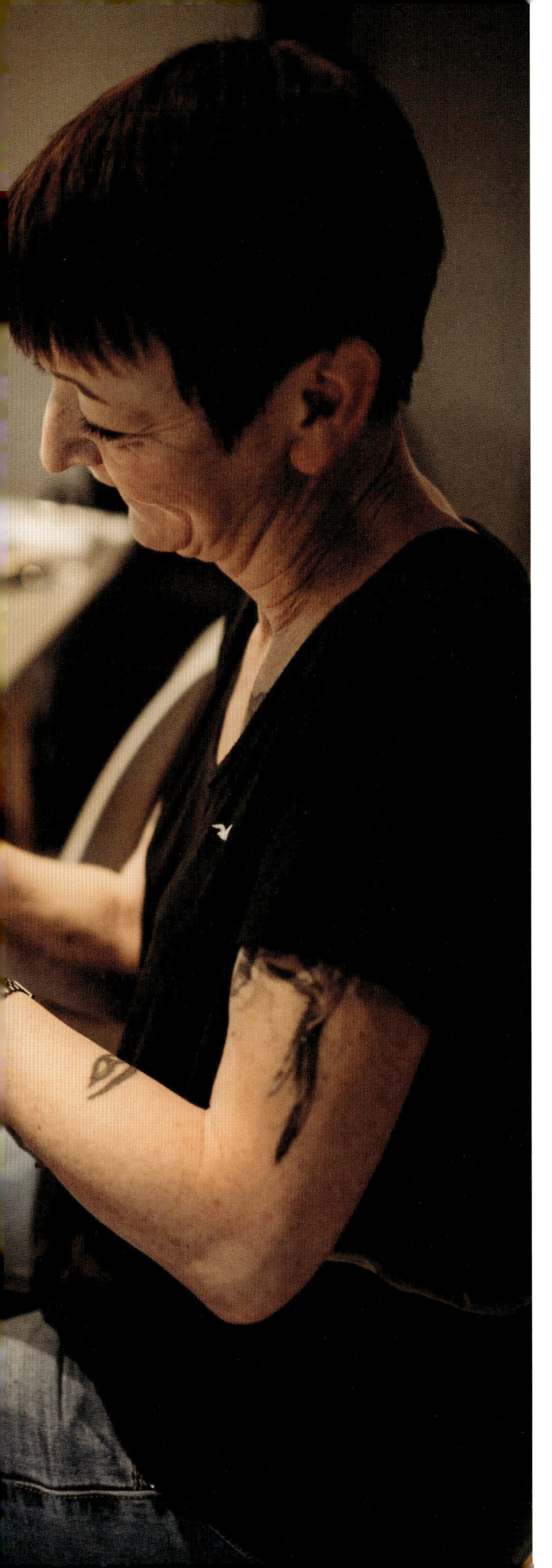

Die Restaurantfachfrau und leidenschaftliche Köchin arbeitet im Inselblick am Nordufer des Sees, das von ihrer Schwester und deren Mann geführt wird. Dort stellt sie ihre Kunstwerke auch aus und verkauft sie. Hobby und Beruf kann sie so perfekt miteinander verbinden. „Ich habe auch schon darüber nachgedacht, meine Treibholzkunst online zu verkaufen, aber ich glaube, das ist mir zu kompliziert. So ist es mir lieber." Auch wenn sie sich nicht immer als die Künstlerin zu erkennen gibt, bekommt Susanne vor Ort oft mit, wer ihre Treibholzobjekte kauft. „Das ist immer wieder spannend. Manche Sachen gehen sofort weg, andere stehen gefühlt ewig. Und es ist auch interessant, wer was kauft. Bei manchen würde man es auf den ersten Blick nicht erwarten. Und mich wundert auch immer wieder, dass es so unterschiedliche Leute sind, die meine Werke kaufen", verrät sie. „Ab und an, da denke ich schon mal darüber nach, alles wegzupacken und aufzuhören, aber dann kommt immer wieder eine Bestätigung, ein Zeichen, und ich mache doch weiter." Mittlerweile hat Susanne auch ein paar Stammkunden, die regelmäßig Kunstwerke bei ihr kaufen. Für sie fertigt sie hin und wieder auch individuelle Treibholzkunst.

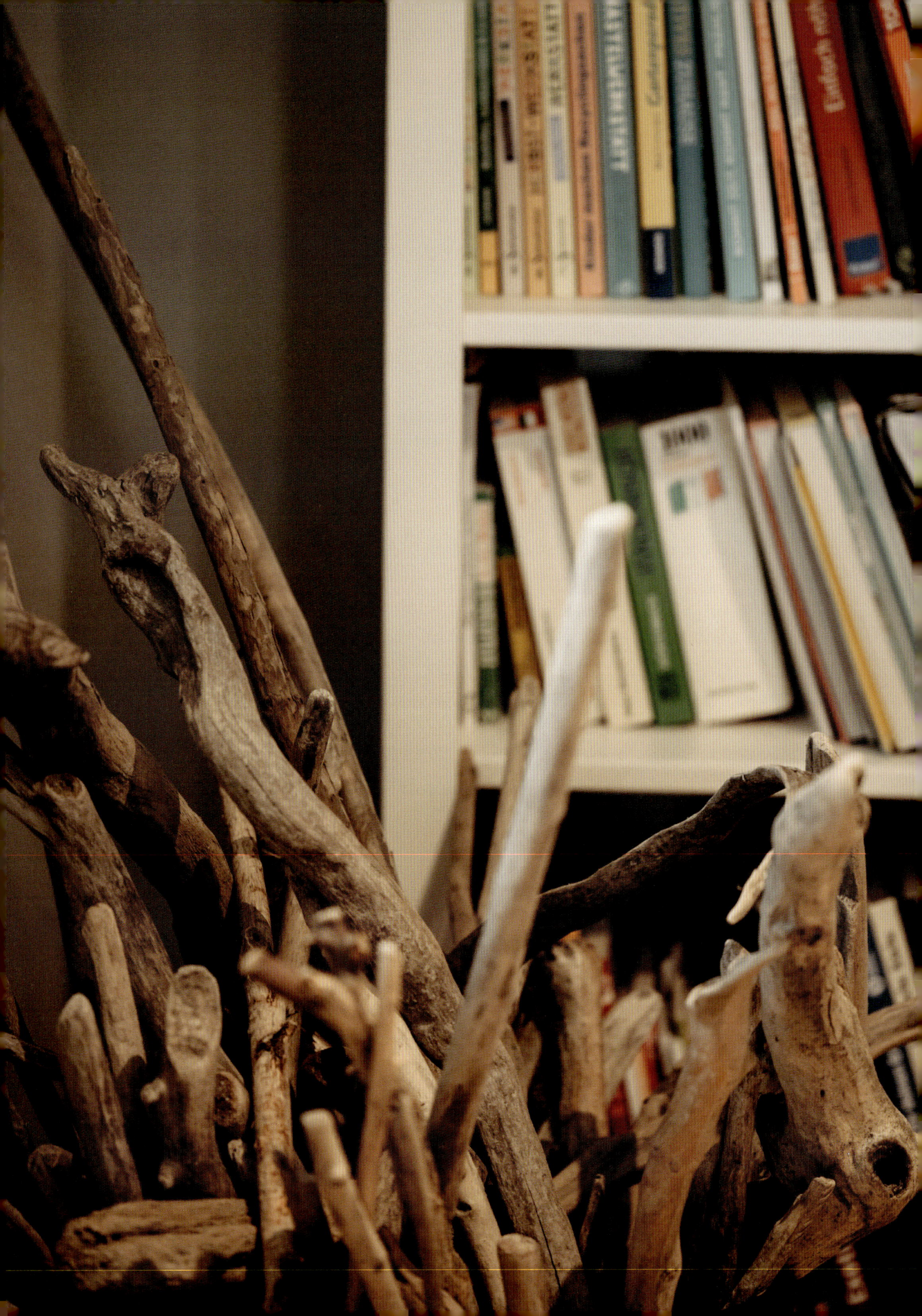

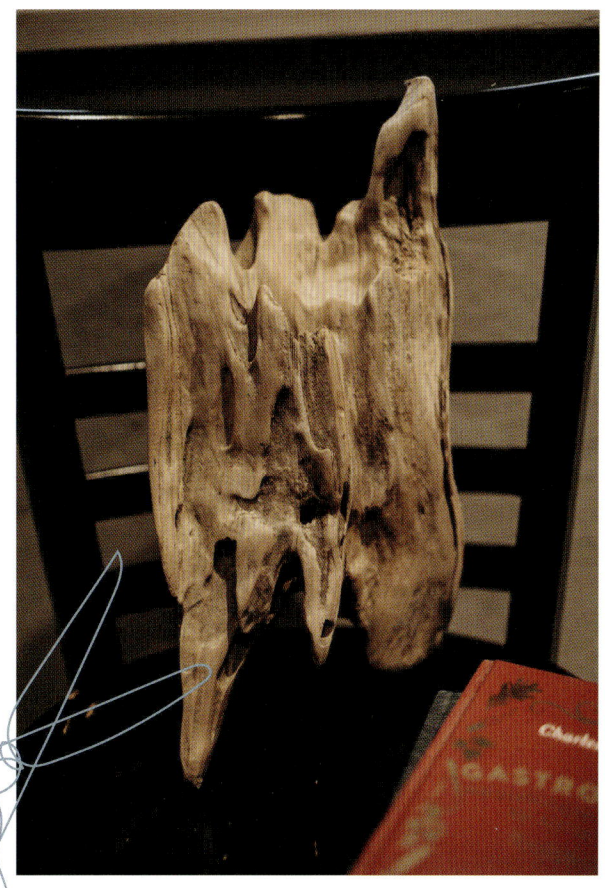

TREIBHOLZKÜNSTLERIN SUSANNE KETT

Chiemsee-Radweg

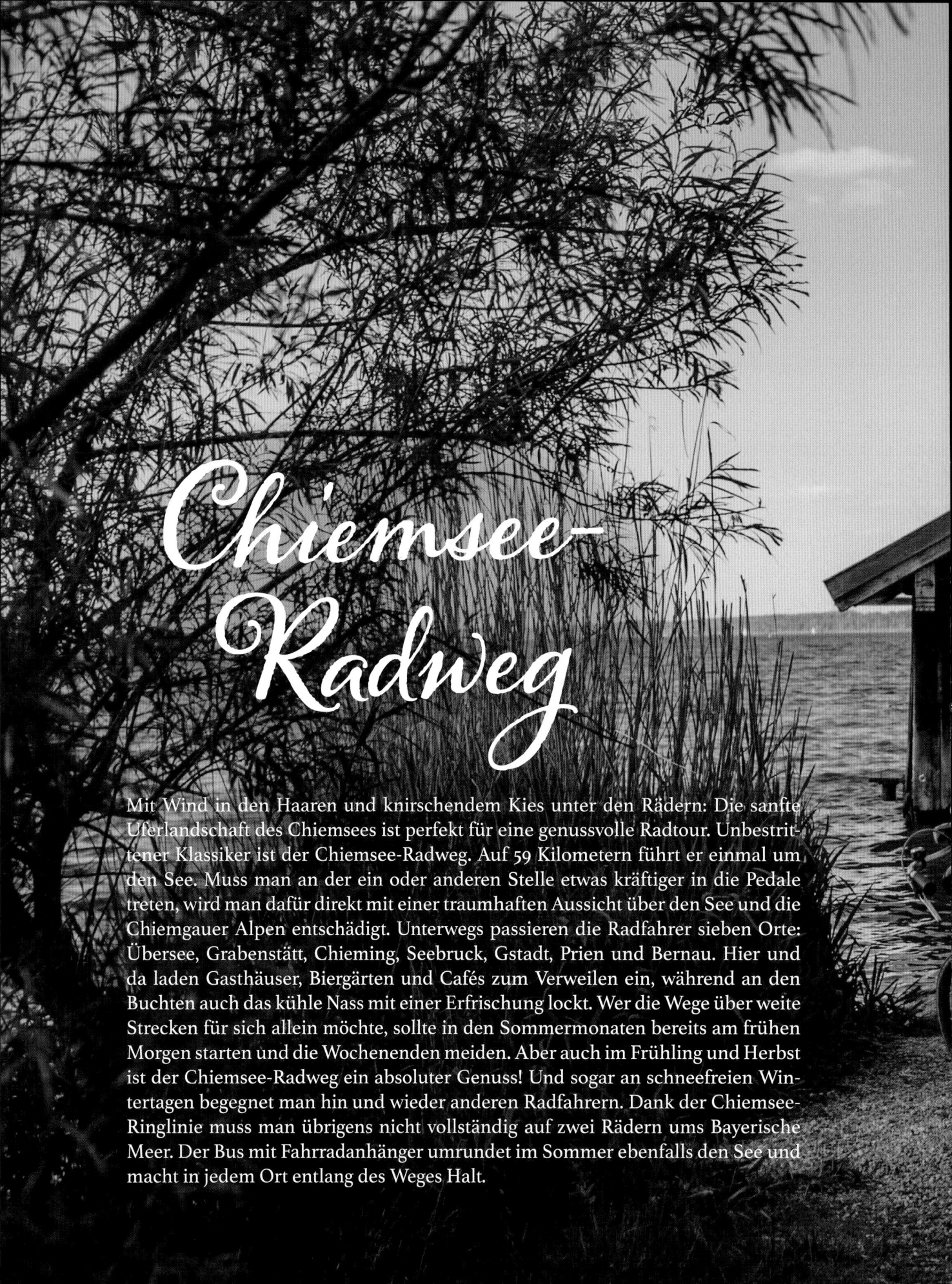

Mit Wind in den Haaren und knirschendem Kies unter den Rädern: Die sanfte Uferlandschaft des Chiemsees ist perfekt für eine genussvolle Radtour. Unbestrittener Klassiker ist der Chiemsee-Radweg. Auf 59 Kilometern führt er einmal um den See. Muss man an der ein oder anderen Stelle etwas kräftiger in die Pedale treten, wird man dafür direkt mit einer traumhaften Aussicht über den See und die Chiemgauer Alpen entschädigt. Unterwegs passieren die Radfahrer sieben Orte: Übersee, Grabenstätt, Chieming, Seebruck, Gstadt, Prien und Bernau. Hier und da laden Gasthäuser, Biergärten und Cafés zum Verweilen ein, während an den Buchten auch das kühle Nass mit einer Erfrischung lockt. Wer die Wege über weite Strecken für sich allein möchte, sollte in den Sommermonaten bereits am frühen Morgen starten und die Wochenenden meiden. Aber auch im Frühling und Herbst ist der Chiemsee-Radweg ein absoluter Genuss! Und sogar an schneefreien Wintertagen begegnet man hin und wieder anderen Radfahrern. Dank der Chiemsee-Ringlinie muss man übrigens nicht vollständig auf zwei Rädern ums Bayerische Meer. Der Bus mit Fahrradanhänger umrundet im Sommer ebenfalls den See und macht in jedem Ort entlang des Weges Halt.

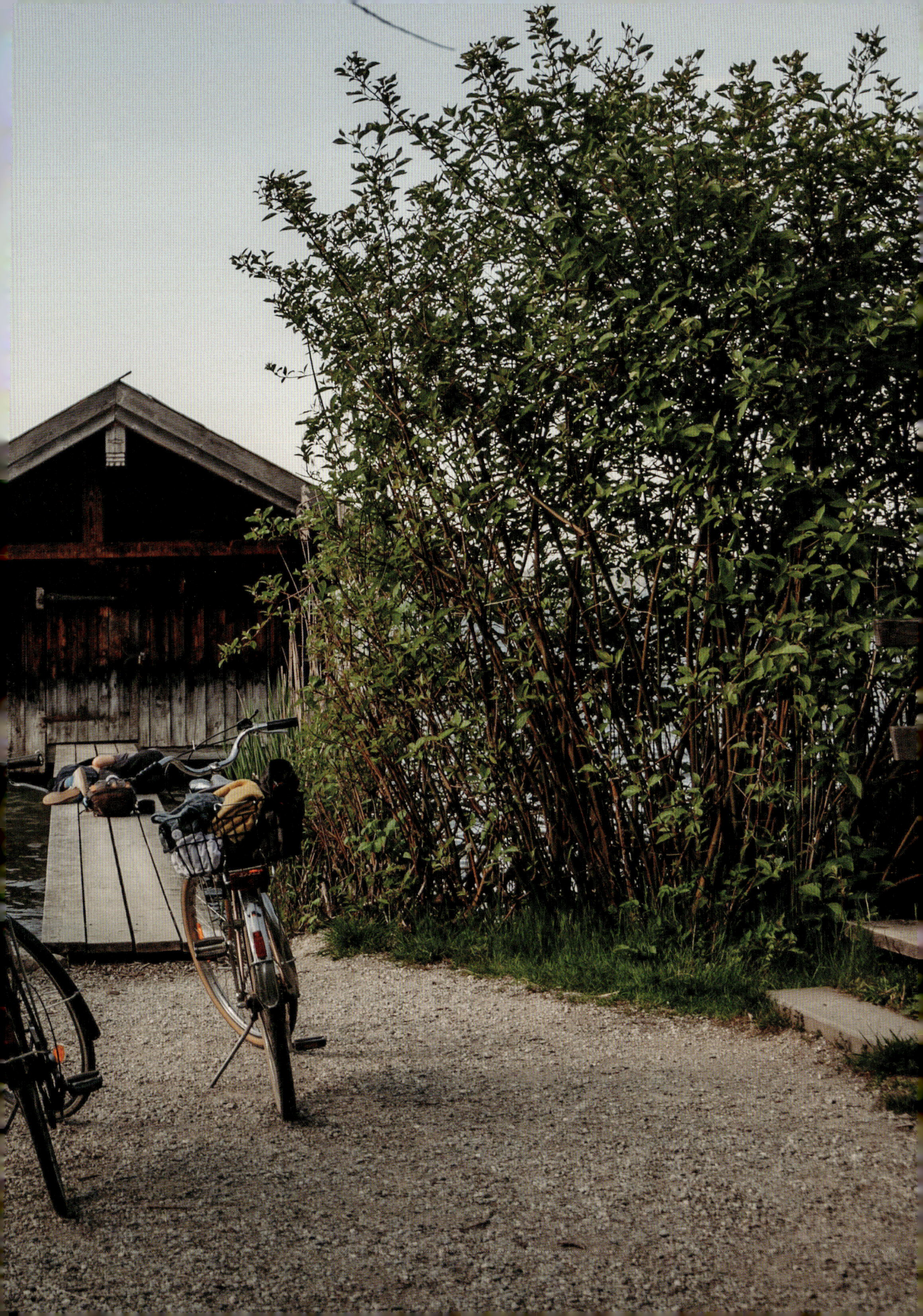

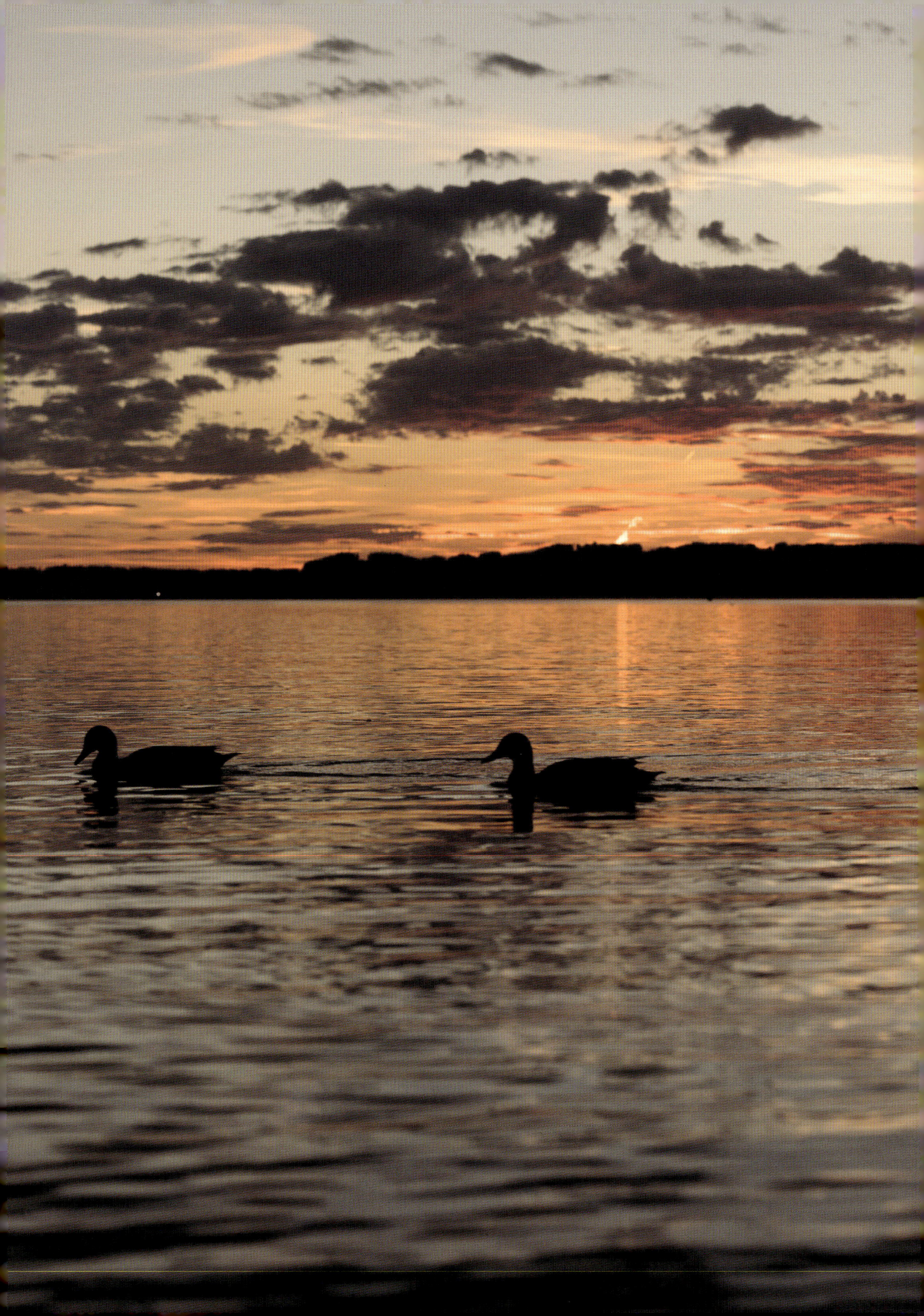

ROTAUGE

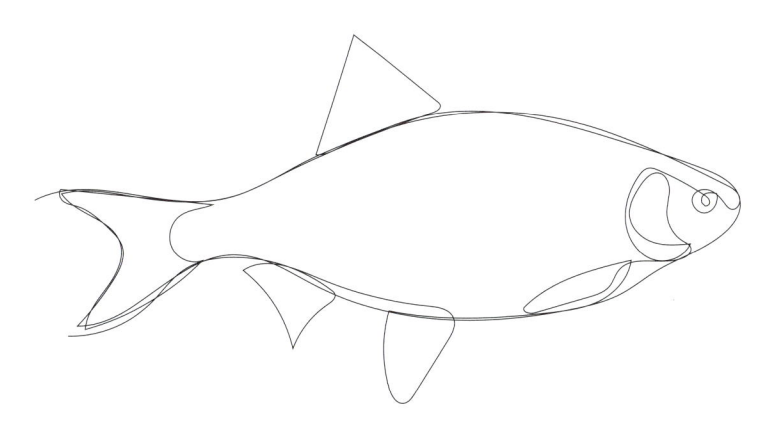

Das Rotauge ist einer der anpassungsfähigsten Fische im Bayerischen Meer. Der kleine Schwarmfisch wächst jedoch sehr langsam und erreicht meist gerade einmal eine Länge von 25 Zentimetern und ein Gewicht von rund 300 Gramm. Kennzeichnend für den Friedfisch ist seine rot leuchtende Iris, der er auch seinen Namen verdankt. In manchen Regionen hat der Fisch auch andere Namen. Auch Färbung und Körperform können je nach Lebensraum leicht variieren. Am Rücken sind Rotaugen meist dunkelgrün bis blaugrün gefärbt, die Seiten glänzen silbern mit einem gelblichen Schimmer, der Bauch ist weißlich. Als Speisefisch sind Rotaugen vor allem in Osteuropa bedeutend. Das feste Fleisch der Weißfische schmeckt zwar sehr delikat, hat jedoch auch sehr feine Gräten, weshalb sie hierzulande nicht ganz so beliebt sind. Am besten lassen sich Rotaugen frittieren (zuvor mehrmals einschneiden) oder zu Fischklößen und Frikadellen verarbeiten. Alternativ kann man sie süßsauer einlegen.

CHE

GAU

Über die Autorinnen

Kerstin Riemer

Kerstin Elisabeth Riemer (Jahrgang 1990) kombiniert ihre Begeisterung für das Schreiben schon immer gern mit ihrer Leidenschaft für schöne Dinge, Handwerkskunst, Genuss und Reisen. Mit ihren Worten fängt sie am liebsten die Geschichten von Menschen ein. Menschen, die etwas erschaffen, die inspirieren, die ihre Träume leben und andere daran teilhaben lassen. Zu Hause ist die freiberufliche Autorin zwischen Bergen und See – in zweierlei Hinsicht: Ihre Wurzeln hat sie in Oberfranken, einem Landstrich ziemlich genau in der Mitte Deutschlands, im Kontrast zwischen der rauen Küste und den mächtigen Alpen. Ihre Heimat jedoch hat sie im Chiemgau gefunden. Hier lebt sie mit ihrer Familie in einem kleinen Dorf zwischen Chiemsee und Chiemgauer Alpen.

Carina Pilz

Carina Pilz (Jahrgang 1994) ist selbstständige und freiberufliche Porträt- und Reportagefotografin aus München und dem Chiemgau mit Fokus auf authentischen und nahen Fotoreportagen, Porträts und Reisegeschichten. Die Kamera ist für sie die Eintrittskarte, um Menschen kennenzulernen, Geschichten zu erfahren und Freude und Positivität durch Fotos zu verbreiten. 2021 durfte sie am Kochbuch „Farmmade – Rezepte & Geschichten vom Leben auf dem Land" mitwirken sowie 2023 am Heimatbuch rund um die Chiemgauer Berge „Almfrieden".

Rezeptverzeichnis

FISCHMOUSSE VON DER RENKE	32
TARTAR VON DER GRAVED LACHSFORELLE	88
STECKERLFISCH – KLASSIKER VOM GRILL	118
FISCHGULASCH VOM STÖR	150
CHIEMSEERENKE IM GANZEN GEBRATEN	172
FISCHSUPPE	188

Fischverzeichnis

RENKE	26
PERLFISCH	42
BRACHSE	54
BARSCH / SCHRATZEN	66
RUTTE	90
ZANDER	104
HECHT	122
SEEFORELLE	140
MAIRENKE	162
SCHLEIE	174
AAL	186
ROTAUGE	202

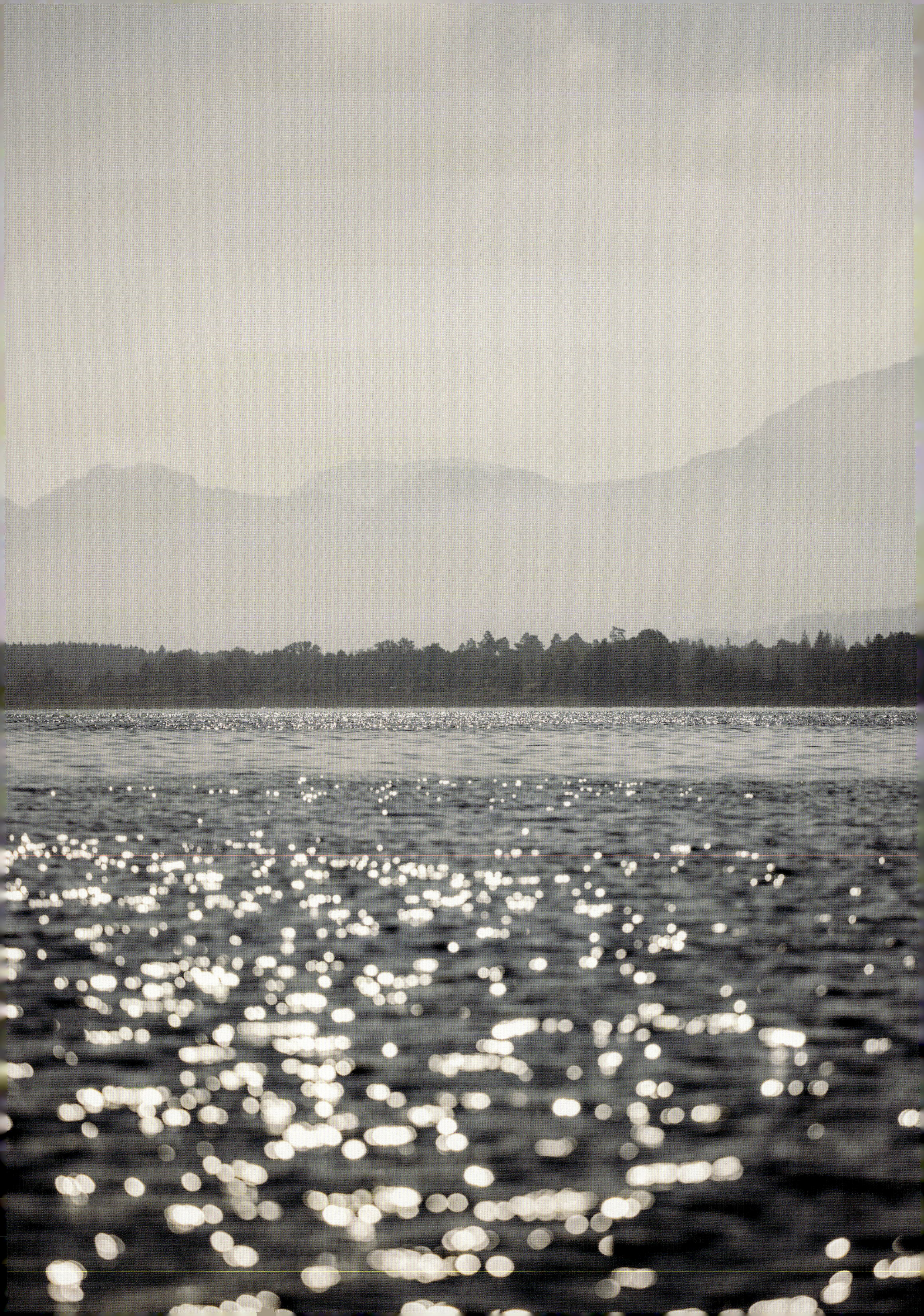

Dir hat das Buch gefallen?

Wir freuen uns sehr, dass du unser Buch bis zu dieser Stelle gelesen hast. Wenn es dir gefallen hat, wäre es toll, wenn du ihm bei dem Online-Shop eine Bewertung gibst, bei dem du bestellt hast. Oder du schreibst bei einem deiner Lieblings-Buchportale eine Rezension.
Es ist nicht nur sehr schön, Meinungen zu unserem Buch zu lesen, es hilft uns außerdem auch dabei, weitere Bücher zu schreiben und neue Leser für unsere Bücher zu finden.

KAMPENWAND
VERLAG

Reise zu den Sehnsuchtsorten der Chiemgauer Alpen

Sachbuch
ISBN: 978-3986600563

www.kampenwand-verlag.de

Almfrieden

Lass dich inspirieren vom Leben im Einklang mit der Natur, genieße almtypische Rezepte und entdecke altes Bergkräuterwissen.

Die Chiemgauer Alpen: sanft geschwungene Almwiesen, kühle Bergwälder und felsige Gipfel. Eine eindrucksvolle Landschaft – und das Zuhause einer Handvoll Menschen, die sich für einen Sommer auf der Alm entschieden haben. Ihre Geschichten haben die Autorin Kerstin Riemer und die Fotografin Carina Pilz in emotionalen Portraits und eindrucksvollen Bildern festgehalten. Sie nehmen die Leser mit auf eine Reise hinauf zum Sehnsuchtsort Alm, tauchen ein in die einmalige Kulturlandschaft mit ihren Bräuchen und Traditionen und lassen altes Wissen rund um wilde Bergkräuter neu aufleben. Sie öffnen die Türen der schlichten Berghütten und bieten ehrliche Einblicke in das arbeitsreiche, abgeschiedene aber auch unheimlich bereichernde Leben im Einklang mit der Natur. Immer mit dabei: die atemberaubende Kulisse der Chiemgauer Bergwelt. Mit traditionellen Rezepten aus der Alpenküche bringen sie den Geschmack der Berge schließlich hinunter ins Tal, auf die Teller der Leser. Und wer inspiriert von den spannenden Geschichten selbst hinaufsteigen oder einen Sommer auf der Alm verbringen will, bekommt wertvolle Tipps mit auf den Weg, damit er finden kann, wonach viele suchen: den Almfrieden.